100개

한자로

읽는

중국 문화

100개. 한자를. 통해. 중국의. 사상. 역사. 정치. 경제. 문화. 상식을. 배운다.

100개

한자로

읽는

중국 문화

하 영 삼

도서출판

한국한자연구소
연구 총서 03

100개 한자로 읽는 중국 문화

저자 하영삼(河永三))
발행인 정우진
표지 디자인 김소연
펴낸곳 도서출판 3

초판 1쇄 발행 2017년 3월 10일
초판 2쇄 발행 2019년 9월 10일

등록번호 제2018-000017호
주소 서울특별시 강북구 솔샘로 174, 133동 2502호
전화 070-7737-6738
팩스 051-751-6738
전자우편 3publication@gmail. com **홈페이지** www. hanja. asia

ISBN: 979-11-87746-03-4 03910

「이 도서의 국립중앙도서관 출판예정도서목록(CIP)은 서지정보유통지원시스템
홈페이지(http://seoji.nl.go.kr)와 국가자료공동목록시스템(http://www.nl.go.kr/kolisnet)에서
이용하실 수 있습니다.(CIP제어번호: CIP2017004677)」

이 책은 한국출판문화산업진흥원의 출판콘텐츠 창작자금을 지원받아 출판되었습니다.

100개 한자로 읽는
중국 문화

물질 문화

1. 숫자와 상징
2. 의.식.주.행.
3. 경제활동과 특산

제도 문화

4. 법과 질서
5. 윤리와 도덕
6. 계급과 국가

풍속 습관

7. 신화와 토템
8. 시간과 공간
9. 숭상과 금기

언어 예술

10. 문화와 예술
11. 붓과 문방사우

사상 가치

12. 사상과 세계관
13. 종교와 조상숭배
14. 중국적 가치

100개
한자로 읽는
중국문화

100개 한자로 읽는 중국 문화

목 차

상 세 목 차

제1부
머리말

●

100개 한자와 중국 문화

머리말

100개 한자와 중국 문화

한자, 한국, 중국, 동아시아, 한자문화권, 21
세기, 4차 산업혁명, 인류의 미래…….

한자는 무엇이고, 한자는 이들과 어떤 관계는
가질까? 또 4차 산업혁명 시대에 진입한 세계를
사는 오늘날의 우리에게 한자는 무엇이며, 앞으로
우리 생활에 어떤 역할을 할 것이며, 한자를 통해
무엇을 찾을 수 있을 것인가?

이 모두가 진지하게 고민해야 할 화두들이다. 그간 우리는 한자가 갖는 객관적 중요성에도 이러한 고
민들을 애써 외면해 온 것이 사실이다. 아마도 한글과의 관계와 위상의 문제, 그리고 한자는 중국의 것이
지 우리 것이 아니라는 편견이 크게 작용했을 것이다. 또 세계 질서의 변화에 둔감한 탓도 있었을 것이다.

그러나 한자는 이제 외면하려 해도 외면할 수 없는 존재가 되었다. 그것은 한편으로 한자는 세계 최강
국 중의 하나로 부상한 중국을 이해하는 필수 도구일 뿐 아니라 인류가 살아온 궤적을 이해하고 이의 바
탕 위에서 미래 사회의 융합적 사고를 키우는데도 중요한 도구가 되기 때문이다. 또 다른 한편으로 한자의
창제와 변용 그리고 발전과 보존에 상당히 기여해온 한국의 역사와 전통을 간과해서도 아니 되기 때문이
다. 한자는 중국만의 문자가 아니라, 좁게는 한국과 일본 및 베트남을 포함하는 한자문화권, 넓게는 전 인
류의 귀중한 공동 자산이자 유산이다.

이러한 인식에 기초한다면, 우리가 한자 문화권에서 살아온 것을 오히려 다행스럽게 생각하고, 우리 몸
과 우리의 환경 곳곳에 내재한 한자의 DNA를 긍정적으로 적극적으로 활용하여 자산화하고, 이를 21세기

와 4차 산업혁명의 미래 사회를 지혜롭게 사는 밑천이자 기회 요소로 삼아야 할 것이다.

이렇게 볼 때, 한자의 이해는 다음의 몇 가지 효용을 가진다고 생각된다.

첫째, 한자는 중국을 이해하는 가장 기본적이고 필수 불가결한 요소이다. 동아시아를 규정짓는 두 가지 요소를 보통 '한자'와 '유가사상'이라고 한다. '한자문화권'이나 '유교자본주의' 등의 이름에서 볼 수 있듯, 한자는 유가 사상과 함께 세계에서 동아시아 지역을 대표하는 두 축이고, 이 동아시아의 대표 문명이 중국문화이다.

특히 오늘날 전 세계인의 필수 언어가 된 중국어는 한국어나 영어와 달리 형태 변화나 문법적 변화가 적고 고정된 단어의 이해를 통해 전체를 이해하는 독특한 언어이다. 그래서 중국어는 문법보다 어휘가 더 중요하고, 그 어휘는 모두 개별 한자나 개별 한자가 결합한 복합어로 구성되어 있다. 그래서 한자의 장악이 바로 고립어라 불리는 중국어를 이해하는 가장 근원적인 방법이다.

'광개토대왕비'(부분).

뿐만 아니라 중국은 인류사에서 매우 중요한 역할을 해 왔고 지금도 여전히 가장 중요한 나라의 하나이다. 과거의 종이, 화약, 나침반, 인쇄술 등으로 대표되는 중요한 발명품과 갖가지 다양한 사상의 발달을 언급하지 않더라도, 역사적으로 인류 문화의 발달에 지대한 공헌을 했다. 또 21세기를 맞이한 지금, 지난 몇 세기의 굴곡을 뒤로 하고 화려하게 부활하여 세계 문화와 기술을 주도하고 있다. 2015년 현재 중국이 보유한 세계 1등 제품의 숫자가 1762개인데, 나머지 2위인 독일(638개), 3위인 미국(607개), 4위인 이탈리아(201개), 5위인 일본(175개), 6위인 네덜란드(145개) 등을 모두 합친 정도의 숫자이다. 과거의 중국처럼, 미래의 중국도 세계사의 중심이 될 것임은 분명하다.

이러한 세계의 강국 중국을 이해하는 가장 근원적인 곳에 '한자'가 있다. 한자는 수천 년 전의 발생에서부터 지금까지 한 번도 사라지지 않고 변신에 변신을 거듭하며 한자 사용자들의 생활과 문화를 고스란히 축적시켜 왔다. '문화의 살아 있는 화석'이라 불리는 이러한 한자의 해독을 통해 중국 문화를 근원적으로, 층층별로, 역사적으로, 체계적으로 이해할 수 있다.

둘째, 상상의 원천을 늘리는데 유용하다. 한자는 해당 개념을 이미지로 그렸으며, 중국이라는 문화와 언어 환경이라는 자양분을 섭취하면서 의미를 확장해 왔다. 그래서 한자는 의미의 단순한 결합이 아니라, 문화적 환경이 더해진 상상의 결합이다. 이 때문에 한자는 중국이라는 독특한 문화적 배경이 동원되어야만 해독할 수 있다. 그러한 해독 과정은 마치 끝없는 수수께끼를 푸는 것처럼의 호기심과 재미를 가져다주며, 이를 통해 융합적 상상력을 한껏 높일 수 있다. 더구나 두뇌가 본격적으로 발달하기 시작하는 어린 나이에 한자를 습득한다면 그 효용은 더 클 것이다.

예컨대, 여성을 그린 여(女)와 아이를 그린 자(子)가 만나면 '좋아하다'(好)는 뜻이 되고, 여(女)와 생(生)이 만나면 '성씨'의 '성'(姓)이 되고, 여(女)가 셋 모이면 '간사함'(姦)이 되고, 여(女)와 '집'을 뜻하는 면(宀)이 만나면 '편안함'(安)이 된다. 또 자(子)와 '실'을 뜻하는 사(糸)가 만나면 '자손'(孫)이 되고, 자(子)와 '곡식'을 뜻하는 화(禾)가 만나면 '막내'(季)가 되고 '계절'이 된다. 그런가 하면 '사람'을 뜻하는 인(人)과 '나무'를 뜻하는 목(木)이 만나면 '쉬다'(休)가 되고, '검다'는 뜻의 흑(黑)과 '숭상하다'는 뜻의 상(尙)이 만나면 '무리'를 뜻하는 '당'(黨)이 된다. 왜 그럴까? 상상해 보시라.

그런가 하면 진보(進步)의 진(進)에는 왜 새를 뜻하는 추(隹)가 선택되었을까? 모든 신을 지칭하는 신(神)에는 왜 번개를 뜻하는 신(申, 電의 원래 글자)이 채택되었을까? 화사하게 핀 꽃을 그린 화(華)와 기우제를 지내는 제사장을 그린 하(夏)가 왜 중국의 상징이 되었을까? 끝없이 이어지는 이러한 결합과 의미의 생성은 우리에게 무한한 상상력과 다양한 융합적 사고와 상상력을 늘려 줄 것이다.

셋째, 창외적 사고의 확장에도 큰 도움을 준다. 갑골문을 보면, 무려 3300년 전의 문자인데도 당시 생각할 수 있는 거의 모든 개념을 이미지화 하고 이를 정형화하여 문자로 발전시켰는데, 그들의 상상력과 창조성은 지금 보아도 놀랄 뿐이다. '사랑'(愛·애)이나 '믿음'(信·신), '공정'(公·공)이나 '정의로움'(義·의), '아름다움'(美

미)과 '진리'(眞진) 등과 같은 철학적 개념, '곧'(卽즉)이나 '이미'(旣기)와 같은 시간 개념은 물론이고, '효도'(孝효)나 '충성'(忠충) 같은 윤리 도덕관념 등 극히 추상적인 개념조차도 대단히 구상적으로 잘 그려내, 한번 보면 쉽게 이해되고 잊을 수 없도록 했다. 감탄이 나올 뿐이다. 믿기지 않는다면, 여러분들도 지금 종이를 꺼내 놓고 방금 언급한 '사랑', '공정', '정의로움', '진리', '아름다움', '효도' 등과 같은 개념들을 그림으로 그려 보시라. 쉽지도 않을뿐더러 고대인들보다 우리의 상상력이 결코 더 뛰어나지 않다는 것을 발견하게 될 것이다.

넷째, 미래시대의 문화산업과 연계할 훌륭한 자산이다. 바둑의 신이라 불리는 이세돌 9단과 알파고의 대결, 포켓몬고의 열풍 등을 통해 우리는 이미 시작된 4차 산업혁명시대를 예비하고 있다. 한자도 앞으로 디자인, 스토리텔링, 카툰, 애니메이션, 게임, 가상현실(VR), 증강현실(AR) 등 21세기의 발달한 예술과 정보통신기술(ICT)과 결합하여, 그 영역을 무한히 확장해 나갈 수 있을 것이다. 한자는 한자 그 자체를 넘어서 무엇보다 훌륭한 문화 상품으로, 문화 산업으로, 상상의 원천으로 거듭나 인간의 삶을 살찌워 주는 인류의 귀중한 문화 콘텐츠로 기능할 것이다.

이 책은 한자가 갖는 이러한 특성과 효용성에 주목하여 '한자를 통한 문화 해설'을 시도했다. 특히 한자의 과학적인 어원에 근거해 그에 담긴 중국 문화의 배경과 의미를 파헤치고, 이를 오늘날의 문화로 연결하고자 했다. 이를 위해 이 책에서는 다음의 몇 가지 방법으로 접근했다.

첫째, 한자 학습 효과를 높이고자 대표성을 가진 100개의 한자를 선정했다. 대표성을 가진다는 것은 근원성을 가져야 하고, 중국문화를 이해하는 핵심 키워드가 되어야 하며, 풍부한 문화성도 확인되어야 하며, 해당 한자의 이해를 통해 다른 여러 한자로 확장할 수 있는 확장성도 담보되어야 한다. 그래야만 제한된 100개의 한자를 통해 중국문화의 핵심을 이해하고 여러 다른 한자로 확장하여 습득하는 효과도 누릴 수 있기 때문이다. 그렇게 뽑은 100개의 한다는 다음과 같다.

숫자: 일(一), 구(九)
의식주행: 식(食), 미(米), 맥(麥), 주(酒), 의(衣), 주(住), 가(家), 행(行), 차(車), 주(舟)
경제활동과 특산: 사(絲), 도(陶), 차(茶), 금(金), 시(市), 진(秦), 한(漢)
법과 질서: 법(法), 칙(則), 공(公), 형(刑)
윤리와 도덕: 도(道), 리(理), 덕(德), 인(仁), 의(義), 예(禮), 지(智), 신(信), 애(愛), 충(忠), 효(孝)
계급과 국가: 사(士), 농(農), 공(工), 상(商), 민(民), 왕(王), 중(衆), 군(軍), 국(國), 문(文), 무(武), 사(社),

　　　망(網)
　　신화와 토템: 화(華), 제(帝), 용(龍), 봉(鳳), 양(羊), 우(牛), 호(壺)
　　시간과 공간: 동(東), 남(南), 중(中), 좌(左), 우(右), 일(日), 월(月), 역(易), 춘(春), 하(夏), 추(秋), 동(冬), 년
　　　(年), 세(歲)
　　숭상과 금기: 옥(玉), 홍(紅), 전(錢), 귀(鬼), 신(神), 수(壽), 복(福), 안(安), 생(生), 사(死)
　　문화와 예술: 음(音), 악(樂), 미(美), 예(藝)
　　책과 문빙사우: 필(筆), 묵(墨), 서(書), 책(冊)
　　사상과 세계관: 천(天), 인(人), 음(陰), 양(陽)
　　종교와 조상숭배: 유(儒), 불(佛), 선(仙), 조(祖), 제(祭)
　　중국적 가치: 학(學), 화(和), 선(善), 진(眞), 명(名)

　　둘째, 중국문화의 근원을 찾아 나섰다. 이들 100개 한자를 통해 글자를 만들 당시의 원형의식과 사용과
정에 반영된 문화의식을 추적했다. 어떤 것들은 중국인들만의 고유한 것도 있고 어떤 것들은 인류 보편의
것들도 있을 것이다. 그러나 이들을 통해 해석한 중국문화의 특성은 분명히 그들의 근원적이고 대표적인
속성임을 담보할 수 있다.

　　이 책에서는 중국문화의 범주를 물질문화, 제도문화, 풍속습관, 언어예술, 사상가치 등의 다섯으로 나누
고, 이를 다시 숫자, 의식주행, 경제활동과 특산, 법과 질서, 윤리와 도덕, 계급과 국가, 신화와 토템, 시간
과 공간, 숭상과 금기, 문화와 예술, 책과 문방사우, 사상과 세계관, 종교와 조상숭배, 중국적 가치 등 13개
의 세부주제로 나누어 기술했다.

　　셋째, 어원 해석을 통한 한자문화학적 접근이다. 한자는 표의성이 강하고 이미지 중심인 문자체계이기
에 다양한 해석이 가능하며, '개방된' 문자 체계이다. 그래서 같은 글자라도 여러 가지 다양한 해석이 나올
수 있다. 그러나 그런 가능성은 언제나 열려 있지만 그것이 자의적인 해석이 되어서는 아니 되며, 가능한
과학적인 근거가 담보되어야 한다. 과학적인 근거는 최초의 자형과 출토 자료의 원형에 근거한 철저한 어
원 분석, 다른 글자들과의 관계에 대한 종합적 분석, 해당 글자 용례의 역사적 변천 과정에 대한 해석 등
을 통해 가능하다.

　　이 책에서 진행한 분석과 해석은 그간 필자가 천착해 온 한자의 어원과 그에 담긴 문화성의 연구
결과에 기초한 것이다. 이러한 과정을 통해 그간 가능한 객관적이고 합리적이며 과학적인 해석을 담

보하려 노력했다. 필자는 일찍이 20여 년 전에 선보인 『한자로 읽는 중국문화』에서 이러한 해석을 시작하였고, 그 뒤를 이어 『연상한자』, 『한자야 미안해』(부수편, 어휘편) 등에서 좀 더 심화시켰으며, 다시 『한자와 에크리튀르』에서 한자문화학적 이론을 체계화했고, 『한자어원사전』에서 5200여 자의 어원에 대해 일일이 분석한 바 있다.

이 책은 이를 기초로 한자 어원을 통해 중국 문화를 좀 더 깊이 있게, 쉽게 이해할 수 있는 모델을 제시하고자 고민했다. 이를 위해 각각의 한자에 대해서 예서(隸書) 위주의 한자와 간화자(簡化字) 및 한자 어원 표를 제시했고, 또 시각성과 가독성을 높이기 위해 총 165장의 관련 사진 자료들을 제시했다. 사진 자료들 속에다 본문에서 하지 못한 이야기를 덧붙여 놓았는데, 이러한 해설은 중국문화를 더 깊이 이해하는데 큰 도움이 될 것이다.

이 책이 나오기까지 여러 사람의 도움이 있었다. 특히 교정은 아무리 보아도 끝이 없는 법, 글자 크기나 미세한 서체 차이 하나하나까지 세심히 살펴준 우리 학과의 김화영 교수, 박사과정의 곽다예 선생, 한국한자연구소의 강유경 조교에게 감사한다.

이 조그만 책자가 한자에 대한 이해, 중국문화에 대한 근원적 이해가 이루어지고, 이를 통해 한자를 큰 배경으로 해 성장해 우리말 어휘와 우리 문화에 대해서도 더욱 정확하고 깊이 있게 이해하는 계기와 도구가 되길 희망해 본다. 나아가 이를 통해 동아시아를 비롯한 세계문화에 대한 이해를 높여 교양 갖춘 21세기의 세계 시민으로 사는데도 도움이 되기를 바란다. 물론 이 책에서 선정한 한자의 대표성에도, 문화 해설에도 부족한 것이 많을 것이다. 또 내용상의 오류나 오탈자 등도 있을 것이다. 이 모두는 전적으로 필자의 책임이다. 여러분의 애정 어린 질정을 기다린다.

2017년 3월 도고재(渡古齋)에서
하영삼 씀

제2부

물질문화

●

●

100개. 한자를. 통해. 중국의. 사상. 역사. 정치. 경제. 문화. 상식을. 배운다.

제1장

숫자와 상징

●

●

숫.자.와.상.징.

01_모든 것의 시작, 일: 一(한 일; yī)

"만물의 기원이며, 우주의 근저에 깔린 조화이며, 우주의 근본원리"라 불리는 숫자, 숫자의 발명과 운용은 인류 문화사에서 중요한 역할을 했다. 그래서 각 주요 문명마다 자신의 특성을 가진 숫자가 존재한다. 그러나 오늘날 가장 널리 쓰이는 숫자는 아라비아 숫자이다. 세계 문명의 두 축이라 불리며 한자를 사용하는 중국과 알파벳을 사용하는 영미권에서도 그렇다.

01_일(一)

그러나 아라비아 숫자를 발명한 사람들은 사실 아라비아 사람들이 아니라 고대 인도인들이었다. 인도에서 처음 만들어졌지만 상업에 뛰어났던 아라비아 사람들이 먼저 사용하여 서구로 전파시켰기 때문에 '아라비아 숫자'라는 이름이 붙여졌다. 기원전 3000년경, 십진법에 의한 아라비아 숫자가 고대 인도에서 등장하였고, 320년~550년경의 굽다 왕조시기에 이르면 '0'이라는 숫자까지 등장하여 지금처럼의 숫자 체계가 완성되었다.

중국의 경우, 기원전 13세기 때의 갑골문 시대에 이미 일(一)에서 십(十)까지의 한자로 된 숫자는 물론 백(百), 천(千), 만(萬) 등과 같은 단위 숫자가 나타는데, 최고의 숫자는 삼만(三萬)까지 등장한다.

숫자 一(한 일)은 가로획 '하나'를 그린 한자이다. 가로획이 둘이면 이(二)고 셋이면 삼(三)이 된다. 일(一)은 숫자의 출발점이 되며, 정수 중에서 가장 작은 숫자이다. 그러나 중국에서 일(一)은 단순한 숫자 '일'이 아니라 훨씬 다양하고 숭고한 상징을 가진다.

천지만물이 '하나'에서부터 만들어진다고 생각했기 때문에, 일(一)은 만물의 생성 근거로 여겨졌고, 그래서 일(一)은 원기(元氣)도 되고, 도(道)도 되고, 주재자를 뜻하기도 한다. 이 때문에 『노자』도 "도(道)는 일(一)을 낳고, 일은 이(二)를 낳고, 이는 삼(三)을 낳고, 삼은 만물을 낳는다."라고 했다. 이처럼 일(一)은 '하나'가 아니라 일체(一切)에서처럼 '모든 것'을 뜻하기도 한다.

●1_01.
로마숫자(대문자)

標題	字形	字解
一(한 일): yī (yi¹)、(弌)、一0、1、80	甲骨文 一 金文 一 古幣文 一 古陶文 一 盟書 一 簡牘文 一 說文小篆 一 石刻古文 弌 說文古文 一 하나 일	지사. 갑골문에서부터 가로획을 하나 그려 「하나」의 개념을 나타냈다. 一이 둘 모이면 二(두 이)요, 셋 모이면 三(석 삼)이 된다. 一은 숫자의 시작이다. 하지만 한자에서의 一은 단순한 숫자의 개념을 넘어선 오묘한 철학적 개념을 가진다. 一은 인간의 인식체계로 분화시킬 수 없는 카오스(chaos)이자 분리될 수 없는 전체이다. 그래서 一은 하나이자 모두를 뜻하고, 만물을 낳는 道(도)이자, 우주 만물 전체를 의미하며, 劃(획)에서처럼 통일됨도 의미하는 숭고한 개념을 가진다. 달리 弋(주살 익)이 더해진 弌로 쓰기도 하는데, 弋은 가끔 형체가 비슷한 戈(창 과)로 바뀌기도 했다.

어원_01 일(一)

중국 문화에서 일(一)만큼 중요한 숫자가 三(석삼)이다. 하늘과 땅과 사람을 삼재(三才)라 하듯, 삼(三)은 온 만물을 상징하며, 이 때문에 완성의 숫자로 인식되었다.

또 삼(三)은 '셋'도 뜻하지만, '여럿'을 뜻하기도 한다. 예컨대, '삼고초려(三顧草廬)'라는 말이 있다. 중국의 삼국 시대 때, 촉한의 유비(劉備)가 남양(南陽)에 은거하고 있던 제갈량(諸葛亮)의 초가집을 몇 번이나 찾아갔다는 데서 유래하여 '인재를 맞아들이기 위하여 참을성 있게 노력함'을 뜻한다. 여기서의 삼(三)은 결코 '셋'이 아니라 '여러 번'의 뜻으로 해석해야 한다. '날마다 몇 번씩이고 자신의 행동을 되돌아본다.'라는 뜻의 '일일삼성(一日三省)'이나 '여러 사람이 같이 길을 가면 반드시 내 스승이 있다.'라는 뜻의 '삼인행 필유아사(三人行, 必有我師)' 등의 삼(三)도 마찬가지다.

壹 貳 參 肆 伍
陸 柒 捌 玖 拾

●1_02. 한자의 '갖은자'.
획이 간단한 한자의 숫자를 잘 고치지 못하도록 획이 복잡한 다른 글자를 사용하는데, 이를 갖은자라고 한다.

●1_03. 진(秦)나라 목간(木簡)에 기록된 '구구단'. 나무를 얇게 가공하여 그 위에다 붓으로 썼다. 2002년 호남성 이야(里耶) 옛 성터에서 발견되었다. 지금으로부터 2,200여 년 전의 것으로, 지금까지 발견된 최초의 구구단이다.

02_완성의 숫자, 구: 九(아홉 구; jiǔ)

삼(三)이 완성의 숫자이기 때문에 삼이 두 번 곱해진 九(아홉구)는 그야말로 진정한 완성의 숫자이자 불후(不朽)의 상징이다. 십진법에서 십(十)이 완성을 뜻하는 것과 다르지 않다. 게다가 구(九jiǔ)는 '오래가다'는 뜻의 구(久jiǔ)와도 독음이 같기 때문에 더욱 선호하는 숫자이다. 그래서 고대 중국에서 중국 전체를 구주(九州)로 나누었고, 그것을 다스리기 위해 구법(九法)을 만들었으며, 정전법(井田法)에서처럼 토지도 9등분하였다. 또 신화 등에서 등장하는 숫자 대부분이 9의 배수인 것도 이 때문이다. 그런가 하면, 우리에게 자금성(紫禁城)으로 잘 알려진 북경의 고궁(故宮)도 방의 숫자가 9999칸으로 설계되었다. 그야말로 극한의 숫자를 지향한 결과이다. 게다가 구사일생(九死一生), 구중궁궐(九重宮闕), 구곡양장(九曲羊腸) 등에서처럼 구(九)는 '정말 많음'을 뜻하기도 한다.

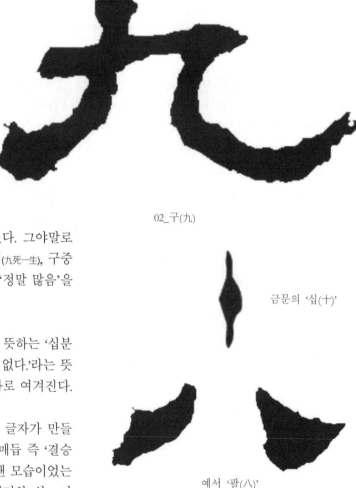

02_구(九)

금문의 '십(十)'

예서 '팔(八)'

물론 지금은 십진법의 유행으로 '100퍼센트'를 뜻하는 '십분(十分)'이나 '모든 방면에 완전무결하여 나무랄 데가 없다.'라는 뜻의 '십전십미(十全十美)'에서처럼 십(十)도 완성의 숫자로 여겨진다.

十(열십)은 역사가 특히 오래된 글자이다. 이는 글자가 만들어지기 전 기억의 보조 수단으로 쓰였다는 새끼 매듭 즉 '결승(結繩)에서 유래한 글자로, 세로 줄에 매듭을 하나 맨 모습이었는데, 매듭이 가로획으로 변해 지금처럼 되었다. 이러한 십(十)이 둘 모이면 '스물'을 뜻하는 입(卄), 셋 모이면 '서른'을 뜻하는 삽

(卌), 넷 모이면 '마흔'을 뜻하는 십(卌)이 된다.

그러나 현대 중국에 들어서는 중국인들이 구(九)보다 더 좋아하는 숫자가 팔(八)이다. 八(여덟팔)은 원래는 어떤 물체가 둘로 갈라진 모습을 그려 그다지 좋지 않은 상징을 가졌다. 그러나 이는 중국이 개혁개방을 통해 자본주의 시장경제 체제를 받아들이는 과정에서 돈이 최고의 가치로 등장하였고, 팔(八)이 '돈을 벌다'는 뜻의 '파차이(發財 fācái)'의 '발(發)'과 독음이 비슷해서 생긴 기현상이다. 중국에서 전화번호나 차량번호 등의 '8888' 혹은 '8888-8888'은 부르는 게 값일 정도로 인기가 높다.

●1_04. 현대 중국인이 가장 좋아하는 숫자 '8'.

標題

九(아홉 구); jiǔ、乙1、2、80

字形

文 九 說文小篆

九 甲骨文

九 金文

九 簡牘文

古璽文

石刻古

九

九

九

아홉 구

字解

지사. 어원에 대해서는 의견이 분분하여, 끝이 굽은 낚싯바늘을 그렸다고 하기도 하고 팔꿈치를 그려, 肘(팔꿈치 주)의 원래 글자라고는 하나 모두 분명하지 않다. 갑골문이나 금문에서 이미 숫자를 나타내는 [아홉]의 뜻으로만 쓰였다. 중국에서 9는 최고의 숫자로 알려져, 완성이나 많음의 비유로 쓰인다.

어원_02 구(九)

100개. 한자를. 통해. 중국의. 사상. 역사. 정치. 경제. 문화. 상식을. 배운다.

제2장

의. 식. 주. 행.

●

●

의. 식. 주. 행.

03_먹거리의 천국, 중국: 食(밥 식; shí)

잘 먹고, 잘 입고, 좋은 곳에서 사는 것은 모든 사람이 꿈꾸는 희망일 것이다. 먹을 것과 입을 것과 살 곳은 인간이 살아가는데 반드시 먼저 갖추어야 하는 세 가지 요소이다. 이를 한자로 '의식주(衣食住)'라 한다. 그러나 중국에서는 이를 '식의주(食衣住)'라 하여 '식(食)'을 제일 앞에 놓는다. 이를 어떤 이는 외양을 중시하는 한국과 먹을 것을 중시하는 중국의 차이로 보기도 한다. 과연 중국을 '먹거리의 왕국'이라 부를 만하다.

03_식(食)

음식을 뜻하는 食(밥 식먹일 사)은 밥그릇에 밥이 소복하게 담긴 모습에 그릇 뚜껑까지 그려진 모습이다. 때로는 뿜어져 나오는 김이 생동적으로 묘사되기도 했으며, 이로부터 '먹을 것'을 총칭하게 되었다. 그러나 '대그릇의 밥과 표주박의 물이라는 뜻으로, 소박한 음식'을 말하는 '단사표음(簞食瓢飮)'에서처럼 때로는 '사'로도 읽힘에 유의해야 한다.

식(食)에서 뚜껑 부분이 없어지면 皀(견고할 간)이 되는데, 마찬가지로 음식 그릇(食器)을 뜻한다. 이러한 음식 그릇(食器) 앞에 사람이 앉은 모습(卩·절)을 그린 것이 즉(卽)이다. 卽(곧 즉)은 밥상 앞에서 앉은 사람이 '막' 식사를 하려는 모습을 그렸고 이로부터 '곧'이라는 뜻이 나왔다. 즉(卽)에서 머리를 뒤로 홱 돌려놓은 모습이 기(旣)인데, 旣(이미 기)는 머리를 돌려놓은 모습으로 식사가 '이미' 끝났음을 표현했고, 이로부터 '이미'라는 뜻이 나왔다. '곧'과 '이미'라는 추상적인 시간 개념을 이토록 구상적으로 그려낸 고대 중국인들의 지혜에 감탄할 뿐이다.

갑골문의 '식(食)'.
밥그릇에 밥이 소복하게 담긴 모습과 그릇
뚜껑까지 사실적으로 그려졌다.

　　그런가 하면 음식그릇을 가운데 두고 두 사람이 서로 마주 앉으면 鄕(시골향)과 卿(벼슬경)이 된다. 향(鄕)은 원래 '식사를 대접하다'는 뜻이었으나, '시골'이라는 의미로 가차되어 쓰이자 이후 다시 식(食)을 더해 饗(대접할향)으로 분화했다. 경(卿)은 주인과 손님이 마주앉아 함께 식사하는 모습에서 '손님'이라는 뜻이 나왔고, 다시 '벼슬아치'라는 뜻으로 확장되었으며, 남에 대한 존칭으로도 사용되었다.

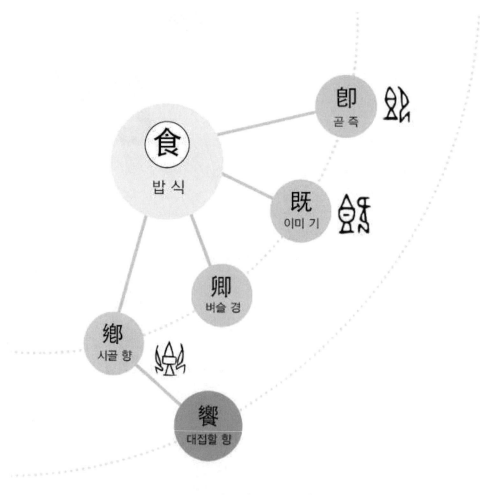

●2_01. 식(食)과 관련된 글자들.

標題
食(밥 식 · 먹일 사): shí、食-0、9

字形
甲骨文 金文 古陶文 簡牘文 說文小篆

食
밥 식 · 먹일 사

字解
상형。그릇에 담긴 음식을 그렸다。위는 그릇의 뚜껑이고、아래는 두루마리 발(卷足·권족)을 가진 그릇이며、두 점은 피어오르는 김을 형상화했다。소복하게 담긴 음식으로 보아 이는 [밥]으로 추정된다。그래서 食의 원래 뜻은 [음식]이며、이로부터 양식、먹(이)다、끼니 들을、다시 양식을 받는다는 뜻에서 奉祿(봉록)까지 뜻하게 되었다。다만 [먹이다]는 뜻으로 쓰일 때에는 [사]로 읽는데、이후 飤(먹일 사)나 食을 더한 飼(먹일 사)로 구분해 표현했다。

어원_3 식(食)

●2_02. '동파육(東坡肉)'.
송나라 때의 대문호 소동파(蘇東坡)가 발명하고 즐겨 먹었다는 요리. 삼겹살을 큰 덩어리로 잘라 생강과 파 등과 양념장을 넣고 장시간 조려 만든다. 기름이 기의 다 빠져 파삭파삭할 정도의 뛰어난 식감을 가지며、절강성을 비롯해 호북성을 대표하는 요리로 알려져 있다.

04_동양인의 주식, 쌀: 米(쌀 미; mǐ)

지금도 전 세계 인구 40퍼센트 정도의 주식이며, 특히 아시아인들에게는 가장 대표적인 식량이 쌀이다.

쌀을 뜻하는 米(쌀미)의 최초 형태가 무엇을 그렸는지에 대해서는 의견이 분분하다. 갑골문에서 표현된 작은 점들은 벼이거나 쌀일 가능성이 높다. 점들 중간으로 든 십(十)자 형은 구분 부호로 보인다. 벼가 남아시아에서 중국으로 들어간 이후 쌀이 가장 중요한 식량으로 자리 잡으면서 미(米)는 '벼'는 물론 찧은 '쌀'과 '기장'이나 '조'와 같은 일반 곡식까지 두루 지칭하게 되었다. 게다가 근대 이후로는 길이 단위인 '미터(m)'의 음역어로도 쓰이다.

04_미(米)

한국과 중국에서는 아메리카합중국을 미국(美國)이라 하지만, 일본에서는 쌀 생산 대국이라는 뜻에서 미국(米國べいこく)으로 쓴다. 또 미(米)는 숫자 '88'을 상징하기도 하는데, 그것은 미(米)의 필획을 해체하면 팔십팔(八十八)이 되기 때문이다. 이 때문에 사람 나이 88세를 미수(米壽)라 부르기도 한다.

갑골문 '미(米)'

미(米)로 구성된 한자도 많은데, 대부분 '쌀'과 의미적으로 관련을 맺는다. 예컨대, 粉(가루분)은 쌀(米)을 나누어(分분) 만든 '가루'를, 糧(양식량)은 식량으로 쓸 '양질(良량)의 곡식'을 말한다.

중국의 남쪽 특히 장강(長江)유역은 쌀의 산지로 유명하다. 그래서 상해 지역에서는 '밥을 먹다'는 말을 '츠미(吃米chīmǐ)' 즉 '쌀을 먹다'로 표현한다. 쌀이 주식이기 때문이다. 이에 비해 북부의 황하(黃河) 강 유역에서는 쌀이 많이 나지 않는다. 그래서 '츠몐(吃麵chīmiàn)'이라는 말을 자주 쓴다. 심지어 하남성 지역의 방언에서는 '저녁 드셨어요?'라는 말을 '국 마셨어요?'라고 표현하기도 한다. 저녁에도 밥을 먹지 않고 면을 먹기 때문인데, 볶음 면이 아니라 주로 육수 같은데 말아 먹기 때문이다.

●2_03. 벼(나락)와 쌀, 그리고 쌀밥.

●2_04. '밀'.

標題

米(쌀 미): mǐ、米ㅇ、6、60

字形

甲骨文 古陶文 簡牘文 說文小篆

米

쌀
미

字解

상형. 갑골문에서의 米(쌀 미)가 무엇을 그렸는지에 대해서는 의견이 분분하다. 아래위의 세 점이 나락인지 나락을 찧은 쌀인지 분명하지 않고, 중간의 가로획도 벼의 줄기인지 쌀을 골라내기 위한 [체]인지 불분명하기 때문이다. 작은 점들이 나락이라면 중간의 획은 이삭 줄기일 테고 나락을 찧은 쌀이라면、전자일 가능성이 커 보인다.

쌀은 전 세계 인구의 40퍼센트 정도가 주식으로 삼고 있으며、특히 아시아인들에게는 가장 대표적인 식량이다. 벼가 남아시아에서 중국으로 들어간 이후 쌀이 가장 중요한 식량으로 자리 잡으면서 米는 물론 기장이나 조 등 일반 곡식까지 두루 지칭하게 되었다. 또 쌀처럼 껍질을 벗긴 것을 지칭하기도 하며、길이 단위인 미터(m)의 음역어로도 쓰인다.

어원_04 미(米)

05_외래 식물, 보리: 麥(보리 맥; mài)

'밀'과 '보리'는 건조한 지역에서도 잘 자라기 때문에 중국의 북방에서는 이들을 많이 재배한다. 그래서 거기서는 만두나 면 등 밀가루로 만든 음식을 즐겨 먹는 것도 당연한 일이다.

'밀'과 '보리'를 뜻하는 麥(보리 맥)은 원래 래(來)에서 기원한 글자인데, 來(올래)는 이삭과 줄기를 갖춘 밀이나 보리의 모습을 그대로 그렸다. 밀은 원래 중국 토종이 아니라 중앙아시아 지역에서 온 것으로 알려져 있다. 그래서 이는 외부에서 들어 온 것의 상징이 되었고, 이 때문에 래(來)에 '오다'는 뜻이 생겼다. 그러자 원래의 '밀'을 나타낼 때에는 뿌리를 강조한 맥(麥)으로 분화했다.

밀은 면(麵)과 빵을 만드는 재료가 된다. 밀가루를 반죽하여 납작하게 만들어 가늘게 썰거나 틀에 눌러 가늘게 뽑아낸 것을 면(麵)이라 하는데, 면(麵)은 밀가루(麥)를 이겨 종잇장처럼 납작하게(面면) 밀어 만든다는 뜻을 담았다. 국수 즉 누들은 오늘날 쌀밥과 함께 전 세계인들이 즐기는 대표적 음식의 하나가 되었으며, 여러 지역으로 이동하면서 그 지역에 맞는 새로운 모습으로 재탄생했다. '짜장면'도 원래는 중국 산동 지역에서 들어왔지만 변형을 거듭하여 한국을 대표하는 국민음식으로 재탄생하였다.

식(食)과 짝을 이루는 한자가 음(飮)이다. 飮(마실음)은 큰 술독을 내려놓고 기다란 대로 만든 빨대로 들이 마시는 모습을 그렸다. 음료(飮料)라는 말에서 보듯 지금은 음(飮)이 마실 것을 두루 부르지만, 옛날에는 '술'에만 제한해서 부르는 말이었다. 음(飮)을 원래는 음(歠)으로 썼는데, 이후 식(食)과 흠(欠)의 결합으로 지금의 모습이 되었다.

05_맥(麥)

●2_05. '합심주(合心酒)'. 중국 소수민족의 합심주. 여럿이 모여 술항아리를 가운데 놓고 대로 만든 가는 관으로 빨대처럼 빨아 마신다. 음(飲)이나 음(歆)은 이런 모습과 매우 닮았다.

<table>
<tr><td>標題</td><td>字形</td><td></td><td>字解</td></tr>
</table>

標題

麥보리 맥: 麦、 mài、 麥-0、 11、 32

字形

甲骨文 金文 說文小篆

麥

보리 맥

字解

형성. 夊뒤져서 올치가 의미부이고 來올래가 소리부로、 「보리」를 말한다. 원래는 來올래만 썼다가 이후 긴 뿌리를 뜻하는 夊가 더해져 만들어진 글자인데、 來는 이삭이 핀 「보리」를 그렸다. 보리는 인류가 가장 보편적으로 재배한 식량으로、 메소포타미아 지역이 원산지이며、 거기서 서쪽으로는 그리스와 로마를 거쳐 유럽으로 퍼져 나갔으며、 동쪽으로는 중앙아시아를 거쳐 중국으로 들어왔다. 이 때문에 「보리」를 그린 來에 「오다」는 뜻이 생겼고、 그러자 다시 원래의 「보리」를 나타낼 때에는 보리의 특징인 긴 뿌리(夊)를 그려 넣어 麥으로 분화한 것으로 추정된다. 그래서 麥은 보리와 관련된 의미를 지닌다. 간화자에서는 윗부분의 來를 초서체로 쓴 麦으로 쓴다.

06_인류의 위대한 기호품, 술: 酒(술 주; jiǔ)

06_주(酒)

술 마시며 노래하세,
우리네 인생 살면 얼마나 산다고.
아침 이슬 같은 우리네 인생,
흘러 버린 세월 너무도 많구나.
가락은 절로 서러워 지고,
맺힌 시름 떨치지 못하네.
어이하면 이 시름 잊을까,
오직 '두강(杜康)' 뿐이라네.
　　　　-조조(曹操)의 「단가행(短歌行)」

천하의 호걸 조조가 자신의 시름을 읊은 시이다. 시름을 잊게 해 준 유일한 존재 '두강'은 '술'을 뜻한다. 술을 만든 신이 두강이라 전해지기 때문이다. '술'은 인간이 만들어낸 가장 훌륭한 음식 중의 하나라고 평하는 이도 있다. 술은 지금도 귀한 음식이지만, 고대 사회에서 술은 신을 모실 때만 사용되는 매우 귀한 음식이었다. 술을 뜻하는 酒(술주)는 술통을 그린 유(酉)에 액체를 뜻하는 수(水)가 더해져 만들어진 글자이다. 술독(酉)에 오래 저장된 술이 강한 향기를 내뿜는 모습을 그린 글자가 酋(두목 추)이다. 추(酋) 위쪽의 팔(八)은 향기가 갈라져 나오는 모습을 그렸다. 오래된 술을 관리하는 자가 그 집단의 우두머리였다. 추장(酋長)은 술이 이전에는 '권력'이었음을 말해 주기도 한다.

갑골문 '유(酉)'

　공업용 알쿠올이 없던 옛날, '술'은 소독제로서 훌륭한 역할을 했다. '치료를 하나'라는 뜻의 醫(의원 의)에 술을 뜻하는 유(酉)가 든 이유도 이 때문이다. 의(醫)를 구성하는 예(殹)는 작은 갈고리로 뽑아낸 화살(矢·시)이 통(匚)에 담긴 모습이고 여기에 소독제로서의 술(酉)이 더해진 글자가 바로 의(醫)이다. 고대 사회에서 술은 마취, 소독, 약효를 빠르게 하거나 마음을 안정시켜 주는 역할을 하여, 상처의 수술이나 치료에 필수적인 것이었으리라 생각된다.

●2_06. '두강주(杜康酒)'.
'술의 원조 두강'이라 적혀 있다. 두강은 중국에서 술을 만들었다는 전설의 인물로, 서구의 박카스에 해당하는 '술의 신'이다. 두강주는 하남성 낙양(洛陽) 여양(汝陽)현에서 나며 중국 8대 명주의 하나로 꼽힌다.

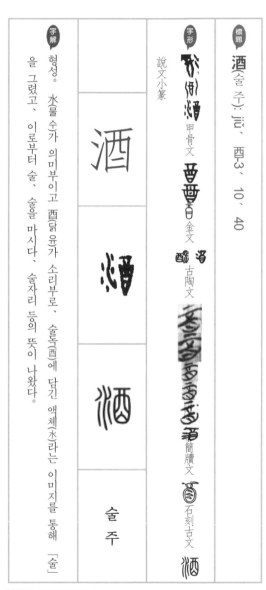

標題 酒(술 주): jiǔ、酉3、10、40

字形 說文小篆

甲骨文
金文
古陶文
簡牘文
石刻古文

酒
술 주

字解 형성. 水(물 수)가 의미부이고 酉(닭 유)가 소리부로, 술독(酉)에 담긴 액체(水)라는 이미지를 통해 [술]을 그렸고, 이로부터 술, 술을 마시다, 술자리 등의 뜻이 나왔다.

●2_07. 유(酉)자의 원형.

유(酉)는 원래 배가 볼록하고 목이 잘록하며 끝이 뾰족한 술독을 그렸다. 뾰족한 끝은 황하 유역을 살았던 고대 중국인들이 모래 진흙으로 된 바닥에 꽂아두기 좋도록 고안한 결과이다. 이처럼 '술독'이 유(酉)의 원래 의미이나, 이후 간지자로 가차되었고, 열 번째의 상징인 '닭'까지 뜻하게 되었다. 그러자 원래 뜻인 '술'은 다시 수(水)를 더해 酒(술 주)로 분화했다.

●2_08. 한자 유(酉)를 주제로 한 서예 작품.(www.ifuun.com)

●2_09. 식(食)으로 구성된 글자들

07_동물과의 구별, 의복: 衣(옷 의; yī)

인간을 동물과 구별해 준다고 하는 '옷'을 뜻하는 衣(옷 의)는 '윗옷'을 그렸다. 윗부분은 목둘레를 따라 만들어진 옷깃(領령)을 그렸고, 아랫부분에서 양쪽은 소매(袂몌)를, 나머지 중간 부분은 옷섶(衽임)인데, 안섶이 왼쪽으로 겉섶이 오른쪽으로 가도록 여며진 모습이다. 그래서 의(衣)는 치마(裳상)에 대칭되는 '윗옷'이 원래 뜻이며, 여기서 옷감이나 의복을, 다시 사물의 외피를 뜻하게 되었고, 다시 '싸다', '덮다', '입다' 등의 뜻까지 생겼다.

'의복'은 인간이 문명 생활을 하는데 없어서는 아니 될 중요한 요소이다. 그래서 의(衣)로 구성된 한자도 다양하다.

07_의(衣)

먼저, 옷감을 뜻하는 경우이다. 의식주(衣食住)라는 말에서 보듯, 인간 생활에서 옷의 제작은 무엇보다 중요한 일이었을 것이다. 初(처음초)는 칼(刀)로 옷감(衣)을 마름질 하는 모습이고, 그것이 옷을 짓는 '처음'임을 말했다. 옷을 만들어 입는 것이 인간만의 문명이라는 점을 생각하면, '옷'을 만드는 것이 '모든 것의 시작'이었을 것이고, 이 때문에 초(初)가 '시작'을 뜻하는 대표 한자로 남았다. 또 製(지을제)도 옷감(衣)을 마름질(制)하는 모습에서 '만들다'는 일반적 의미로 확장되었다.

갑골문 '의(衣)'

둘째, 옷의 부위나 종류를 지칭한 경우로, 衩(옷섶차)는 옷의 엇갈리는(叉) 부분을, 袍(핫옷포)는 아이가 뱃속에 들어 있듯(包) 속에 솜을 넣은 겨울옷을, 衷(속마음충)은 속(中)에 입는 옷을, 複(겹옷복)은 옷(衣) 위에 겹쳐(复) 입는 '겹옷'을 말한다.

●2_10. '치파오(旗袍, qípáo)'. 1920년대부터 중국 여성의 정장으로 자리 잡았으며, 지금은 중국에서 공식 행사나 각종 연회의 복식으로 지정되어 중국을 상징하는 여성의 옷이 되었다.

셋째, 옷이 갖는 기능과 상징을 나타내는 경우인데, 褓(포대기 보)는 아이를 보호(保)는 이불을, 被(이불 피)는 겉(皮)에 덮는 이불을 말한다. 그런가 하면 哀(슬플 애)는 슬퍼 哭(곡)을 할 때 입는 '상복'을 말한다. 또 衰(쇠할 쇠)는 원래 도롱이처럼 짚으로 엮은 상복을 그렸는데, 쇠약함이라는 뜻으로 쓰이게 되자 초(艸)와 멱(糸)을 더해 蓑(도롱이 사)와 縗(상복이름 최) 등으로 분화했다.

●2_11. 의(衣)로 구성된 글자들.

어원_07 의(衣)

08_주인 되어 머물러 사는 곳, 주택: 住(살 주; zhù)

‘거주하다’는 뜻의 住(살주)는 ‘주인’을 뜻하는 주(主)에서 나와 ‘사람’을 뜻하는 인(人)이 더해져 만들어진 글자이다.

08_주(住)

主(주인 주)는 원래는 윗부분의 주(丶)로 썼는데, 이는 ‘등잔 속의 불꽃 심지’를 그대로 그린 상형자이다. 이후 진(秦)나라 때의 소전체에 들면서 아랫부분에다 등잔대와 등잔 받침을 그려 넣어 지금의 주(主)가 되었다. 등잔불은 어둠을 밝히기 위한 존재이다. 어둠을 밝히는데 가장 중요한 것이 불빛을 내는 심지이다. 그래서 주(主)에는 주위를 밝히는 중심이라는 뜻이, 다시 주인(主人)에서처럼 사람(人)들의 중심(主)이라는 의미가 생겼다. ‘주인’은 심지를 태워 주위를 밝히는 존재임을 강조한 글자이다. 그래서 주인노릇을 하며 한 곳에 머무는 것이 주(住)이고 그곳이 주거(住居)하는 곳, 주거지이다.

‘노블레스 오블리제(noblesse oblige)’라는 말이 있다. ‘높은 신분에 따라 도의상의 의무도 함께 져야 한다.’라는 말이다. 주인(主人)이라는 말은 모름지기 자신을 불태워 주위를 밝히는 등잔불처럼 언제나 주위를 위해 자신을 바치는 희생정신이 담보되어야 하는 사람이어야 한다는 뜻을 담고자 했는지도 모를 일이다.

이처럼 주인 노릇이란 권리보다는 책임과 의무가 앞선다. 이곳저곳 떠돌아다니는 사람보다 한 곳에 오랫동안 머물러 온 터줏대감이 더 대접받는 것은 그가 오래 살아온 기득권 때문이 아니라 가진 책임감과 그의 역할이 필요할 때 해 왔던 주인으로서의 희생과 노력 때문일 것이다.

●2_12. '서한(西漢) 때의 등잔'.
기물에서 장신궁(長信宮)이라는 명문이 새겨져 장신궁등(長信宮燈)이라 이름 붙여졌는데, 장신궁은 서한 때의 태후가 거주하던 황궁 이름이다. 1968년 하북성 만성현(滿城縣) 중산정왕(中山靖王) 유승(劉勝)의 아내 두관(竇綰)의 무덤에서 출토되었다. 높이 48센티미터, 무게 15.85킬로그램. 궁녀가 꿇어 앉아 손에 등을 든 모습이다. 하북성 박물관 소장.

標題 住(살 주): zhǔ、人-5、7、70

字形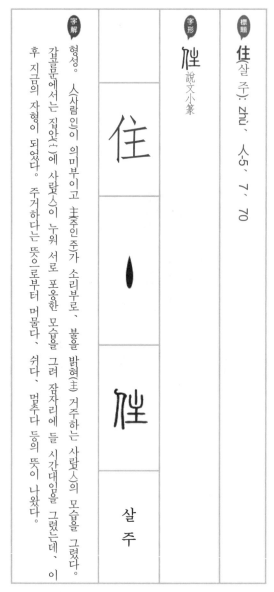
說文小篆

살 주

字解 형성. 人(사람 인)이 의미부이고 主(주인 주)가 소리부로、 불을 밝혀(主) 거주하는 사람(人)의 모습을 그렸다. 갑골문에서는 집안(宀)에 사람(人)이 누워 서로 포옹한 모습을 그려 잠자리에 들 시간대임을 그렸는데、 이후 지금의 자형이 되었다。 주거하다는 뜻으로부터 머물다、 쉬다、 멈추다 등의 뜻이 나왔다。

어원_08 주(住)

09_돼지와의 동거, 집: 家(집 가; jiā)

사람이 사는 '집'을 뜻하는 家(집 가)는 宀(집 면)과 豕(돼지 시)가 결합한 구조인데, 아래층에는 돼지를 위층에는 사람이 사는 구조로 고안된 것이 가(家)이다. 돼지는 인분까지 먹을 수 있는 잡식성인데, 원시사회에서 무시로 출현하던 뱀의 위험으로부터도 보호해 줄 수 있었기 때문에 아래층에 돼지를 키우는 것은 매우 효율적인 조치였다.

09_가(家)

물론 사람이 살 수 있는 주택이 처음부터 지상에 만들어졌던 것은 아니다. 건축술이 발달하기 전에는 반지하식 움막을 만들었다. 또 중국의 황토 평원 지역에서는 물길에 패어진 언덕을 파 들어가 만든 동굴집이 그 출발이었는데, 면(宀)은 지붕과 동굴집 밖으로 낸 지붕을 받치는 받침대를 그린 글자이다. 이후 기술이 발달하면서 지상에 집을 짓게 되었고, 단층이 아닌 이층집이나 삼층집도 만들 수 있게 되었다. 高(높을 고)는 바로 높다랗게 지어진 집을 그대로 그렸다.

고(高)

궁궐을 뜻하는 宮(집 궁)도 원래는 가(家)와 마찬가지로 '집'을 가리켰는데, 창문이 둘 난 모습을 그린 것으로 보아 좀 높은 집을 뜻했을 것으로 보인다. 그러나 진시황 때에 이르러 궁(宮)을 자신이 사는 '궁궐'에 한정해서 사용하게 하는 바람에, 그 후로는 궁(宮)은 궁궐을, 가(家)는 '일반 집'을 구분해 나타내게 되었다.

갑골문의
'궁(宮)'

●2_13. '한나라 때의 화장실'.
돼지우리와 함께 있는 구조인데, 이는 위층에 사람이, 아래층에 돼지가 살던 옛날 가옥 구조의 변형이다. 호북성 박물관.

●2_14. '청자로 만든 건축물 모형'.
바깥으로 담이 둘러쳐져 있고 앞에 성문과 뒤에 작은 쪽문이, 모서리마다 망루가 설치되었다. 중국 삼국(三國)시대(서기 220~265년). 높이 31.8센티미터, 가로 71.8센티미터, 세로 57.5센티미터.

標題: 家집 가: jiā、 宀-7、 10、 70

字形: 甲骨文 金文 簡牘文 說文小篆 說文古文

家 家 집 가

字解:
회의. 宀(집 면)과 豕(돼지 시)로 구성되어, 집 안(宀)에 돼지(豕)가 있는 모습을 그렸는데, 아래층에는 돼지가 위층에는 사람이 살던 옛날의 가옥 구조를 반영했다. 이후 일반적인 「가옥」을 뜻하게 되었고, 다시 「가정」 등의 뜻도 나왔다. 또 학술상의 유파를 지칭하기도 하며, 어떤 직업에 종사하는 전문가를 뜻하기도 한다.

●2_15. '상해의 마천루'.

포동 쪽에서 바라본 모습이다. 세계에서 가장 높은 건물들이 가장 빠른 속도로 들어서고 있는 곳으로, 현대 건축의 각축장이다. 사진 중간의 가장 높은 건물이 2016년 3월에 준공한 118층 632미터 높이의 상해 타워(上海中心大廈)로 현재 중국에서 가장 높은 건물이다. 그 오른 편으로 1999년 완공된 88층 450.5미터의 진마오 타워(金茂大廈, Jinmao Tower), 101층 492미터 높이의 상해 세계금융 센터(Shanghai World Financial Center)가 나란히 보이며, 그 뒤로 동방명주 타워가 보인다. 포동 지역은 1990년대부터 개발을 시작해 불과 30년 만에 허허벌판이 이런 모습으로 바뀌었다. 그야말로 상전벽해(桑田碧海), 천지개벽이라 할만하다.

10_사람이 오가는 곳, 사거리: 行(갈 행; xíng)

사람은 한 곳에서만 머물러 살 수 없다. 사는 집을 나가서 다른 사람들과 교류도 해야 하고 생산이나 상업 활동을 위해 다른 곳으로 이동도 해야 했다.

'가다'는 뜻의 行(갈 행)은 사람이 많이 다니는 사거리를 그렸다. 어떤 때에는 의미를 더 분명하게 하고자 '발'을 그린 지(止)를 그려 넣었다. 그래서 행(行)이 들어가면 모두 '가다'는 뜻을 가진다. 행(行)에서 왼쪽 부분만 남기면 척(彳)이 되는데, '조금 걷다'는 뜻이다. 척(彳)과 지(止)가 상하구조로 합쳐진 것이 '천천히 걷다'는 뜻의 착(辵=辶)이다. 행(行)과 척(彳)과 착(辵) 모두 '가다'는 뜻으로 214부수에 속하는 기초자들이다.

사거리를 그린 행(行)은 여러 사람이 모이고 오가는 곳이었기에 행(行)에는 '가다, 운행하다, 떠나다, 실행하다, 가능하다, 행위, 품행' 등의 뜻이 생겼다. 또 사람들로 붐비는 '길'은 갖가지 물건을 사고팔며 새로운 정보를 주고받는, 교류와 소통의 장이기도 하다. 이 때문에 행(行)은 갖가지 물건을 사고팔며 재주를 뽐내는 장소여서 교역장소, 직업 등을 뜻하기도 한다. '길에서 곡식을 팔다'는 뜻을 반영한 術(꾀 술)은 이러한 의미를 반영했다.

또 길을 함께 가는 것은 뜻을 같이 하거나 또래들의 일이기에, 행(行)에 '줄'이나 '항렬(行列), 순서, 대오' 등의 뜻이 나왔는데, 이때는 '항'으로 구분해 읽음에 유의해야 한다.

10_행(行)

標題 行(갈 행·항렬 항): xíng、háng、行-0、6、60

字形
甲骨文 金文 明盟書 簡牘文 帛書 說文小篆

行  갈 행

字解 상형。 사거리를 그렸고, 길은 여러 사람이 모이고 오가는 곳이기에 [가다]、운행하다、떠나다、실행하다、가능하다、행위、품행 등의 뜻이 생겼다。 사람들로 붐비는 길은 갖가지 물건을 사고팔며 새로운 정보를 주고받는, 교류와 소통의 장이기도 하다。 또 길을 함께 가는 것은 뜻을 같이하거나 또래들의 일이기에, 行에 [줄]이나 [行列(항렬)]、순서、대오 등의 뜻이 나왔는데, 이때는 [항]으로 구분해 읽는다。 그래서 行은 [길]이나 사람이 붐비는 [사거리]、[가다]는 뜻이 있으며, 한길은 갖가지 물건을 사고팔며 재주를 뽐내는 장소를 뜻하기도 하여 교역장소、직업 등의 뜻도 나왔다。

11_공간 이동을 가능하게 한 수레, 차: 車(수레 차거; chē)

인간은 이동수단으로 자신의 발로 직접 걷는 것 외에도 땅 위를 이동할 수 있는 수레(車)를 발명했고, 다시 주위의 강이나 바다를 항해(航海)할 수 있는 배(舟)도 만들어 냈다.

車(수레 거차)는 '수레'나 '마차'를 그렸는데, 고대 사회에서 가장 대표적인 고급 운송 수단이었다. 갑골문에서는 차(車)가 '마차'를 간략하게 그렸지만, 금문에서는 두 바퀴와 중간의 차체와 이를 가로지르는 굴대(軸축)에다 멍에(軛액)와 끌채(轅원)까지 완벽하게 표현하였다. 이후 두 바퀴는 가로획으로 차체는 네모꼴로 변해 지금처럼 되었다.

11_차(車)

고대 중국에서 마차는 다양한 용도로 쓰였다. 사람과 물건을 나르는 본래의 기능은 물론 전차나 사냥 수레로서의 기능도 함께 했다. 이 때문에 이후 수레처럼 축(軸)에 의해 움직이는 동력 장치를 지칭하여 수차(水車)나 자동차(自動車)나 기차(汽車) 등까지 지칭하게 되었다. 다만, 사람이나 동물이 끄는 수레는 '거'로, 동력 기관인 차는 '차'로 구분해 읽음에 유의해야 한다. 간화자에서는 초서체를 해서화한 차(车)로 쓴다.

기원전 3세기에 만들어진 진시황 무덤을 에워싼 병마용 갱에서 발견된 '청동 마차'를 보면 수레가 이미 지금의 자동차에 버금갈 정도로 복잡한 구조로 발달했다. 무려 수 백 개에 이르는 다양한 부속품으로 구성되었으며, 해의 높이와 방향에 따라 덮개가 움직이도록 고안된, 당시의 최첨단 발명품이었다. 오늘날의 자동차도 여전히 거(車)로 표현하는 것도 이런 전통 때문일 것이다.

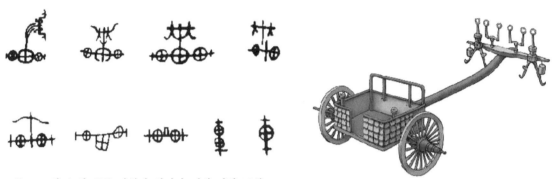

●2_16. 차(車)의 금문 자형과 상나라 때의 마차 모형.

字解

상형. 갑골문에서는 마차를 간략하게 그렸는데, 금문에서는 두 바퀴와 중간의 차체와 이를 가로지르는 굴대(軸·축)에다 멍에(軶·액)와 끌채(輗·원)까지 완벽하게 표현되었다. 소전체에 들면서 지금처럼 두 바퀴는 가로획으로 차체는 네모꼴로 변했으며, 『설문해자』의 주문체에서는 戔해칠잔을 더해 그것이 전쟁을 위한 전차임을 구체화했다. 사람과 물건을 나르는 본래의 기능은 전차나 사냥 수레로서의 기능도 함께 했다. 이 때문에 이후 수레처럼 바퀴에 의해 움직이는 동력 장치를 지칭하여 水車(수차)나 自動車(자동차) 등까지 지칭하게 되었다. 다만, 사람이나 동물이 끄는 수레는 「거」로, 동력기관인 차는 「차」로 구분해 읽음에 유의해야 한다. 간화자에서는 초서체를 해서화한 车로 쓴다.

字形

车 수레 차·거: chē, 車-0, 7, 70

說文籀文
金文
甲骨文
簡牘文
車 說文小篆

標題

車 수레 차·거: 车, chē, 車-0, 7, 70

車
수레
차

●2_17. '고대 중국의 청동 마차'.

1980년 2월 진시황 능의 서쪽 20미터 지점에서 발견되었다. 실물 크기의 1/2로 만들어진 마차는 두 종류로, 제1호 마차(앞)는 길이 225 센티미터, 높이 152센티미터로 네 필 말이 끄는 완벽한 모습의 마차이다. 제2호 마차(뒤)는 길이 317센티미터, 높이 106센티미터, 무게 1241킬로그램이며, 고삐 줄에 '안거제일(安車第一)'이라는 말이 쓰여 있어 이것이 순행용으로 쓰였던 마차를 모델로 하였음을 보여 준다.

12_물길의 이동, 배: 舟(배 주; zhōu)

육지를 이동하는 수레와는 달리 물에서는 배가 필요하다. 중국의 배는 매우 특이한데, 바닥이 평평하여 10센티미터 깊이만 되어도 다닐 수 있는 구조로 되었다.

12_주(舟)

"중국의 배는 매우 독특하다. 바닥은 평평하거나 원형이고, 용골(keel)도 없이 단지 튼튼한 노만 하나 있을 뿐이다. 이물(船頭·선두)과 고물(船尾·선미)은 직선을 이루고, 약간 위쪽을 향해 치켜들었다. 뱃전(舷·현)의 위쪽 가장자리부터 배의 바닥까지는 공간을 분할해 주는 견실한 방수벽으로 돼 있다. 이런 구조는 세계의 어느 곳에서도 찾아볼 수 없다." 중국의 과학사에 평생을 바쳤던 세계적 석학 조지프 니덤(Joseph Needham, 1900~1995)이 중국의 배를 두고 한 말이다. 평저선(平底船)이라 불리는 이러한 바닥이 평평한 구조로 된 배를 그린 것이 舟(배 주)이다. 갑골문에서의 주(舟)는 이러한 배를 너무나 사실적으로 그렸다.

이러한 배는 여전히 중국의 전역에서 강과 강을 오가며 이곳저곳 가까운 곳으로 이동해 사람과 사람을 이어주고 소규모 수송을 담당하는 주요 수단으로 기능하고 있다.

재미있는 것은 航(배 항)이다. 인류의 꿈이었던 '하늘을 나는 것'이 실현되어, 오늘날 인류의 가장 중요한 수단으로 떠 오른 항공(航空)이 주(舟)에서 파생한 항(航)을 쓴다는 사실이다. 한자에서 '날다'는 뜻의 飛(날 비)가 있지만, 하늘로의 이동 수단을 말할 때에는 여전히 항(航)을 쓴다. 게다가 공항(空港)은 '하늘 길의 항구'라는 뜻이다.

●2_18. 중국 운남성 대리의 백족(白族)들이 지금도 사용하는 평저선.

●2_19. 중국의 배.

바닥이 평평하여 얕은 곳도 마음대로 다닐 수 있다. 혼자 탈 수 있도록 작은 크기로 만들어졌으며, 필요하면 둘을 이어 사용하게 하였다.

標題 **舟**(배 주); zhōu、舟-0、6、30

字形 甲骨文 金文 簡牘文 說文小篆

舟 月

배 주

字解 상형. 갑골문에서의 舟는 독특한 구조의 중국 배를 너무나 사실적으로 그렸다. 소위 平底船(평저선)이라는 것인데, 이러한 배는 아직도 중국의 전역에서 강과 강을 오가며 물자를 실어 나르고 있으며, 수송의 주요 수단이 되고 있다.

어원_12 주(舟)

100개. 한자를. 통해. 중국의. 사상. 역사. 정치. 경제. 문화. 상식을. 배운다.

제3장

경제활동과 특산

●

●

경.제.활.동.과.특.산.

13_동서 교역로를 처음 연 비단: 絲(실 사; sī)

중국이 세계에 큰 영향을 끼친 특산물로는 실크, 도자기, 차(茶), 종이 등이 있다.

그중에서도 비단을 뜻하는 영어 'silk'는 고대 영어의 'seoloc', 라틴어의 'sericum' 등에서 기원했는데, 사실은 한자 '사(絲)'의 고대음을 음역한 말이다. 우리말의 '실'도 고유어가 아니라 이의 음역어로 알려져 있다. 絲(실사)는 꼬여 놓은 실타래 둘이 나란히 놓인 모습인데, 중국에서 '실'은 전통적으로 비단실을 뜻한다. 지금도 최고급 실로 인정받는 '실크'는 이미 3300년 전의 상나라 갑골문에서도 관련 글자들이 대거 출현함으로써 당시에 생산이 보편화했던 것으로 추정된다.

13_사(絲)

그렇게 생산된 비단은 언제부터인지는 알 수 없으나 '실크로드'를 통해 고대 로마제국까지 수출되었다. 로마 귀족들은 수천 킬로미터 떨어진 미지의 세계에서 전해져 온 신비의 섬유 실크를 하도 좋아하여 한때는 국부의 유출이 심각해 국가의 재정이 위태로워지기도 했다. 그러자 로마 제국의 원로원은 물론 아우렐리아누스(Aurelianus) 황제(270-275년 재위)는 급기야 비단의 착용을 금지하는 조치까지 내리기도 했다. 비단이 어떻게 만들어지는지 유럽인들이 그 비밀을 알아낼 때까지 이천여 년 이상 비단은 중국의 독점 산업이었다. 중국을 일컫는 영어 'Seres'가 '비단의 나라'라는 뜻인 것도 중국의 비단이 서구 세계에 심어준 강력한 인상 때문이다.

1백여 가지의 복잡한 공정과정이 말해주듯 비단 제작은 대단히 손이 많이 가지만, 그런 과정을 거쳐 완성된 비단은 지

금도 가장 사랑받는 섬유의 하나이다. 갑골문에 이미 蠶(누에
잠)과 桑(뽕나무 상)은 물론 계(系)나 난(亂) 등 비단 제작에 관한 다
양한 글자들이 등장함으로써 당시에 비단 생산이 보편적으
로 이루어졌음을 보여주고 있다.

系(이을 계)는 갑골문에서 고치에서 손(爪·조)으로 비단실을 뽑는 모습을 그려, 여럿의 고치에서 나온 실이 손
가락에 엮여 있는 모습이다. 이로부터 계(系)는 여럿이 하나로 묶이는 것을 뜻하여, 계통(系統)이나 체계(體系) 등
과 같은 말이 나왔다. 여기에 자(子)가 더해진 孫(손자 손)은 끝없이 '대를 이어가는(系) 자손(子)' 즉 후손을 뜻한다.
그런가 하면, 亂(어지러울 란)은 엉킨 비단 실타래를 풀고 있는 모습이다. 그렇게 가는 비단실이 엉켰다고 생각해
보라. 그것을 풀려면 얼마나 신경을 써야 하고 정성을 들여야 했겠는가?

또 비단 '실'을 뜻하는 사(絲)가 실타래를 둘 그린 것이라면, 幺(작을 요)는 비단 실타래의 가장 간단한 형태이
다. 조그만 누에고치 하나에서 뽑아 낼 수 있는 실의 길이가 1400미터나 될 정도로 비단실은 대단히 가늘다.
그래서 요(幺)에 '가늘다', '작다', '약하다'의 뜻이 생겼다. '약함'을 뜻하는 요(幺)에 '힘'을 뜻하는 력(力)이 더해
지면 幼(어릴 유)가 된다. 어린 아이 즉 유아(幼兒)는 힘(力)이 약하기(幺) 때문이다. 그래서 어린 아이(幼兒)처럼 하는
짓이나 생각이 어린 것을 유치(幼稚)하다고 한다.

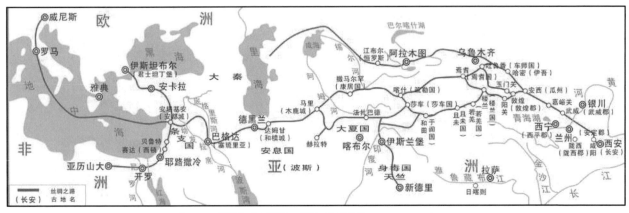

●3_01. '내륙을 통과하는 서북 실크로드'.(culture.kaiwind.com)

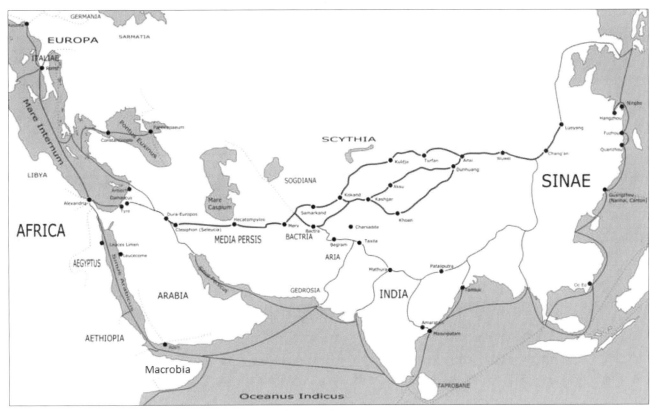

●3_02. '실크로드(絲綢之路, Silk Road)'.

1877년 독일의 지리학자 리히트호펜(F. F. von Richthofen)이 자신의 저서 『중국』에서 처음으로 붙여진 이름이다. 기원전 114년부터 본격적으로 개척된 중국과 중앙아시아, 중국과 인도, 이로부터 로마까지 이어지는 동서 무역로이다. 주로 비단 무역을 했다는 데서 이렇게 이름이 붙여졌다. 중국 섬서성의 장안(長安), 즉 지금의 서안(西安)에서부터 출발하여 중앙아시아의 아프간, 이란, 이라크, 시리아 등을 거쳐 지중해를 지나 로마를 종점으로 하였다. 총 연장 6440킬로미터에 달한다. 최근 무하마드 깐수는 이 무역 로가 신라의 수도 경주까지 확장되어야 한다고 주장했다. 고대 중국의 실크로드는 앞에서 말한 서북 루트, 장안에서 출발하여 운남성과 미얀마, 인도 등을 거치는 서남 루트, 해상을 통해 베트남, 인도네시아, 인도, 페르시아 만을 거쳐 로마에 이르는 해상 루트 등 세 개의 노선이 있었다.

●3_03. '한나라 초기의 비단 가운'.
1972년 호남성 장사(長沙) 마왕퇴(馬王堆) 제1호 묘에서 출토되었다. 길이 128 센티미터, 소매 길이 190센티미터이고 무게는 49그램에 불과하여, 세계에서 가장 가벼운 가운으로 알려졌다. 기원전 186년 이전의 것으로 추정된다.

標題: 絲(실 사): 丝、sī、糸-6、12、40

字形: 甲骨文 金文 簡牘文 說文小篆

실
사

字解: 회의. 두 개의 絲가는 실 몀으로 결합되었는데, 糸은 비단 실타래를 그렸다. 그래서 絲는 비단 실을 뜻한다. 영어의 [silk]나 우리말의 [실]이란는 말은 모두 여기에서 근원한 것으로 알려졌다. 비단 실은 가늘고 세밀한 것이 특징이므로 [가늘다]는 뜻이 나왔고, 극히 미세한 부분을 뜻하게 되었다. 무게나 길이 단위로도 쓰였는데, 10絲가 1毫호에 해당하였으니, 터럭보다 더 가늘고 가벼운 것으로 인식되었음을 볼 수 있다. 간화자에서는 아래부분을 한 획으로 줄여 丝로 쓴다.

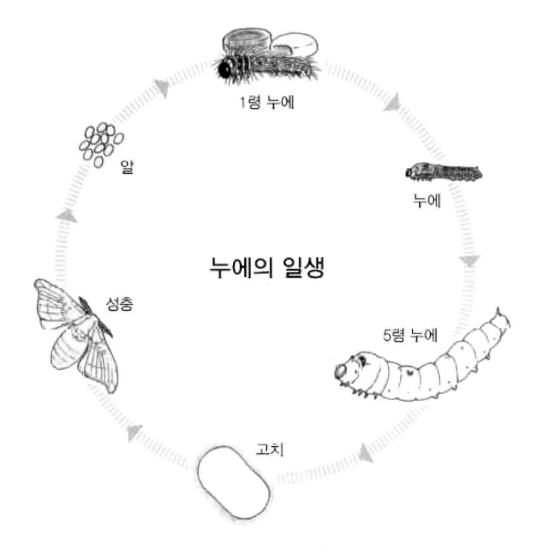

누에의 일생

1령 누에

알

누에

5령 누에

성충

고치

●3_04. '누에(蠶)의 일생'.

알에서 부화한 누에는 약 3밀리미터 크기이나 뽕잎을 먹으면서 5령까지 잠을 자는데, 5령이 되면 8센티미터 정도로 자란다. 5령 말까지 성장하는 데는 20일 정도가 걸린다. 그 후 먹기를 멈추고 고치를 짓기 시작하는데 약 60시간에 걸쳐 2.5g 정도의 고치를 만들고, 1개의 고치에서 1,200~1,500미터의 실이 나온다. 이 실을 가지고 비단을 만든다. 고치를 지은 후 약 70시간이 지나면 번데기가 되고, 다시 12~16일이 지나면 나방이 된다. 암 나방은 다시 500~600개의 알을 낳고 죽는다.

14_중국 최고의 상품, 도자기: 陶(질그릇 도; táo)

비단과 함께 중국을 대표하는 또 하나의 상품은 도자기이다. '중국'을 지칭하는 영어 'China'의 소문자 표기인 'china'는 바로 '도자기'를 뜻한다. 그것은 바로 '도자기'하면 '중국'을 대표하는 상품이라는 말이다. 서구인들은 도자기가 처음 수입되었을 때 이를 '중국에서 온 물건'이라는 뜻의 'chinaware'라 불렀는데 이후 이를 줄여 'china'라고 쓰게 되었던 것이다. 서양인들의 눈에 도자기는 비단 즉 실크에 이어 중국을 가장 대표할 수 있는 또 하나의 상품이었던 것이다. 도자기도 실크만큼이나 그 제작 기술은 상당 기간 동안 철저하게 비밀에 붙여졌다.

14_도(陶)

> "거울처럼 맑고, 백옥 같이 희며, 종이처럼 얇고, 울리듯 소리 내는" 자기(瓷器)는 중국인들의 자랑스러운 발명품 중의 하나였다. 자기가 처음 서구 사회에 전해졌을 때 그들은 이 반투명성의 자기를 보고 "중국에는 대단히 뛰어난 점토가 있는데, 이로 병을 만들면 유리병처럼 투명해 진다. 그리고 물을 넣으면 물이 훤히 들여다보인다. 유리도 아닌 점토로 만들었는데 말이다."

서구인들은 중국에서 건너온 도자기를 보면서 이렇게 끝없는 경탄만 자아냈다고 아라비아 상인 슬레이먼은 기록하고 있다. 851년의 일이었다. 점토는 분명 불투명성인데 어떻게 그것이 가능하단 말인가? 유리만 만들어왔던 그들의 상식으로는 믿을 수가 없었던 것이다. 수천 년의 역사를 가진 중국의 도자기, 그때까지도 도자기의 비밀을 전혀 알지 못했던 것으로 보인다.

나중에 안 일이지만, 그것의 비밀은 다름 아닌 도자기를 빚는 흙 즉 고령토(高嶺土)에 있었다. 고령토는 고온에서 구우면 물

●3_05. '경덕진(景德鎭)'.

리적 구조가 변하여 반투명으로 변하는 '자기화'라는 속성을 가진다. 게다가 중국 도공들은 순수 고령토에다 백토자(白土子)라는 것을 넣었는데, 도토(陶土)라고도 불리는 백토자는 자기화의 온도를 낮추고 투명도를 높여 준다. 서구 사회에서 이러한 기술을 전수 받아 비밀을 해독해 독자적 생산이 이루어진 것은 18세기의 일로, 중국에서 자기가 발명된 지 무려 최소한 이천 년이나 지난 이후의 일이었다.

여기서 말하는 고령토는 중국 최고, 최대의 도자기 생산지인 강서성 경덕진(景德鎭)의 서북쪽에 있는 고령(高嶺)이라는 산에서 나는 흙을 부르는 말이다. 백토자는 화성암이 수천 년 세월에 걸쳐 점토로 변할 때 생기는 중간 생성물이다. 중국인들이 오랜 세월 동안 지켜 왔던 도자기의 비밀 덕분에 '고령토'와 '백토자'는 각기 중국식 음역 이름인 '카오린(kaolin)'과 '퍼툰체(petuntse)'라는 어휘로 영어에 남게 되었다.

●3_06. '고려청자'. 신안 앞 바다에서 발굴된 고려청자. 국립광주박물관 소장.

도자기(陶瓷器)는 도기와 자기를 합쳐 부르는 말인데, 유약을 바르지 않고 구운 것을 도기, 유약을 발라 구운 것을 자기라 한다. 도기를 뜻하는 陶(질그릇 도)는 원래는 匋(질그릇 도)로 썼는데, 쪼구려 앉은 사람이 그릇 만드는 도구를 들고 점토를 빚는 모습을 형상했다. 소전 단계에서는 흙으로 빚었다는 의미에서 흙이나 언덕을 뜻하는 부(阜=阝)를 첨가하여 지금의 자형이 되었다.

이후 아름다움과 보존성을 강화하고자 '유약'을 바르게 되는데, 유약을 발라 높은 온도에서 구워낸 것이 '자기'이다. 자기를 뜻하는 瓷(오지그릇 자)는 기와 혹은 불에 구운흙을 통칭하는 瓦(기와 와)가 의미부이고 次(차례 차)가 소리부이다. 자기를

●3_07. '성덕진 도자기 민속 박물관'. 1984년 개관했으며, 명·청 시대 관요로서의 역사를 살필 수 있는 역사관을 따로 마련하여 5천여 점의 유물을 전시하고 있는데, 100여 점이 국가 1급 유물로 지정될 만큼 명품도 많다.

만들 때 쓰는 '유약'을 뜻하는 釉(유약 유)는 采(채색 채)가 의미부이고 由(말미암을 유)가 소리부이다. 여기에 쓰인 채(采)는 채색(彩色)이나 색채(色彩)라는 의미를 나타내고, 유(由)는 독음을 나타내지만 '기름(油)'이라는 의미를 나타내는 것으로 보인다. 그리고 도자기를 굽는 곳을 窯(가마 요)라고 하는데, 요(窯)는 穴(구멍 혈)이 의미부이고 羔(새끼양 고)가 소리부이다.

한국도 중국에 못지않게 대단히 오래된 도기의 역사를 갖고 있다. 1969~1971년 사이 발굴된 부산 영도구 동삼동(東三洞)의 패총에서는 기원전 4000년경의 도기가 발견되어 그 역사가 유구함을 보여주기도 했다. 유약을 바른 자기는 통일신라 이후 중국의 기술을 전수받아 발전한 것으로 보인다. 경주에서 발견되는 통일신라 때의 각종 자기가 대표적이다. 이후로 우리는 도자기 기술을 독자적으로 발전시키고 보편화하여 일반인에게까지도 광범위하게 보급하여 일상화하는 데 성공했다. 고려 때의 청자(靑瓷)나 조선 때의 백자(白瓷)는 중국도 넘볼 수 없는, 당시 최고의 작품이었다. 특히 임진왜란을 전후로 하여 일본에도 도자기 기술을 본격적으로 전수하여 일본 도자기의 전성시대를 열었다.

●3_08. 일본의 국보 '이도 다완(井戶茶碗)'.
아무데나 쓴다는 뜻에서 '막사발'이라 불리며 조선시대 서민들의 밥그릇, 국그릇, 막걸리 사발 등으로 쓰이던 생활그릇이 일본으로 건너가 찻그릇으로 쓰이면서 일본의 국보가 되었다. 수수하고 꾸밈없는 자연미로 완벽한 작품이라는 극찬을 받았다.

●3_09. '도자기 빚기와 굽기'(『천공개물』 145~146쪽).

"자기는 용해된 점토에 유약이라는 유리질 물질을 발라 약 1,280도의 고온에서 구운 것이다. 자기 제조의 비밀은 순수한 점토인 고령토의 사용에 있다. …… 송나라 때에는 자기 제조가 고도로 조직화되었고 분업도 진행되어, 점토의 세척을 전문으로 하는 사람, 유약만 칠하는 사람, 가마를 돌보는 전문가 등이 있었다. 발굴된 당시의 가마 중에는 한 번에 25,000개의 자기를 구울 수 있는 것도 있었다. 그것은 산의 경사면에 있었는데 15도의 완만한 경사였으므로 불이 가마로 올라가는 속도를 줄일 수 있었다. 세련된 가마의 구조는 대단히 이상적이었다. …… 자기 제조의 비밀은 조심스레 지켜져 왔으며, 마르코 폴로와 같은 유럽의 방문자들은 자기를 대하자 놀란 입을 다물지 못할 정도였다. …… 포르투갈 인에 의해 고령토의 견본이 유럽으로 들어 간 것이 1520년 무렵, 자기가 제품화된 것은 18세기에 이르러서야 가능했으니 그것은 중국인의 발명보다 1,700년 뒤의 일이었다." 『그림으로 보는 중국의 과학과 문명』, 155~161쪽.

●3_10. '보원고(寶源庫)'라는 명문이 새겨진 고려청자'. 연꽃 무늬나무 매병. 14세기. 높이 25.7센티미터, 몸통 지름 15센티미터. 국립박물관 소장.

標題 陶(질그릇 도): táo、 阜-8、 11、 32

字形 說文小篆

陶

字解 형성. 阜언덕 부가 의미부이고 匋질그릇 도가 소리부이다. 원래는 물레를 돌리며 그릇을 빚는 사람[匋]을 그렸는데, 이후 의미를 더욱 강화하기 위해 흙을 뜻하는 阜가 더해져 형성구조로 변했다. 陶工(도공)、 陶瓷器(도자기、 흙으로 굽다 등이 원래 뜻이며, 흙을 빚어 기물을 만든다는 뜻에서 陶冶(도야)、 기르다 등의 뜻도 나왔다. 또 도기를 구울 때 큰불이 필요하므로 불이 성하다、 왕성하다、 무성하다、 기쁘다 등의 뜻도 나왔다.

어원_14 도(陶)

●3_11. '악사와 무용수를 태운 낙타'. 당나라(618~907년) 때의 삼채(三彩) 도자기. 높이 56.2센티미터, 길이 41센티미터. 1959년 섬서성 서안시 출토, 섬서역사박물관 소장. 삼채 도자기는 황(黃), 록(綠), 백(白)의 세 가지 색깔로 이루어져 붙여진 이름이며, 당나라 때 극성했기 때문에 '당삼채'로 불리며, 중국 도자기의 명품으로 꼽힌다. 목을 위로 치켜든 건장한 낙타 위에 평평한 좌판 위로 격자형 무늬의 카펫을 깔았으며, 거기에 앉은 자연스런 모습을 한 7명의 악사들은 각각 생황(笙), 퉁소(簫), 비파(琵琶), 공후(箜篌), 피리(笛), 박자판(拍板), 다관 퉁소(排簫)를 들었고, 연주에 몰입하여 무아지경에 이른 듯 보인다. 나머지 중간의 선 여인은 춤을 추고 있는데, 왼손은 가슴팍에 두었고 오른손은 나래 짓을 하고 있다. 모두 한족으로 보이지만 악기는 서북방 이민족의 것들이 포함되어 당시 이미 서북방의 외래 악기들이 유행했음을 보여주고 있다. 『출토문헌 삼백품(出土文物三百品)』, 112쪽.

15_중국의 기호품, 차: 茶(차 다차; chá)

비단(silk)과 도자기(china)와 함께 차(tea)도 서구에 전해진 중국 문화의 대명사라 해도 지나치지 않다. 사실 차가 세계의 문화에 끼친 영향도 비단이나 도자기에 결코 뒤지지 않는 것으로 평가되고 있다. 중국에서 차는 당나라 때에 성행했지만, 장화(張華, 232~300)의 『박물지(博物志)』라는 책에 이미 "진차(眞茶)를 마시면 잠이 준다."라는 말이 나오는 것으로 보아, 적어도 진(晉)나라 때부터는 차를 마셨던 것으로 보인다.

15_차(茶)

茶(차 다차)는 원래는 茶(씀바귀 도)로 써, 초(艹)가 의미부이고 도(余)가 소리부로, 쓴 맛을 내는 식물(艹)인 '씀바귀'를 말했다. 이후 쓴 맛을 내는 채소(苦茶고채)를 지칭하게 되었고, 그런 맛을 내는 '차'까지 지칭하게 되었다. 하지만 차(茶)가 대단한 기호 식품으로 자리 잡고 중요한 식물이 되자 의미를 구분하기 위해 '차'는 가로획을 하나 줄여 차(茶)로 구분해 쓰게 되었다. 다만 한국어에서 차(茶)를 '다'로 읽기도 하고 '차'로 읽기도 하는데, '다'는 고대 음이고, '차'는 근대 음으로, 한국에 들어와 정착된 시기에 의한 독음의 차이이지 의미와 관련된 것은 아니다.

차가 중국에 의해 전 세계로 전파되었지만, 중국 원산은 아니다. 인도에서 전해졌다고 하는 차는 중국에서 진(晉)나라를 거쳐 당나라 때 매우 성행하였고, 이후 16세기 말 쯤 포르투갈 사람들에 의해 유럽으로 전해지기 시작했다. 16세기 말엽부터 중국에서 본격적으로 차를 수입하기 시작한 그들은 당시 표준 중국어에 근거해 차를 '챠(chaa)'라고 불렀다. 하지만 이후 극동 지역의 잎차 수입은 네덜란드 사람들에 의해 장악되었고, 차의 주산지이자 거대한 무역항이 있던 중국 복건성의 하문(廈門) 지역을 통해 주로 거래가 이루어졌다. 그래서 그들은 이 지역의 방언 음에 근거해 차(茶)를 '테(te)'라고 했는데, 이것이 '테(teh)'가 되고, 다시 영어에서의 '티(tea)'로 남게 되었다.

이런 역사적 배경 덕택에 차에 관련된 여러 영어 어휘들에도 중국의 흔적을 남기게 되었다. 예컨대 '보히(Bohea)'는 복건 지역에서 나는 무이(武夷)차를, '피코(Pekoe)'는 백호(白毫)차를, '코고우(Cogou)'는 공부(工夫)차를, '히손(Hyson)'은 희춘(熙春)차를, '탄카이(Twankay)'는 둔계(屯溪)차를, '키문(Keemun)'은 기문(祁門)차를, '오롱(Oolong)'은 오룡(烏龍)차를, '영 희순(Young Hyson)'이나 '위젠(Yu-chien)'은 우전(雨前)차 등을 말하는데, 중국식 발음이 고스란히 보존되어 있다.

또 서구에서 차가 보편화되면서 당시 영국인들의 일상생활에서도 차와 관련된 새로운 어휘들이 적잖게 생겨났는데, 'tea cloth'(차보), 'teapot'(찻주전자), 'teacup'(찻잔), 'teakettle'(차물주전자), 'tea urn'(차 주전자), 'teaspoon'(찻숟가락), 'tea table'(찻상), 'tea tray'(찻잔 받침대), 'tea set'(다기), 'tea rose'(월계화), 'tea biscuit'(다과), 'tea gown'(차를 마실 때 입는 예복), 'tea party'나 'tea fight'(다과회), 'tea service'(차 대접) 등이 그러하다.

그런가 하면 문화의 몰이해나 오해의 결과로 남겨진 표현도 더러 있다. 예컨대, 일부 영국인들은 차를 마시면 사람이 겁이 많아진다고 생각하여 '차 마시기 좋아하는 사람'을 'tea-spiller'나 'tea-sot'라고 했다. 또 'to take tea with'는 '다른 사람과 따지다'라는 뜻으로, 특히 적대적인 의미를 내포하고 있는 숙어인데, 이는 상해어의 '츠쟝차(喫講茶, chī jiǎng chá)'라는 말에서 근원한 것으로 알려져 있다. '츠쟝차(喫講茶)'는 달리 '츠쟝차(吃講茶 chī jiǎng chá)'라고도 쓰는데, 옛날 상해 지역의 건달들 사이에서 다툼이 일어났을 때 쌍방이 찻집에 모여 앉아 중재자를 두고서 '곡직을 논하여(講) 화해의 차(茶)를 마시는(喫) 것'을 뜻한다고 하며, 비용은 잘못한 쪽이 부담했다고 한다.

標題
茶 차 다 · 차: chá、艹-6、10、32

字形
茶 說文小篆

茶

茶

차 다 · 차

字解
형성. 원래는 씀바귀 茶가 의미부이고 余나여、途의 원래 글자가 소리부인 茶씀바귀 도로 써, 쓴맛을 내는 식물艹인 씀바귀를 말했다. 이후 쓴맛을 내는 채소苦菜 · 고채를 지칭하게 되었고 음료라는 의미까지 나왔다. 그러자 의미를 구분하기 위해 「차」는 획을 줄여 茶로 구분해 쓰게 되었다.

어원_15 차(茶)

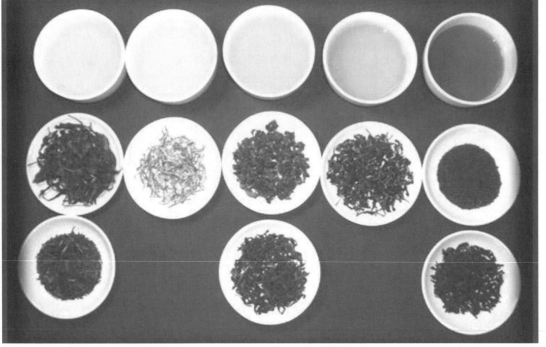

●3_12~13. 차(위). 다양한 색을 내는 각종 차(아래). 왼쪽부터 녹차(綠茶), 백차(白茶), 포종차(包種茶), 백호 오룡차(白毫烏龍茶), 홍차(紅茶) 등인데, 오른쪽으로 갈수록 발효 정도가 심하다.

중국차의 분류	
녹차(綠茶)	벽라춘(碧螺春)
홍차(紅茶)	정산소종(正山小種) 천홍(川紅) 기홍(祁紅) 전홍(滇紅) 민홍(閩紅)
오룡차(烏龍茶)	무이암차(武夷岩茶) 철관음(鐵觀音) 봉황단종(鳳凰單樅) 동정오룡(凍頂烏龍) 포종차(包種茶)
백차(白茶)	은침(銀針) 백목단(白牡丹) 공미(貢眉)
황차(黃茶)	황아차(黃芽茶) 황소차(黃小茶) 황대차(黃大茶)
흑차(黑茶)	호남 흑차(湖南黑茶) 호북 노청차(湖北老青茶) 사천 변차(四川邊茶) 전계 흑차(滇桂黑茶)(普耳茶 六堡茶 등) 섬서 흑차(陝西黑茶)

●3_14. '중국차의 분류'. 진종무(陳宗懋) 주편, 『중국다경(中國茶經)』.

16_권력 장악의 수단, 청동기: 金(쇠 금성 김; jīn)

중국은 청동기 문화가 매우 발달했던 나라이다. 그것은 1976년 은(殷)나라 때 부호(婦好)라는 젊어서 죽은 한 왕비의 무덤에서 청동기만 무려 468점이 쏟아져 나온 것만 보아도 알 수 있는 일이다. 상(商)나라 왕도 아니고 임금의 여러 명의 아내 중 한 사람일 뿐이었는데 말이다. 기원전 13세기 당시의 생산력으로 보았을 때 청동기 한 점한 점이 어마어마한 비용을 지불해야 할 보물이었다. 그런데도 그들은 값비싼 청동기들을 끝없이 만들어 냈다. 왜 그랬을까?

16_금(金)

바로 자신들의 신분을 과시하기 위해서였다. 게다가 상나라를 이은 주(周)나라에서는 철저한 봉건제를 시행하면서 청동기는 더더욱 신분과 권력의 상징이 되었다. 천자국은 천자국대로, 제후국은 제후국대로, 귀족들은 귀족들대로 서로 앞 다투어 진귀한 청동기를 만들었다. 주나라 후기 전국(戰國)시대에 들면서 제후들의 각축이 심해지자 이러한 경향은 더욱 심해졌다.

금문의 '주(鑄)'

이후 분열되었던 제국들이 진(秦)나라에 의해 통일되고, 철기시대가 왔지만, 청동기가 상징하는 권위는 여전히 사라지지 않았다. 진시황조차도 통일 제국의 권위를 세우고자 주나라 왕실에서부터 내려오던 구정(九鼎)을 찾아 헤맸다고 한다. 한(漢)나라에 들면서 화폐의 주조가 상당히 보편화하자 화폐의 부정 주조를 막기 위해 청동기 사용을 규제하기 전까지 이러한 전통은 계속되었다. 본격적인 청동기의 사용이 이루어진 하(夏)나라 때부터 한(漢)나라 때까지 대략 계산해도 중국의 청동기 시대는 약

금문의 '할(割)'

●3_15. '대우정(大盂鼎)'.
1849년 섬서성 미현(郿縣)에서 출토되었다. 1952년 상해박물관
에 소장되었다가 1959년 중국국가박물관에 소장되었다. 높이
101.9센티미터, 입 지름 77.8센티미터, 무게 153.5킬로그램이다.

●3_16. '대우정(大盂鼎) 명문'.
대우정 안쪽에 291자의 명문이 있는데, 주나라 강왕(周康)이 당시의 수도
종주(宗周)에서 맹(盂)에게 주나라 건국의 정신과 자신의 통치 사상에 대해
훈시한 내용을 기록하고 있다.

15세기 이상 지속되었다.

　이 화려했던 고대 중국의 청동기 문화의 청동 제조법이 반영된 글자가 바로 金(쇠금성 김)이다. 지금은 황금
이라는 뜻으로 더 많이 쓰이지만 옛날에는 '청동(靑銅)'을 지칭하는 단어로만 쓰였다. 그래서 청동기에 새겨진
문자를 금문(金文)이라 부른다. 이후 의미가 확대되긴 했지만 아직도 '쇠'를 대표하는 글자로 쓰이고 있다. 철이
아닌 청동이 쇠의 대표인 것이다. 이 때문에 금속과 관련된 글자는 모두 금(金)을 부수로 삼고 있다. 이처럼
금(金)은 모든 '금속'을 대표하게 되었고, 청동보다 강한 철이 등장했을 때에도 '쇠'의 통칭으로, 나아가 가장
값비싼 금속으로, 황금(黃金)과 흰금(現金)에서처럼 '돈'까지 뜻하게 되었다.

　금(金)의 자형 유래에 대한 해석은 여러 가지가 있으나, '청동'이라는 원래 뜻과 연계시켜 볼 때 이는 청동

기물의 주조를 위해 만든 틀, 즉 '거푸집'의 모양을 형상한 것임은 분명해 보인다.

이는 鑄(부어 만들 주)나 割(벨 할)을 보면 쉽게 이해된다. 주(鑄)는 두 손으로 청동을 녹인 쇳물을 담은 용광로를 뒤집어 거푸집(金) 위로 붓고 있는 모습인데, 청동기물을 주조하고 있는 모습을 형상적으로 그린 글자이다. 할(割)은 옛날 자형에서 왼쪽이 거푸집(金)처럼 생겼고 이 거푸집을 칼(刀)로 자르는 모습이다. 그래서 할(割)은 여러 조각으로 된 황토 거푸집을 줄로 묶고 녹인 청동 쇳물을 부은 다음 굳은 후 묶어 놓았던 줄을 자른다는 뜻이고, 이로부터 '베다', '자르다'는 뜻이 나왔다.

금(金)의 옛날 자형에서 볼 수 있는 거푸집 옆의 두 점(冫·빙, 氷의 원래 글자)은 청동의 재료인 원석을 상징한다. 이는 얼음(冫)이 녹아 물이 되듯 동석을 녹여 거푸집에 붓고 이를 굳혀 청동 기물을 만들어 낸다는 뜻을 담았다. 이후 소전체에 들면서 두 점이 거푸집 안쪽으로 이동하여 지금의 자형이 되었다.

세계의 그 어떤 지역보다 화려한 청동기 문명을 꽃피웠던 고대 중국에서 사용했던 청동기 제조법이 거푸집을 사용했다는 것은 문화사적으로도 중요한 의미를 가진다. 왜냐하면 이러한 거푸집 제조법은 밀랍을 사용하는 서양의 제조법과 다르고, 서양의 밀랍 주조법은 적어도 전국(戰國) 시대에나 이르러 나타나고 있기 때문에, 청동 주조 기술이 중국의 독자적인 것으로 해석될 수 있기 때문이다. 이는 20세기 초 서구 문명이 한창 동양으로 밀려들 때 이야기되었던 청동과 중국 문명의 서양 전래설을 부정할 수 있는 근거를 마련해 줄 수도 있다.

標題

金(쇠 금·성 김): 钅、金0、8

字形

金文 簡牘文 石刻古文 說文小篆 說文古文

字解

상형. 금문에서 청동 기물을 제조하는 거푸집을 그렸는데, 거푸집 옆의 두 점(冫·빙, 氷의 원래 글자)은 청동의 재료인 원석을 상징한다. 이는 얼음(冫)이 녹아 물이 되듯 동석을 녹여 거푸집에 붓고 이를 굳혀 청동 기물을 만들어 낸다는 뜻이다. 소전체에 들면서 두 점이 거푸집 안으로 들어가 지금의 자형이 되었다. 세계의 그 어떤 지역보다 화려한 청동기 문명을 꽃피웠던 중국이었기에 청동 거푸집을 그린 金이 모든 「금속」을 대표하게 되었고, 청동보다 강한 철이 등장했을 때에도 「쇠」의 통칭으로, 나아가 가장 값비싼 금속으로, 黃金(황금)과 現金(현금)에서처럼 「돈」까지 뜻하게 되었다.

金 쇠 금

●3_17. '중국 청동기 모음'.
미국 뉴욕 메트로폴리탄 박물관 소장. 술잔에 속하는 것으로, 고(觚 gū), 작(爵 jué), 가(斝 jiǎ) 등이, 술그릇으로 화(盉 hé), 유(卣 yǒu), 준(尊 zūn) 등이, 음식그릇으로 정(鼎 dǐng), 력(鬲 lì), 궤(簋 guǐ) 등이 보인다.

17_도시의 출발, 시장: 市(저자 시; shi)

인류 역사상 도시의 역할이 지금보다 중요한 때는 없었을 것이다. 그래서 현대 사회에서 시민은 더 이상 어떤 특정 시에서 사는 사람만을 지칭하는 것이 아니라, 이전의 백성이나 지금의 국민에 해당하는 개념으로 의미가 확장되었다.

우리말의 도시(都市)를 현대 중국에서는 '청스(城市 chéngshi)'라 하는데, 성(城)과 시(市)가 합쳐진 말이다. 적을 막기 위하여 흙이나 돌 따위로 쌓은 담으로 둘러싼 구역을 뜻하는 성(城)은 적을 막아 줄 수 있는 일정한 지형지물이 적은 황하 중류의 대평원 지역에서 중국인들의 거주 중심이 되었던 것은 당연했다. 게다가 '여러 가지 상품을 사고파는 일정한 장소'를 뜻하여 삶을 윤택하게 해 주는 시장도 방어시설인 성(城)만큼이나 중요했다. 그래서 성(城)과 시(市)가 결합하여 '성시(城市)'가 만들어졌다.

17_시(市)

원시사회와 농업을 위주로 했던 전통사회에서는 성(城)이 더 중요했지만, 경제와 문화가 발달할수록 시장의 기능이 중요해졌다. 중국에서 성시(城市)'라는 말이 『한비자』에서 처음 나오는 것으로 보아 전국시대 때에 이르면 시장의 기능이 매우 중요해져 성(城)과 대등해졌음을 알 수 있다.

시장을 뜻하는 市(저자 시)의 어원은 분명하게 밝혀져 있지 않다. 시(市)의 원래 모습은 지금과 달라, 凡(무릇 범, 帆의 원래 글자)나 舟(배 주)가 의미부이고 止(발 지)가 소리부인 구조였는데, 八(여덟 팔)과 丂(기교 교)가 의미부이고 지(止)가 소리부인 구조로 변했다가, 자형이 변해

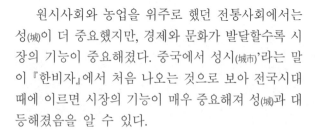

●3_18. '중국의 10대 도시'.

●3_19. '옛날의 시장'.
북송 때의 수도인 개봉의 모습을 그린 『청명상하도(淸明上河圖)』(부분)에 나오는 광경이다.

지금처럼 되었다.

　지(止)는 오가는 행위를 뜻하고, 돛(凡)은 배를 상징하고 배(舟)는 가장 초기 형태의 교역인 물물교환의 장소를 뜻한다. 배는 옛사람들에게 동네와 동네를 이어주는 통로 구실을 했을 것이다. 그러던 것이 금문에 들면서 팔(八)과 교(丂)가 의미부이고 지(止)가 소리부인 구조로 되었는데, 근대의 한자학자 임의광(林義光)은 "팔(八)은 나누다(分)는 뜻이고, 교(丂)는 끌어들이다(引)는 뜻이다. 사고파는 이들이 물건을 나누어 벌려 놓고 사람을 끌어들인다."라고 풀이했는데, 서수 후기 때에는 이미 여러 물건을 벌여 놓고 사람들을 끌어들이는 진정한 의미의 시장이 출현했음을 알려준다. 그 후 다시 지금의 자형처럼 巾(수건 건)이 들어간 구조로 변했는데, 건(巾)은 깃발을 상징한다.

●3_20. '뉴욕의 증권거래소(New York Stock Exchange)'. 현대 자본주의 시장의 상징이다.

일본의 시라카와 시즈카(白川靜)의 말처럼 건(巾)은 "시장이 서는 장소를 표시하기 위해 세워놓은 표지(標識)"로서, 오늘날 식으로 말하자면 공정거래가 이루어질 수 있도록 감독을 쉽게 하고, 많은 사람이 쉽게 찾을 수 있도록 한 것을 의미한다. 시장이라는 의미로부터 '사다', '팔다'의 뜻이, 다시 '시장이 설치된 곳'과 '대도시'를 지칭하였고, 또 도시에서 제정한 도량형 단위를 지칭하여 시척(市尺)이나 시근(市斤)이라는 말도 나왔다.

중국에서는 서주 때의 도읍이었던 풍호(豐鎬)에 설치된 시장이 최초의 기록이며, 우리나라에서는 490년(신라 소지왕 12)에 개설된 경시(京市)가 처음으로 기록에 등장하는 시장이다. 물론 이는 당시의 서울인 경주에 세워진 시장을 말하는 것으로, 시장의 기원은 그보다 훨씬 더 거슬러 올라갈 것이다.

도읍은 "큰 산 아래가 아니라 큰 강 옆"에 만들어야 한다고 한 『관자』의 말에서 볼 수 있듯, 큰 도시의 기능은 교통 조건이 좋아 주변지역의 물산을 쉽게 교환할 수 있던 '시장'의 기능이 중요했음을 말해 준다.

　　오늘날 시장은 단순히 물건을 사고파는 구체적 장소에서 벗어나 "상품으로서의 재화와 서비스의 거래가 이루어지는 추상적인 영역"으로 확장되었고, 도시의 상징이 되었다. 그래서 시민(市民)은 도시에 사는 사람을 일컫는데, 시(市)는 행정 단위의 가장 중요한 단위가 되었다. 이는 중국에서도 성(省)이라는 행정 단위가 있지만, 직접적으로 움직이는 가장 큰 단위가 시(市)이다. 전국적으로 북경(北京), 상해(上海), 천진(天津), 중경(重慶)의 4개 직할시를 포함해서 성급(省級), 지방급(地方級), 현급(縣級)의 크고 작은 658개의 시가 있다(2012년 기준).

標題 市(저자 시): shì、巾-2、5、70

字形 金文 古陶文 簡牘文 說文小篆　市 저자 시

字解 형성. 원래는 凡(무릇 범)、帆의 원래글자)나 舟(배 주)가 의미부이고 止(발 지)가 소리부인 구조였는데、八(여덟 팔과 丂(기교 교)의 의미부이고 止가 소리부인 구조로 변해 지금처럼 되었다. 止는 오가는 행위를 뜻하고、돛(凡)은 배를 상징하고 배(舟)는 가장 초기 형태의 교역인 물물교환의 장소를 뜻한다. 배는 옛사람들에게 동네와 동네를 이어주는 통로 구실을 했을 것이다. 그러던 것이 금문에 들면서 八과 丂가 의미부이고 止가 소리부인 구조로 되었는데、이는 서주 후기 때에는 이미 여러 물건을 놓고 사람들을 끌어들이는 진정한 의미의 시장이 출현했음을 알려준다. 그후 다시 지금의 자형처럼 巾(수건 건)이 들어간 구조로 변했는데、巾은 깃발을 상징한다. 그리하여 오늘날 식으로 말하자면 공정거래가 이루어질 수 있도록 감독을 쉽게 하고、많은 사람이 쉽게 찾을 수 있도록 한 시장으로 발전했다. 시장이라는 의미로부터 사다、팔다의 뜻이、다시 시장이 설치된 곳、대도시를 지칭하였고、또 도시에서 제정한 도량형 단위를 지칭하여 市尺(시 척)이나 市斤(시 근)이라는 말도 나왔다.

어원_17 시(市)

18_서구인이 바라본 중국, CHINA: 秦(벼 이름 진; Qín)

중국에서 나라 이름이나 왕조 이름은 어떻게 붙여졌을까? 도시의 이름이나 개인의 이름이 그러하듯 한 나라도 스스로를 부를 때는 자신의 정체성을 드러낼 수 있고, 지향하는 이상을 반영하여 결정했을 것이다. 그래서 역대 왕조 이름을 보면 근거지나 출신 족명(族名) 등이 다수를 차지한다. 그러나 자신이 아닌 타자가 중국을 바라보았을 때는 타자에게 가장 강렬한 인상을 남겨준 것에 근거할 것이다.

18_진(秦)

영어의 '차이나(China)'의 유래에 대해서는 여러 가지 설이 있다. '도자기'를 '중국에서 온 상품'이라는 뜻에서 'china'라고 부르기 때문에 '도자기'에서 그 어원을 찾아야 한다고도 한다. 그러나 이는 본말이 전도된 해석으로 보인다. 중국을 뜻하는 'China'가 먼저 있었고, 이후에 도자기가 전해지자 이를 신비롭게 여겼던 서양인들이 '도자기'를 '중국에서 온 상품'이라고 하며 '중국'과 관련지어 불렀기 때문이다.

게다가 서구에 중국이 제일 먼저 알려진 가장 중국적인 상품은 '도자기'가 아니라 '비단'이었다. 한(漢)나라 때 장건(張騫)에 의해 본격적으로 실크로드가 정비되기 전부터 비단은 중앙아시아를 거쳐 페르시아 지역은 물론 로마 제국까지 계속해서 전해지고 있었다. 그들은 '비단'이 어디서 오는지 정확하게 알지 못했다. 아마도 그들의 입장에서는 머나 먼 동방의 나라에서 온다는 정도로 알고 있었다. 한(漢)나라 이전의 서역 사람들은 중국을 '진(秦)'이라 불렀는데, 당시 출현한 대제국 진(秦)나라가 그들에게 강인하게 각인되었으며, 비단의 원산지 지역을 통칭할 수 있는 나라가 진(秦)나라였기 때문이었다. 이후 서양인들이 사용한 진(秦)의 대역음이 'Chin'이었고 이것이 변해 지금의 '차이나(China)'가 되었다. 근대시기에 들어 일본인들은 이를 번역하여 지나(支那)라고 불렀다.

秦(벼 이름 진)은 갑골문에서 두 손으로 절굿공이를 들고 벼(禾·화)를 찧는 모습이다. 즉 벼를 수확하여 도정(搗精)하는 모습을 그린 글자이다. 그래서 진(秦)이라는 나라 이름은 진(秦)이 위치했던 그곳의 풍부한 곡물생산과 관련되어 붙여진 이름이다.

진(秦)나라의 근거지는 중국의 서부 섬서(陝西) 지역에 위치하였는데, 서쪽에 치우쳐 계속된 중원 지역의 각축장에서 비켜나 있었다. '8백 리 진주(秦州)'라는 말이 있듯 이곳은 예로부터 대단히 비옥하여 곡식이 풍부한 지역이기도 했다. 풍부한 곡식은 국가의 부강을 가능하게 했고, 나라도 중국의 서쪽에 위치해 있었기 때문에 상대적으로 전쟁에서도 비켜나 있어 국력을 비축할 수 있었다. 이러한 기반 위에서 상앙(商鞅)의 법치주의와 능력 본위 경영의 개혁에 힘입어 진(秦)나라는 여러 나라들을 제패하여 대제국으로 등장하게 되었던 것이다.

오늘날 중국의 기본 영역을 만든 진(秦)나라, 로마 제국에 비견할 동방의 가장 강력한 제국 진(秦)의 등장은 서양인들에게 충분히 인상적이었을 것이다. 진시황의 여러 실정과 부정적인 평가에도 그가 줄곧 중국 역시에서 가장 주목받는 인물의 선두에 거론되고 지금의 중국을 처음 만들었다고 평가되는 것도 이와 궤를 같이 한다 하겠다.

●3_21. '진(秦)의 여러 가지 필사법'.

●3_22. '진시황(秦始皇)'.

분열의 중국을 통일하여 지금의 중국의 토대를 마련한 임금이다. 진시황(기원전 259~기원전 210년), 성이 영(嬴)이고 씨는 조(趙)이며 이름은 정(政)이다. 그래서 조정(趙政)이나 진정(秦政)으로도 불린다. 조(趙)나라 수도 한단(邯鄲)에서 태어나 기원전 247년, 13살의 나이로 진나라의 왕이 되었다. 22세가 되자 정식으로 임금이 되어 친정하였으며, 여불위(呂不韋)와 노애(嫪毐) 등을 제거하고 이사(李斯)와 위료(尉繚) 등을 중용하여, 기원전 230년부터 차례로 한(韓), 조(趙), 위(魏), 초(楚), 연(燕), 제(齊) 등 육국을 멸망시키고 기원전 221년 그의 나이 39세 때 중국을 통일하였다. 이후 문자통일, 도량형 통일, 분서갱유 등을 통해 강력한 중앙집권 왕조를 수립하였으며, 스스로 황제라 칭하여 시황(始皇)이 되었다.

標題: 秦(벼 이름 진): qín、禾5、10、12

字形: 說文小篆 說文籒文 甲骨文 金文 古陶文 簡牘文 古璽文 石刻古文

秦 — 벼 이름 진

字解: 회의. 갑골문에서부터 두 손(廾)으로 절굿공이(午, 杵의 원래 글자)를 들고 벼(禾·화)를 찧는 모습인데, 자형이 변해 지금처럼 되었다. 벼를 수확하여 搗精(도정)하는 모습을 그렸으며, 秦나라를 말한다. 秦나라는 중국의 서부 陝西(섬서)지역에 위치했으며, [8백 리 秦州(진주)]라는 말이 있듯 이곳은 예로부터 대단히 비옥하여 곡식이 풍부한 지역으로 알려졌다. 쌀, 즉 곡물의 풍부함은 국가를 부강할 수 있게 했고 이것이 秦나라로 하여금 전국을 제패하게 하였던 기본적인 요인의 하나였었다. 따라서 秦이라는 나라 이름은 秦이 위치했던 그곳의 풍부한 곡물생산에 의해 붙여진 이름이다.

어원_18 진(秦)

19_중국인이 생각하는 중국, HAN: 漢(한수 한; Hàn)

서구인들이 중국의 대표를 진(秦)나라에서 찾았던데 반해, 중국인들은 그들의 정통성을 진나라가 아닌 한(漢)나라에서 찾았다.

수백 개에 이르는 열국들이 결국은 진(秦)나라에 합병되어 하나의 나라가 되었는데, 진(秦)나라를 제외하면 모두가 피해자였고, 살아남은 자들은 모두가 망국의 후손들이자 피지배자였다. 그래서 그들은 진(秦)에 대한 감정이 좋을 수가 없었을 것이다.

영원할 것 같은 강력한 대제국 진(秦)은 불과 16년 만에 망하고 만다. 기원전 221년에 세워져 기원전 206년에 망했다. 그러자 그 강력했던 진(秦)의 흔적들도 그들의 제국처럼 한순간에 없어지고 말았다. 이를 이은 새 왕조 한(漢)나라가 진나라와는 전혀 다른 통치 방식을 채택했던 것은 당연한 일이다. 한나라는 초기의 휴식기를 거쳐 무제(武帝) 때 유가사상을 통치 철학으로 채택함으로써 문화와 인문 중심의 새로운 제국을 건설해 나갔다.

19_한(漢)

진시황의 폭압적인 정치에서 벗어나 문화정책을 펴고 학문을 꽃피웠던 한(漢)나라, 그로부터 중국인들은 그들의 정체성을 찾았다. 그들의 역사를 대표할 수 있는 자랑스러운 나라가 '한(漢)'이었던 것이다. 그래서 자신들을 한족(漢族), 자신들의 말을 한어(漢語), 자신들의 문자를 한자(漢字)라고 부른다. 게다가 씩씩하고 의리 있는 남자, 진정한 사내대장부를 부를 때도 '난즈한(男子漢, nánzǐhàn)'에서처럼 한(漢)을 쓰기도 한다.

漢(한수 한)은 왕조 이름으로 쓰이지만, 원래는 중국 중부의 중요한 강인 한수(漢水)를 말했다. 한수는 장강의 가장 긴 지류로 섬서성 녕상(寧強)현에서 발원하여 호북성을 거쳐 무한(武漢)시에서 장강으로 흘러든다. 한나라를 세웠던 유방(劉邦)이 항우(項羽)에게 패하여 쫓겨 간 곳이 한수 유역의 한중(漢中) 지역이었고, 이 때문에 그는 '한왕(漢王)'이라 불렸다. 이후 한나라를 세우자 그가 근거지로 삼았던 지역에 근거해 이름을 한(漢)이라 붙였던 것이다.

●3_23. '한(漢) 고조(高祖) 유방(劉邦)'.

●3_24. '한나라 무제武帝) 류철(劉徹)'.
중앙집권을 강화하고 실크로드를 개척하고 유가사상을 통치철학으로 채택하는 등 국내외적으로 한(漢)의 위상을 드높인 왕으로 평가받고 있다.

標題
漢(한수 한): 汉、hàn、水-11、14、70

字形
金文
古陶文
說文小篆
說文古文

漢
漢
한수
한

字解
형성. 水물 수가 의미부이고 難(어려울 난)의 생략된 모습이 소리부로, 漢水(한수)를 말하는데, 장강의 가장 긴 지류로 섬서성 寧强(녕강)현에서 발원하여 호북성을 거쳐 武漢(무한)시에서 장강으로 흘러든다. 또 중국의 가장 긴 강을 지칭하며, 이로부터 중국의 최대 민족인 한조을, 다시 중국의 상징이 되었다. 또 남자를 부르는 말로 쓰이며, 일부 방언에서는 남편을 지칭하기도 한다. 간화자에서는 오른쪽 부분을 간단한 부호 又(또 우)로 줄여 汉으로 쓴다.

어원_19 한(漢)

제3부

제도문화

●

제4장. 법과 질서
제5장. 윤리와 도덕
제6장. 계급과 국가

●

100개. 한자를. 통해. 중국의. 사상. 역사. 정치. 경제. 문화. 상식을. 배운다.

제4장

법과 질서

●

●

법.과.질.서.

20_정의와 공평함, 법의 정신: 法(법 법; fǎ)

법(法)은 현대사회를 지탱하는 근간이다. 법치주의로 불리는 현대사회의 기본정신은 이전의 봉건제나 절대군주제에서처럼 한 통치자의 의지에 의한 지배가 아니라 합리적이고 공공적인 규칙에 의한 지배를 통해 공정한 사회협동의 체계를 확보하려는 데에 있다. 또 이를 위해 공포되고 명확하게 규정된 법에 의해 국가권력을 제한하고 통제함을 핵심으로 한다.

중국에서도 일찍이 상앙(商鞅)과 한비자(韓非子)로 대표되는 법가(法家)가 등장하여 진(秦)나라의 통일을 도운 적이 있다. 오늘날 가장 많이 쓰는 글자 중의 하나인 법(法)자는 무엇을 그렸고, 어떤 정신을 담았을까?

20_법(法)

지금의 法(법 법)은 水(물 수)와 去(갈 거)로 이루어져 물(水)의 흐르는(去) 속성을 본받아야 함을 강조했다. 물은 언제나 높은 곳에서 낮은 곳으로 흐르지 낮은 곳에서 높은 곳으로 역류하는 법은 없다. 물처럼 공평하고 일정하기란 그렇게 쉽지 않았던 것일까? 그래서 『노자』에서도 언제나 낮은 곳으로 흐르며 남을 이롭게 하면서도 조금도 뽐내지 않는 '물'을 두고서 최상의 선이요 도(道)에 가깝다 극찬했던 것은 아닐까? 이는 법(法)의 정신이 일관성과 형평성에 기반하고 있음을 보여준다.

물론 지금 쓰는 법(法)자는 간략화한 글자이고, 그 이전의 원래 모습으로 올라가 보면 법(法)에다 廌(해태 치)가 덧붙여져 있나. '뿔이 하나 달린 양(一角羊)'으로노노 묘사되는 '해치'는 숭국의 전설에서 옳지 않은 사람을 뿔로 받아 죽여 버린다는 정의(正義)의 동물로 알려져 있다. 그래서 우리 국회의사당 앞에도 커다란 '해태'상이 놓여 있고, 법관이 입는 법복에도 옛날에는 해태 무늬가 수 놓였으며, 대한민국 수도 서울시의 상징동물도 '해태'이다. 서울이

해태를 상징동물로 선정한 것도, 법복에 해태를 수놓인 것도, 국회 앞에 해태를 세워놓은 것, 이 모두가 정의롭고 정의롭게 살고 정의로운 도시가 되겠다는 의지의 표명이다. 물론 '해태'는 '해치'라고도 읽는데, 전자는 고대의 독음이고 후자는 이후의 독음으로 보이는데, 서울시에서는 후자를 택하여 'HAECHI'로 표기하고 있다.

이처럼 법(灋)자에 들어간 '해태'의 존재는 오늘날처럼 성문법에 기초한 통치가 확립되기 이전의 징벌의 형태를 알려주고 있다. 하지만 이후 치(廌)가 생략됨으로써 법(法)은 이미 징벌의 의미를 넘어 물(水)의 흐름(去)이 지니는 항상성과 보편성처럼 모든 사람에게 공통으로 적용되어야만 하는 규약이나 약속의 의미를 강조하는 것으로 변하게 되었다.

그러므로 법(灋)과 법(法)에 담긴 정신은 법이란 모름지기 바르지 않은 사람을 떠받아 죽여 버리는 해태나 항상 낮은 곳으로 임하는 물처럼 언제나 정의롭고 누구에게나 공평하게 집행되어야 한다는 것이라 하겠다. 예로부터 법은 공평하게 적용되어 공정성을 확보할 때에만 법으로서의 존재 가치가 있다는 것을 간파한 셈이다.

上善若水
shàng shàn ruò shuǐ

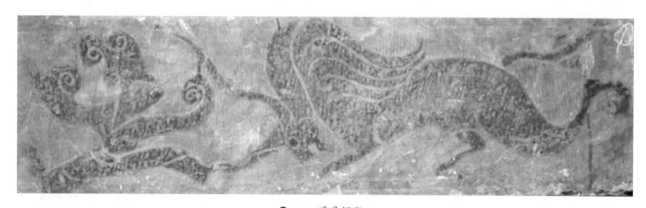

●4_01. '해태(解廌)'.
옳지 않은 것을 뿔로 받아 버린다는 정의의 동물 해태. 달리 '법을 상징하는 동물'이라 하여 법수(法獸)라 불리기도 한다. 하남성 남양에서 출토된 화상석.

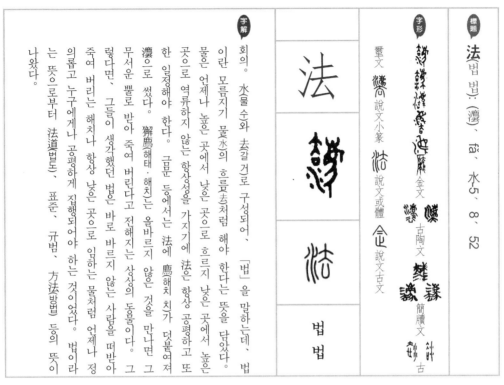

標題
法(법 법): (灋)、fǎ、水-5、8、52

字形 甲文 說文小篆 金文 古陶文 說文或體 說文古文 簡牘文 古

法 灋

법 법

字解 회의. 水(물 수)와 去(갈 거)로 구성되어, 「법」을 말하는데, 법이란 모름지기 물(水)의 흐름(去)처럼 해야 한다는 뜻을 담았다. 물은 언제나 높은 곳에서 낮은 곳으로 흐르지 낮은 곳으로 역류하지 않는 항상성을 가지기에 法은 항상 공평하고 또한 일정해야 한다. 금문 등에서는 法에 廌(해치 치)가 덧붙여져 灋으로 썼다. 獬廌(해태·해치)는 올바르지 않은 것을 만나면 그 무서운 뿔로 받아 주여 버린다고 전해지는 상상의 동물이다. 그렇다면, 그들이 생각했던 법은 바로 바르지 않는 사람을 떠받아 죽여 버리는 해치나 항상 낮은 곳으로 임하는 물처럼 언제나 정의롭고 누구에게나 공평하게 집행되어야 하는 것이었다. 법이라는 뜻으로부터 法道(법도)、표준、규범、方法(방법) 등의 뜻이 나왔다.

어원_20 법(法)

21_반드시 지켜야 할 규칙, 법칙: 則(법칙 칙곧 즉; zé)

법치주의 사회에서 법(法)과 함께 반드시 지켜져야 할 것이 원칙(原則)이다. 그래서 칙(則)은 법(法)과 결합하여 '법칙(法則)'이라는 단어도 만든다.

오늘날 한자에서 則(법칙)은 貝(조개 패)와 刀(칼 도)로 이루어져 있지만, 패(貝)는 원래 鼎(솥 정)이 변해서 된 것이다. 청동기는 고대 중국을 대표하는 문화이고, 청동기 중에서도 가장 대표적인 기물이 '세 발 솥'이라 불리는 정(鼎)이다.

청동기물의 대표로서 여러 가지 상징을 가지는 정(鼎)은 세 개의 발(足·족)과 볼록한 배(腹·복)와 두 개의 귀(耳·이)를 가진 기물이다. 발이 네 개인 것도 보이는데, 이때에는 '네모진 정'이라는 뜻에서 방정(方鼎)이라 부른다. 파도를 분산시키는 테라 포트가 세 개의 뿔 모양으로 만들어지듯 세 발은 균형을 잡는데 가장 이상적인 구도라고 한다. 그래서 정립(鼎立)은 솥(鼎)의 세 발이 균형을 잡고 선(立) 것처럼 '세 나라나 세력이 팽팽하게 대립하는 것'을 말한다. 또 청동기는 권력의 상징이었기 때문에, 고대 중국이 9개의 주(州)로 나뉘었던 것처럼 구정(九鼎)은 나라 전체를 통괄하는 상징이었다. 그래서 '솥(鼎)을 바꾼다(革)'는 뜻의 정혁(鼎革)은 국가를 바꾼다는 뜻으로 혁명(革命)과 같은 의미로 쓰이다. 또 정정(定鼎)은 '솥(鼎)을 제자리에 놓았다(定)'라는 뜻으로부터 나라를 다스리는 대업을 시작했다는 뜻이 나왔고, 문정(問鼎)은 '솥(鼎)의 가격을 물어보다(問)'라는 뜻으로부터 '천자국의 지위나 최고 권력을 넘보다'는 뜻이 나왔다. 이 때문에 고대 중국에서는 정(鼎)의 사용도 엄격하게 규정되었는데, 천자는 9세트, 제후는 7세트, 사대부는 5세트의 솥을 사용하게 했다고 한다.

21_칙(則)

칙(則)을 구성하는 도(刀)는 원래 칼의 모습을 그렸는데 자형이 조금 변해 지금처럼 되었다. 칼은 물건을 자르거나 약속부호를 새기던 도구였다. 또 적을 찌르는 무기였기에 창이나 검 같은 무기의 대표 역할을 했다. 그런가 하면 칼처럼 생긴 옛날의 '돈(刀錢도전)'을 가리키기도 했다. 이후 칼같이 생긴 것의 통칭이 되었으며, 또 종이를 헤아리는 단위로도 쓰여 100장을 지칭했다.

청동은 순수한 동(紅銅)에다 주석과 아연, 납 등을 일정 비율로 섞어 만드는데, 용해 점을 낮추고 강도를 높이기 위해서였다. 이렇게 합금을 하여 기물을 만들 때에는 기물에 맞는 일정한 비율을 반드시 지켜야만 훌륭한 청동 기물을 얻을 수 있다. 제기에 사용하는 정(鼎)과 무기로 사용하는 칼(刀)과 연주에 사용할 악기를 만들 때 지켜야할 비율이 달랐던 것이고, 그 최상의 비율은 장인들의 비밀로 전해졌다. 이러한 원리로부터 칙(則)에는 일정한 '법칙'이라는 뜻이 생겨났다.

용도에 맞는 질 좋은 청동을 얻기 위해서는 합금 비율을 반드시 지켜야 하는 것처럼, 훌륭한 사회 질서를 유지하기 위한 합리적 규제에는 언제나 변함없는 일정한 규칙이 있어야만 한다. 법치 사회에서 지켜나가야 할 법(法)과 원칙(原則)에는 이들의 어원처럼 사회를 탄탄하게 유지하기 위해서는 다양한 인간 활동을 자유롭게 허용하면서도 합리적으로 규제해야 한다는 의미가 담겨져 있다.

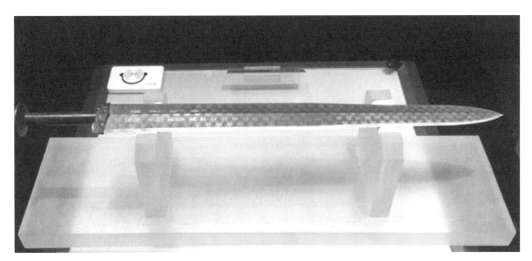

●4_02. '월나라 왕 구천(句踐)의 검'. 오나라 왕 부차(夫差)와 함께 '와신상담(臥薪嘗膽)'의 성어에 나오는 다른 주인공인 월나라 왕 구천이 사용하던 검이다. 지금도 날이 시퍼렇게 살이 있어 친허의 명검임을 말해준다. 호북성 박물관 소장.

어원_21 칙(則)

標題

則(법칙 칙·곧 즉): 則、zé、刀-7、9、50

字形

칙

金文 古陶文 帛書 簡牘文 石刻古文 說文小篆 說文籀文 說文古文

則

법칙 칙

字解

회의. 원래 鼎(솥 정)과 刀(칼 도)로 이루어졌는데, 鼎이 貝(조개 패)로 바뀌어 지금처럼 되었다. 청동 기물의 대표인 세 발 솥鼎과 무기의 대표인 칼刀을 만들 때 그 용도에 따라 엄격히 지켜져야 할 합금 비율을 말한 데서 法則(법칙)의 뜻이 생겼으며, 이로부터 規則(규칙), 準則(준칙), 표준, 등급, 법규, 모범 등의 뜻이 생겼다. 이러한 준칙이나 모범을 곧바로 시행하고 따라야 한다는 뜻에서 곧바로, 즉시의 뜻이 생겼고, [즉]이라는 부사적 의미로도 쓰였는데, 이러할 때에는 [즉]으로 구분해 읽었다. 간화자에서는 则으로 쓴다.

●4_03. '9개로 된 청동 정(鼎) 세트'. 고대 중국에서 천자만 9개로 된 정(鼎) 세트를 사용하도록 했으나, 전국(戰國) 시대에 들면 힘 있는 제후국들도 자신의 위세를 과시하게 위해 7세트가 아닌 9세트의 청동제기를 사용했던 것으로 보인다. 호북성 박물관 소장.

22_편 가르기의 파괴, 공정의 시작: 公(공변될 공; gōng)

현대 사회에서 공정(公正) 만큼 자주 입에 오르내리는 말도 없을 것이다. '공평하고 올바름'을 말함인데, 그만큼 이 시대가 불공정하고 올바르지 않기 때문이다.

한자에서 '공평하다'는 뜻의 공(公)은 어떻게 만들어졌을까? 이는 '사사로움'에서 그 어원을 둔다. 사사로움은 '공적(公的)이 아닌 개인적인 범위나 관계의 성질이 있는 것'을 말함이다. 그런 '사사로움'을 한자에서는 어떻게 그렸던 것일까?

22_공(公)

여러분들은 지금 백지 위에다 동그라미를 그려 보시라. 아니면 내 주위에 분포된 사물이나 사람이나 생각하며 동그라미로 묶어 보시라. 어떻게 되는가? 아무 구분 없던 공간이 원이 그려짐으로써 안과 밖으로 나누어지게 된다. 안과 밖이 나누어지게 되면, 그것을 경계로 영역이 나누어지고 편이 갈리고 입장이 달라진다. 조금 전까지 평등하게 존재하던 것들이 더 이상 동등한 존재가 아니다.

한자에서도 '사사로움'을 이처럼 '동그라미'로 그렸다. 이후 자형이 조금 변해 사(厶)가 되었고, 여기에 화(禾)를 더해 지금의 私(사사사)가 되었다. '벼'를 뜻하는 화(禾)는 고대 사회에서 곡식의 대표였고, 이는 재산의 상징이었다. 지금의 돈에 해당하는 것인데, 가장 유혹적인 존재였다. 사사로움은 돈 앞에서, 금전 앞에서, 물질 앞에서 생기기 마련이라는 뜻에서 화(禾)가 더해진 것이다.

●4_04.'온 천하가 공정한 사회로'. 『예기·예운(禮運)』편에 나오는 말이다. 중화민국을 세웠던 손문 선생이 새로운 세상을 그리며 즐겨 사용했던 말이다. "큰 도가 행해지면, 온 세상이 공정해 진다.(大道之行也, 天下爲公.)" 영어로는 다음처럼 옮긴다. "A public spirit will rule all under the sky when the great Way prevails."

'공평함'은 이러한 사사로움을 파괴하는 것이다. 백지에 그려진 동그라미를 지워버리면 안과 밖의 구분도 사라진다. 그래서 모든 위치의, 모든 존재가 같은 자리에 높이게 되는 것이다, 그것이 공평함이다.

공평함을 뜻하는 公(공변될 공)은 사(厶)에 팔(八)이 더해져 만들어졌는데, 八(여덟 팔)은 分(나눌 분)에서 보았듯 양쪽으로 나뉘거나 서로 배치됨을 뜻한다. 따라서 공(公)은 『설문해자』나 『한비자』의 해석처럼 사사로움(厶=私)을 파괴하거나 사사로움에 배치되다(八)는 뜻이다.

공정하고 공평한 사회, 그것이 바로 지금의 우리 사회가 지향해야 할 큰 가치이다. 친소 관계를 구분하고, 지역을 나누고, 종교를 나누고, 소득을 나누고, 계층을 나누고, 진영을 나누고, 나라를 나누고, 종교를 나누고, 그리하여 우리는 계속해서 '사사로움'의 극단으로 달려가고 있다. 이런 경계 짓기, 구분 짓기, 편 가르기를 파괴하는 것, 그것이 바로 공정하고 공평함으로 가는 길이다.

標題 公(공변될 공): gōng、 八-2、 4、 60

字形

甲骨文 金文 古璽文 古陶文 古幣 簡牘文 古璽文 古璽 說文小篆 文

공변될 공

字解 회의. 厶(사사 사, 私의 원래 글자)와 八(여덟 팔)로 구성되어, 공변됨을 말하는데, 사사로움(厶)에 반대되는듯 八 개념을 公으로 보았다. 즉 그런 사적인 테두리나 영역을 없애버리거나 그러한 사적인 개념에 배치된다(八)는 개념을 그렸다. 그래서 公에는 公的(공적)이라는 뜻과 公平(공평)이라는 뜻이 생겼고, 다시 「公開的(공개적)인」, 「公式(공식)적」이라는 뜻도 생겼는데, 공적인 일은 반드시 은밀하지 않은 공개적인 방법에 의해서 진행되어야 하기 때문이다. 또 고대의 작위 이름으로 쓰였고, 할아버지뻘의 남성이나 시아버지를 부르는 호칭으로도 쓰였다.

어원_22 공(公)

23_감옥과 칼, 형벌: 刑(형벌 형; xíng)

주나라는 봉건제도가 확립되었던 시기로, 천자국인 주 왕실과 그에 예속된 제후국들 간의 관계는 엄밀하게 설정되었다. 주 왕실은 천자로서의 권위를 세우기 위해 수많은 법률을 엄격하게 제도화 하였는데 그러한 흔적이 여러 기록에 생생하게 전한다.

23_형(刑)

예컨대, 서주 공왕(恭王, 기원전950~기원전936년 재위) 때의 것으로 추정되는 「홀정(曶鼎)」에는 당시의 절도 사건을 기록했다. 어떤 사람에게 벼를 훔친 죄로 상당한 배상을 명령했는데, 물질적 배상만 이행하자 다시 제소하여 사죄하지 않은 것에 대한 물질적 배상은 물론 사죄와 재발 방지 약속까지 받아냈다는 것을 기록했다.

또 1975년 섬서성 기산(岐山)에서 출토된 서주 후기 때의 「훈이(訓匜)」라는 청동기 명문에는 한 목동의 죄를 선고하면서 어떤 서약을 위반한 죄로 채찍 1000대와 얼굴에 죄인이라 문신을 새기는 묵형(墨刑)에 처해져야 마땅하나 채찍 500대와 묵형 대신 300원의 벌금형으로 감형했다는 내용이 기록되어 있다.

금문의 '벌(罰)'

이렇듯 약 3천 년 전의 당시의 소송과 항소 및 벌금형과 범죄에 대한 도의적 사죄까지 부과하는 등 상상 이상으로 법이 엄격하게 집행되었고 법의 기본 정신도 잘 지켜졌던 것으로 보인다.

'형벌(刑罰)'은 오늘날 법치국가를 지향하는 우리 사회에서 즐겨 사용하는 단어이지만, 형(刑)과 벌(罰)은 원래 별개의 개념이었다. 먼저, 刑(형벌 형)은 원래 사람이 감옥에 갇혀 있는 모습을 형상했다. 하지만 이후 금문 단계에 이르러 사람(人)이 감옥(井)의 바깥으로 나오게 되었고, 감옥 바깥으로 나온 사람(人)이 다시 칼(刀=刂)로 잘못 변해 지금의 자형이 되었다.

이에 반해 罰(벌할벌)은 詈(꾸짖을리)와 刀(칼도)로 구성된 글자이다. 여기서 리(詈)는 '꾸짖다', '욕하다'는 뜻이고, 도(刀)는 화폐를 뜻한다. 청동으로 만든 둥근 모양의 돈(銅錢)이 나오기 전 옛날에는 조개 화폐도 있었고, 이를 이어 칼 모양으로 만든 돈이 있었는데, 도전(刀錢)이나 도폐(刀幣)라 불렀다. 벌(罰)자를 구성하고 있는 도(刀)는 바로 이 칼 모양으로 된 돈을 지칭하는 것이다.

●4_05 최초의 감옥 '유리성(羑里城)'.
하남성 안양(安陽) 탕음(湯陰)현에 있다. 중국 최초의 감옥으로, 상나라 왕에 의해 주나라 문왕(文王)이 여기에 갇혔고, 문왕은 여기서 『주역』을 편찬했다고 전해진다.

그래서 옛날에는 형(刑)이라 하면 체형을, 벌(罰)이라 하면 벌금형을 말했다. "범행의 죄상이 확인되지 않으면 다섯 가지의 형벌에 처할 수 없고, 벌금형에만 처하게 했다."는 『상서』의 기록도 이들이 분리되어 있었음을 말해 준다. 여기서 말하는 다섯 가지 형벌이란 보통 이마에 먹물을 들이는 묵형(墨刑), 코를 베는 의형(劓刑), 월형(刖刑)이라고도 불리는 발을 자르는 비형(剕刑), 성기를 자르는 궁형(宮刑), 그리고 사형인 대벽(大辟)을 말한다.

이 중 가장 경미한 형벌인 묵형이 반영된 글자가 黑(검을 흑)인데, 이는 얼굴에 문신을 들인 모습이다. 코를 잘라 버리는 형벌에 해당하는 글자가 劓(코벨 의)인데, 이는 鼻(코 비)와 刂(칼도)로 구성되어 있다. 또 다리를 잘라 버리는 형벌에 해당하는 글자는 刖(발꿈치 벨 월)이며, 이는 月(고기 육, 肉의 변형)과 도(刂)로 구성되어 있다. 갑골문에 의하면 이는 손으로 톱으로 다리를 자르는 모습을 형상했으며, 한쪽 다리를 짧게 그림으로써 매우 사실적으로 표현하고 있다.

궁형(宮刑)은 매우 끔찍하고 치욕스런 형벌이다. 갑골문 자형에 근거해 보면, 그것은 환관들처럼 고환을 제거하는 것이 아니라 생식기 전체를 송두리째 잘라 내어버리는 가공스런 형벌이었다. 궁형을 당한 자는 자손의 대를 잇지 못할 뿐만 아니라 수염이나 목소리 등 모든 남성성의 상실을 의미하기 때문에 고대 중국인들에게 사형 이상 가는 형벌이었다. 저 유명한 사마천(司馬遷)은 궁형을 당했어도 치욕과 구차한 목숨을 연명해 가며 불후의 명작『사기』를 완성했다. 역사서의 완성이라는 사명감이 치욕을 견디도록 했던 것이다.

사형을 대벽(大辟)이라고도 하는데, 辟(임금 벽)은 형벌 칼(辛)로 사람의 살점을 잘라내는 모습을 그렸다. 이후 '사지를 마차에 매어놓고 동서남북의 사방으로 달리게 하여 찢어 죽이는 형벌'인 거열형(車裂刑)도 나왔고, 산 사람을 끓는 물에 삶아 버리는 팽형(烹刑)도 나왔다. 끔찍하기 그지없다.

또 효수(梟首)라는 형벌도 자주 보이는데, 사람이 많이 다니는 성문이나 저자 거리에다 효수하여 사람들의 경계로 삼았던 형벌이다. 이를 반영한 한자가 현(縣)이다. 縣(현 현)은 사람의 머리를 끈으로 묶어 나무 위에다 걸어 놓은 형상이다. 그러나 이후 현(縣)이 행정 단위를 나타내게 되자, 원래 뜻을 나타낼 때에는 心(마음 심)을 더하여 지금의 懸(매달 현)으로 변화했다.

標題: 刑(형○벌 형): xing、 [刑]、 刀4、 6、 40

字形: 刑 金文 古陶文 簡牘文 刑 說文小篆 / 刑 형벌 형

字解: 형성. 지금은 刀칼 도가 의미부이고 幵평평할 견이 소리부인 구조로 「형벌」을 나타내나, 원래는 사람(人)이 네모꼴의 감옥(井)에 갇힌 모습에서 형벌의 의미를 그렸다. 이후 금문 등에서 人이 井의 바깥으로 나와 좌우구조로 변했고, 소전체에 이르러 다시 人이 刀로 잘못 변해 지금처럼 되었다. 이로부터 징벌, 토벌하다, 상해, 죽이다, 死刑(사형), 刑法(형법) 등의 뜻이 나왔다.

어원_23 형(刑)

●4_06 '독일 뮌헨 근교 다카우(Dachau)에 있는 나치 시대의 유대인 수용소'.

정문에 'ARBEIT MACHT FREI' 즉 '노동이 그대를 자유롭게 하리라'라는 문구가 만들어져 있다. 제2차 세계대전 당시 유대인들을 집단으로 가두어 '열심히 일하면 나갈 수 있다'고 속이며 고된 노동을 시켰으며, 인체실험과 가스실험도 자행했던 곳이다. 그곳은 사실 '열심히 일하며 죽어야만 자유로워질 수 있는 곳이었다.' 구름 한 점 없는 맑은 하늘이 더욱 슬프게 만든다.

100개. 한자를. 통해. 중국의. 사상. 역사. 정치. 경제. 문화. 상식을. 배운다.

제5장

윤리와 도덕

●

●

윤.리.와.도.덕.

24_사람이 걸어야 할 길, 도: 道(길 도; dào)

인간이 살아가면서 마땅히 지켜야 할 도리(道理)가 도(道)이다. 그래서 도(道)는 살아가야 할 '길'이며, 사람이 사람답게 살기 위하여 필요한 생활방식이다. 도(道)가 길이자 최고의 이치이며, 서구의 로고스(Logos)에 해당할 정도의 숭고한 개념인 이유이다. 영어에서는 이를 이전에는 'The Way'라 번역했으나, 지금은 중국어 발음 그대로를 고유명사화 하여 'Dao'로 쓴다. 이는 "도를 도라고 말할 수 있으면 그것인 이미 진정한 도가 아니다."라고 선언한 『노자』의 경구처럼 말로 설명할 수 없는 것이 도(道)이기 때문에 의미를 번역하지 않고 독음 그대로 옮긴 것이다.

24_도(道)

道(길 도)는 금문에서 首(머리 수)와 行(갈 행)과 止(발 지)로 구성되었는데, 수(首)는 갑골문에서 '머리'를, 행(行)은 '사거리'를, 지(止)는 '발'을 그린 것이다. 이후 행(行)과 지(止)가 합쳐져 辵(천천히 걸을 착)이 되어 지금의 자형이 되었다.

'머리'를 그린 수(首)가 머리칼이 난 사람의 머리를 그렸다고 하지만 갑골문이나 금문의 여러 자형을 보면 사슴의 머리를 측면에서 그린 것이라는 설이 더 유력해 보인다. 그렇다면 위의 세 가닥은 사슴의 뿔을 형상화했을 것이다. 사슴은 慶(경사 경)의 어원에서처럼 고대 중국에서 결혼 축하선물로 사슴 가죽을 보냈을 정도로 생명과 관련된 제의적 상징이 풍부한 동물이다. 또 사슴하면 '뿔'이 연상될 정도로 뿔이 사슴의 상징이다. 사슴의 뿔은 그 자체로도 매년 벌어지고 다시 자라나는 생명의 순환을 반복하기도 하지만, 지금도 녹용이 신비의 보약인 것처럼 생명력의 상징 그 자체이다.

금문의 '수(首)'

사슴의 머리에서 뿔이 새로 자라날 때쯤이면 대지에서도 새 생명이 자라난다. 이 때문에 사슴의 뿔은 고대 중국인들에게 탄생과 생명의 상징이자 순환적 질서의 상징으로 인식되었다. 이러한 생명의 순환(首)의 운행(辵)을 형상화한 것이 도(道)라 하겠다.

이처럼 우주만물의 생성과 변화 원리, 그것이 바로 자연(自然)인데, 자연(自然)은 글자 그대로 '스스로 그러한 것', 인위적인 것이 아니라 자연스러운 것을 말한다. 우주만물이 어떻게 생성되고 변화하며 소멸해 가는지, 그러한 자연의 섭리가 바로 도(道)이고 사람이 가야할, 지켜야 할 것도 바로 도(道)이다.

무엇이 사람이 걸어야 할 '길'인지를 정의하긴 쉽지 않다. 그러나 중국인들은 이처럼 자연의 섭리에서 그 길을 찾았다. 그래서 '도(道)'의 철학적 의미는 그러한 자연의 순환적 운행을 따라 가는 것, 그것이 바로 사람살이의 '도(道)'이자 사람이 갈 '길'이었다. 그래서 그런지 도(道)에 손을 뜻하는 寸(마디 촌)을 더해 파생한 글자가 導(이끌 도)인데, 그러한 길(道)을 가도록 사람들을 잡아(寸) 이끄는 것이 도(導)이고, 이로부터 '이끌다'는 뜻이 나왔다.

道法自然
dào fǎ zì rán

標題
道(길 도): dǎo、 辵-9、 13、 70

字形
道 道 道 簡牘文
𧗟 𧗲 𧗟 𧗟 金文
𧗟 說文小篆 𧗟 古陶文
𧗟 說文古文 𧗟 𧗟 𧗟 盟書

字形
道
道 𧗟
𧗟

길
도

字解
회의. 首(머리 수와 辵(쉬엄쉬엄 갈 착)으로 구성되었는데、 首에 대해서는 의견이 분분하지만 사슴의 머리를 그린 것으로 보인다. 사슴의 머리(首)는 매년 자라나 떨어지는 뿔을 가졌기에 순환의 상징이기도 하다. 그래서 道는 그런 순환의 운행(辵) 즉 자연의 준엄한 법칙을 말했고、 그것은 인간이 따라야 할 '길' 이었다. 이로부터 [道] 라는 숭고한 개념이 담겼고、 이런 길(道)을 가도록 잡아(寸·촌) 이끄는 것이 導(이끌 도)이다.

어원_24 도(道)

25_옥의 무늬 결, 이치: 理(다스릴 리; lǐ)

윤리(倫理)란 인간이 사회를 살면서 지켜야 할 도리와 규범을 말한다. 동양과 서양, 옛날과 오늘의 윤리가 같을 수는 없겠지만, 동양에서는 전통적으로 친(親), 의(義), 별(別), 서(序), 신(信)을 강조해 왔다. 즉 부모와 자식 간에는 사랑이, 임금과 신하 간에는 의리가, 부부간에는 구별이, 어른과 아이 사이에는 순서가, 친구 간에는 믿음이 있어야 한다는 것이다.

25_리(理)

이치를 뜻하는 理(다스릴 리)는 의미부인 玉(옥 옥)과 소리부인 里(마을 리)로 구성되었다. 리(里)는 다시 밭의 형상을 그린 田(밭 전)과 흙을 뭉쳐 세워놓은 형상을 그린 土(흙 토)로 구성되었다. 밭(田)은 경작지의 상징이고 땅(土)은 거주지를 뜻한다. 그래서 이 둘이 결합된 리(里)는 사람이 모여 사는 '마을'을 뜻하게 되었다. 옛날에는 5린(隣)을 1리(里)라 불렀는데, 린(隣)은 다섯 집(家)을 헤아리는 단위였다. 지금의 개념으로 하면 다섯 마을 정도의 의미가 될 것이다. 이후 리(里)는 거리의 단위로도 쓰였는데, 1리(里)는 다섯 마을이 분포하는 마을의 길이에서 나온 것으로 추정할 수 있다.

금문의 '리(里)'

리(理)는 '옥(玉)을 다듬다'가 원래 뜻인데, 원석(原石)에서 옥(玉)을 분리해 내기 위해서는 그 무늬 결을 따라서 분리해야만 가능하다. 그러지 않고서는 옥이 깨어지기 십상이다. 옥의 결을 따라 다듬듯이, 사람도 자연의 섭리를 따라 살아야 하는 것이 이치이다. 이로부터 리(理)에 '다스리다'는 의미가 들게 되었다. 그리고 옥의 무늬는 겉에서 속을 들여다 볼 수 있어 겉과 속이 같음을 특징으로 한다. 사람도 겉과 속이 언제나 한결같아야 한다. 이로부터 존재하는 사물의 이치(理致)나 조리(條理)라는 뜻도 나왔다.

리(理)와 자주 결합하는 倫(인륜 륜)은 人(사람 인)과 侖(둥글 륜)으로 구성되었는데, 륜(侖)은 소리부도 겸한다. 륜(侖)은 금문에서 다관(多管) 피리를 그린 龠(피리 약)의 모습을 닮았는데, 윗부분은 입을 아랫부분은 대를 엮어 놓은 모습을 그렸다. 아마도 다관으로 된 피리 류의 악기에 음의 조화를 위해 설계해야 하는 길이나 배치 등과 같은 순서나 조리(條理)를 상징한 것으로 보인다.

그래서 륜(侖)은 조리(條理)나 순서라는 의미를 가진다. 예컨대 倫(인륜 륜)은 사람들 사이에서의 차서(次序)를 말하는데, 정착농경을 일찍 시작한 고대중국은 경험에 의한 나이 중심의 사회였기에 사람들 간의 차서(次序)가 윤리의 핵심 개념으로 자리 잡았다. 또 輪(바퀴 륜)은 수레의 바퀴를 말했는데, 수레바퀴는 여러 부속품으로 구성되어 그 장착에는 일정한 순서가 필요하기 때문에 륜(侖)이 소리부로 채택되었다. 그런가 하면 論(말할 론)은 논리(論理)에서와 같이 '말의 조리'를 말하는데, 사리(事理)를 분석하여 조리 있게 설명하는 것을 말한다. 그리고 그러한 귀납의 결과를 지칭하기도 하는데, 이론(理論)이나 유물론(唯物論) 등과 같은 경우가 그러하다.

字解 형성. 玉(옥 옥)이 의미부이고 里(마을 리)가 소리부로, 원래 玉(옥 옥)에 난 무늿결을 뜻했고 玉을 다듬을 때는 무늿결을 따라 쪼아야 옥이 깨지지 않는다는 뜻에서 「다스리다」의 뜻이 나왔다. 또 옥의 무늿결처럼 짜인 것이라는 의미에서 하늘이나 세상의 理致(이치)、事理(사리)、道理(도리)、본성 등의 뜻이 나왔다.

字形 理 古陶文 里 簡牘文 理 說文小篆

標題 理(다스릴 리): lǐ、玉 7、11、60

理 理 다스릴 리

어원_25 리(理)

26_올곧은 마음, 덕: 德(덕 덕; dé)

사람과 사람 사이에서 강조되어야 할 덕목으로 많은 것이 있겠지만 고대 중국에서 가장 강조되었던 것 중의 하나가 덕(德)일 것이다.

덕(德)은 왕조의 지배 체계가 강화되던 주(周)나라에 들면서 특히 두드러지게 강조되기 시작했으며, 부모와 자식 간의 관계가 효(孝)로, 형제 사이의 사랑이 제(悌)로 인식되었던 범주와 관계 지어져 타인과의 관계, 나아가 세상살이에서 가져야 할 보편적 가치로 강조되었다.

26_덕(德)

德(덕 덕)은 원래 直(곧을 직)의 옛 형태와 心(마음 심)으로 구성되었는데, 지금도 이름자에서 자주 쓰이고 있는 悳(덕 덕)은 바로 이런 구조를 반영한 글자이다. 즉 직(直)과 심(心)이 합쳐진 덕(悳), 이를 직접적으로 해석하면 바로 '곧은 마음'이 되며, 이것이 바로 '덕'인 것이다.

주목할 것은 直(곧을 직)의 구조이다. 이는 그림에서 볼 수 있는 바와 같이 왼편의 彳(자축거릴 척)은 원래 사방으로 난 십자로를 뜻하는 行(갈 행)의 줄임 형태이며, 나머지는 눈(目)과 세로선(丨)으로 되어 있다. 여기서의 세로선은 '시선'을 말하여 눈으로 어떤 전방의 물체를 살펴본다는 의미를 가진다. 어떤 경우에는 이를 구체적으로 표시하기 위해 점으로 나타내었는데, 이 점이 다시 가로획으로 변해 오늘날처럼 되었다. 사방으로 난 길에서 눈을 들어 똑바로 본다는 뜻에서 직(直)의 의미가 생겨났고 여기서 '곧바르다'는 뜻이 생겼다.

직(直)과 대립되는 글자가 省(살필 성생략할 생)이다. 성(省)은 직(直)과 달리 시선이 좌우로 표시되었다. 그래서 좌우로 이리저리 '살피다'라는 뜻을 그려냈고, 이로부터 자신을 되돌아보는 것 즉 반성(反省)의 뜻이 나오게 되었다. 이리저리 좌우로 살피다 보면 마음이 흩어져 전심전력하지 못하고 데면데면하기 마련이다. 그래서 '생략하다'의 뜻도 나왔을 것이다.

이렇게 볼 때 덕(德=悳)은 글자 뜻 그대로 '마음이 곧바른' 것을 말하며, 곧바른 마음을 수양하는 것을 사람의 가장 큰 덕목으로 여겼다. 그리고 이러한 '곧바른 마음(悳)'을 통해 다른 사람과의 관계도 형성하고 지켜나갈 수 있었던 것이다. 이후 덕(德)이 관념적인 것으로만 흐르게 되자 이의 실천성이 강조되면서 행(行)이 더해져 덕행(德行)이라는 말이 생겨났다.

이렇듯 사람과의 만남이나 사귐에 있어 가장 기본이 되어야 할 것은 바로 '곧은 마음'이었다. '곧은 마음'을 안고 살아간다는 것은 외롭고 힘든 길이지만, 그것이 오히려 진정으로 신나고 즐거운 길일 것이다. 그래서 공자도 "덕이 있는 사람은 외롭지 아니하고 반드시 이웃이 있다(德不孤, 必有隣)"라고 하지 않았던가? 모든 만남과 관계를 '이익'과 연계지어 사는 오늘날이 가슴에 새겨 보아야 할 한자이다.

●5_01. "덕불고 필유린(德不孤 必有隣)'. 곧은 마음은 외로울 것 같지만 언제나 격려하고 동참하는 이웃이 있게 마련이다. 『논어』에 나오는 경구이다.

厚德載物
hòu dé zài wù

標題
德덕 덕: (悳)、 dé、 ㄕㄜ 12、 15、 52

字形
甲骨文 金文 古陶文 盟書 簡牘文 說文小篆 

字解
형성。 원래 彳(조금 걸을 척)이 의미부이고 直(곧을 직)이 소리부로、 길을 갈(彳) 때 곁눈질하지 않고 똑바로(直) 본다는 의미를 그렸는데、 이후 心(마음 심)이 더해져 지금의 자형이 되었다。 그렇게 되자 의미도 [똑바른(直) 마음(心)] 이라는 도덕성을 강조하게 되었고、 도덕의 지향점이 德이라는 것을 형상적으로 보여주게 되었다。 달리 直과 心이 상하구조로 이루어진 悳덕 덕으로 쓰기도 한다。

어원_26 덕(德)

27_사람과 사람 간의 마음, 인: 仁(어질 인; rén)

유가사상에서 아주 중요한 개념 중의 하나가 仁(어질 인)이다. 그러나 인(仁)의 자형에 대해서는 의견이 분분하다.

인(仁)은 갑골문에서부터 나타나고, 전국시대 때의 중산국(中山國)에서 발견된 네모꼴로 된 청동 호리병의 명문에도 보인다. 이들 자형은 사람이 앉아 있는 모습과 상하로 된 두 점(二)으로 구성되어 있다. 이 두 점(二)을 중복표시 부호로 보고서 이를 인(人)과 인(人)의 생략된 형태로 해석하기도 한다. 그래서 인(仁)이란 바로 '사람(人)과 사람(人) 사이의 마음', 즉 사람이 사람을 대할 때의 마음을 바로 인(仁)이라 해석하기도 한다. 그러나 또 다른 사람들은 이것이 두 점이 아니라 숫자 이(二)라고 하면서, 두 사람 사이의 관계가 인(仁)이라고 해석하기도 한다. 어쨌든 해설에 큰 차이가 나지는 않는다.

27_인(仁)

하지만 전국 시대 때의 초나라 죽간 문자에서는 신(身)과 심(心)으로 구성되었고, 송나라 때 만들어진 고문자 사전인 『한간(汗簡)』에 실린 다른 고문자 자료에서는 윗부분이 身(몸 신)을 줄인 천(千)으로 아랫부분은 심(心)으로 된 것도 볼 수 있다. 신(身)은 임신하여 배가 볼록한 사람의 '몸'을 그렸으며, '사람'을 뜻한다. 그래서 이들 자형은 인(仁)이 '사람(身)의 마음(心)'임을 말해 주고 있다. 물론 신(身)은 독음도 나타낸다. 이후 신(身)이 千(일천 천)으로 변해 독음을 더욱 구체적으로 나타냈다. 이들은 이후 사라지고 지금은 갑골문으로부터 내려오는 형태인 인(仁)만 살아남았다.

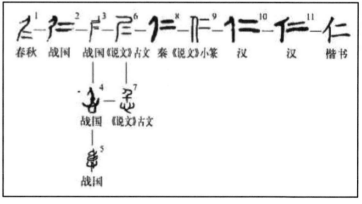

●5_02. '인(仁)의 자형 변천도'. (『자원』 698쪽)

여기서 말하는 '사람의 마음'이란 바로 다른 사람을 걱정하고 위하는 마음이다. 그래서 맹자(孟子)도 인(仁)이란 남을 어여삐 여기는 측은지심(惻隱之心)이 바로 그 시작점이라 하지 않았던가?

공자(孔子)와 맹자(孟子)가 주창했던 통치철학인 인정(仁政)이란 바로 인(仁)자의 글자 해석에서 볼 수 있듯, '남을 생각하고 어여삐 여기는 정치'를 말함이다. 정치뿐만 아니다. 자신의 이익, 자신을 챙기는 것보다는 남을 먼저 생각하고 살피는 대승적 자세가 우리 인간의 본성을 지키는 지름길이 아닐까 한다.

인(仁)의 다른 필사법.

標題	字形	字解
仁(어질 인): rén、人-2、4、40	甲骨文 金文 簡牘文 說文小篆 說文古文 仁 尸 仏 文古文	형성. 二(두 이)가 의미부이고 人(사람 인)이 소리부인데, 二는 두 사람(人) 사이의 관계를 상징한다. 仁의 자형에 관해 지금까지 확인된 가장 이른 자료는 전국시대 때의 중산국(中山國)에서 발견된 네모꼴 병에 새겨진 명문인데, 거기서는 사람이 앉아 있는 모습과 어떤 부호로 보이는 ＝로 구성되었으며, ＝는 人人의 생략된 형태로, 仁이란 바로 「사람(人)과 사람(人) 사이의 마음」, 즉 사람이 사람을 대할 때의 마음을 바로 仁이라 해석할 수 있다. 그러나 여기서의 「사람의 마음」이란 바로 다른 사람을 걱정하고 위하는 마음이다. 그래서 맹자도 仁이란 남을 어여삐 여기는 측은지심(惻隱之心)이 바로 그 시작점이라 했던 것이다. 그렇게 볼 때 仁은 사람과 사람 사이에 지켜야 할 관계를 말한다. 『汗簡(한간)』 등 다른 고문자 자료에 의하면 윗부분은 身(몸 신)의 간략화 된 모습, 아랫부분은 心(마음 심)으로 되어 있다. 身은 사람의 몸체를 그렸으며, 「사람」을 뜻하고, 여기서는 소리부의 기능도 겸한다. 이후 身이 『설문해자』의 고문체에서 千(일천 천)으로 변해 소리부의 기능을 더 강화했다.
	仁 尸 仏 어질 인	

어원_27 인(仁)

28_내부적 부패의 척결, 의: 義(옳을 의; yì)

『수호지(水滸志)』나 정통 무협 영화를 보면서 의리에 죽고 사는 강호 호걸들의 잔잔한 인간애에 자못 감동하던 시절이 있었다. 그러나 강호 호걸들의 그 인간적 의리가 오늘날의 조폭 영화에서는 두목에 대한 배반 없는 맹목적 충성심으로 바뀌었다. 급기야 오늘의 정치권도 파렴치하기 그지없는 이권집단으로 변질되어 조폭사회보다 더한 보스와 호위무사 식의 무조건적 충성이 자행되어, '의리'에 대한 우리들의 사고를 왜곡시키고 있다.

의(義)는 중국 문화에서 매우 중요한 글자이지만 그 어원은 잘 알려져 있지 않다. 義(의로울뜻 의)는 원래 我(나 아) 위에다 양(羊) 머리 가죽을 얹어 놓은 모습을 하였는데, 때로는 술 같은 장식이 더해지기도 했다. 아(我)는 갑골문 시대 때부터 이미 일인칭 대명사로만 쓰여 원래 뜻을 잘 추정할 수 없지만, 글자의 모습에 근거해 보면 날이 세 갈래로 난 '창'의 모습임은 분명하다. 여기서 말하는 창은 낫처럼 생겨 사람을 벨 수 있도록 고안된 戈(창 과)와 비슷하다. 이는 우리가 일반적으로 알고 있는 적을 찌를 수 있도록 끝이 뾰족하게 고안된 모(矛)라는 창과는 다른 모양이다.

28_의(義)

이러한 것으로 미루어 볼 때 아(我)는 외부의 적을 물리치기 위한 무기가 아니라, 아군 혹은 공동체 내의 배반자를 처단하거나 결속력을 다지기 위해 쓰인 창이자 무기였을 것으로 추정된다.

이러한 창(我)에 위엄을 더하기 위해 양의 머리 가죽을 덧씌우거나 장식을 더한 것이 바로 의(義)이다. 여기서부터 공동체의 위엄이나 권위라는 의미가 생겨났고, 여기에서 다시 예의나 법도, 그리고 전통사회에서 신하와 신하들 간의, 백성과 백성들 간의 관계를 규정하는 의리(義理)나 도의(道義) 등과 같은 복합어가 형성되었다.

한편 儀(법도·모양 의)는 義에 人(사람 인)이 더해진 것으로 의리의 형식적, 사회적 측면이 강조된 것으로 의식이나 예의 등의 의미로 쓰이다.

이렇게 볼 때, 의(義)는 '우리'라는 집단 내부의 결속을 다져 '정의를 실현하고 구현하는 창'인 셈이다. 중국에서 의(義)는 줄곧 사람이 지켜야 할 합리적 행위 표준으로 인식되어 왔다. 그래서 "목숨을 버리더라도 의리는 지킨다(捨生而取義)."라고 한 맹자(孟子)에 이르러 의(義)는 중국에서 목숨보다 소중한 보편적 행위 준거로 자리 잡게 되었으며, 이러한 전통은 중국에서 지금껏 일관되게 지켜져 오고 있다. 그래서 중국 사람들과 사귈 때에는 특별히 지켜야 할 덕목이다.

갑골문 '의(義)'

標題

義(옳을 의): 义, yì, 羊-7, 13, 42

字形

古陶文 簡牘文 甲骨文 說文小篆 說文或體 金文

字解

회의. 羊양양과 我나 아로 구성되어, 날이 여럿 달린 창(我)에 양(羊) 장식이 더해진 [의장용 창]으로부터, 종족 내부의 결속을 도모하고 배반을 응징하는 [정의로움]의 뜻을 그렸다. 이후 정의와 도덕에 부응하는 규범으로 자리 잡았으며, 명분, 이치, 선량함 등의 뜻까지 나왔다. 간화자에서는 초서체로 간단하게 줄인 义로 쓴다.

義 옳을 의

어원_28 의(義)

●5_03. '대가노부도(大駕鹵簿圖)'(부분).

송나라 황제가 출행할 때의 의장 행렬을 그렸다. 당시의 화려한 의장 행렬을 보여주는 이 그림에는 무려 5481명이 등장한다. 또 황제의 수레(輅), 손수레(輦), 차상이 설치된 수레(輿), 보통 수레(車) 등 35종 58대의 탈 것, 코끼리(象) 6마리, 말(馬) 2873마리, 과하마(果下馬) 2마리, 소(牛) 36마리, 각종 깃발(旗) 90개, 악기 1701점, 병장기 1548점, 갑장(甲裝) 494점, 의장(儀仗) 497점이 등장하여, 황제의 권위를 자랑했다. 송나라 태종 때 그려졌던 것을 인종 때 송수(宋綬, 991~1041)가 다시 그린 것으로 알려져 있다.

29_신에 대한 경배, 예: 禮(예도 례; lǐ)

서구의 시민사회가 법(法)에 그 토대를 두고 있다면, 동양의 전통적 질서는 예(禮)에 의해 유지되어 왔다 할 수 있다. 우리는 지금 서구의 체제를 받아들여 생활하고 있지만, 예(禮)는 여전히 중요한 덕목(德目)이자 전통이다.

일찍이 공자(孔子)는 예(禮)를 사람살이나 국가와 사회가 반드시 지켜야 하는 법도로 설정하여 매우 중시하였다. 이후 한(漢)나라에 들어 유가 사상이 국가의 통치 이념으로 자리 잡게 되자 예는 대단히 복잡다단한 예절 형식이나 제도까지 규정하게 되었다. 그래서 고대 중국에서는 이를 알아보기 쉽게 하기 위해 국가 제도에 관한 예를 『주례(周禮)』에다, 개인의 생사나 결혼 등에 관한 예를 『의례(儀禮)』에다, 예에 관한 의식이나 관념 등을 『예기(禮記)』에다 구분해 규정해 두기도 했다. 예(禮)는 셀 수도 없이 많았지만, 그중에서도 오례(五禮)라 불리는 다섯 가지가 대표적인데, 길례(吉禮), 흉례(凶禮), 군례(軍禮), 빈례(賓禮), 가례(嘉禮) 등이 그것이다. 이들은 각기 제사, 장례, 열병, 손님 접대, 혼인 등에 관련된 예식을 뜻한다.

禮(예도 예)는 원래 豊(예도 예)로 썼는데 이후 제의를 뜻하는 示(제사 시)가 더해져 지금의 자형이 되었다. 예(豊)는 갑골문에서 윗부분은 옥(玉)이고 아랫부분은 술이 달린 북(鼓)의 모습이다. 북은 세사나 세의(祭儀) 등에서 신을 경건하게 모시기 위해 사용되었고, 옥(玉)은 제사에 쓰던 예옥(禮玉)을 의미한다. 따라서 예(豊)는 옥과 북 등을 동원해서 경건하게 신을 모시던 행위를 일컬

29_례(禮)

었고, 이로부터 '예도(禮度)'나 '예절(禮節)'이라는 뜻을 갖게 되었다. 혹자는 예(豊)의 아랫부분이 북이 아닌 굽이 높은 그릇(豆)으로 보기도 한다. 그렇게 해도 두(豆)가 제사에 사용하던 제기(祭器)를 의미하기에, 예(禮)라는 기본적인 의미에는 별 차이가 없다.

따라서 예(禮)는 인간이 신에게 제사 드릴 때 행하던 의식, 즉 제의(祭儀)에서 그 의미의 기원을 찾아야 할 것이다. 신과 인간의 관계에서 갖추어야 했던 경건한 마음의 예절(禮節)이 바로 예(禮)의 본질일 것이다. 이후에 이는 인간과 인간, 나아가서는 통치자와 피통치자 등의 관계에서 지켜져야 할 그런 덕목(德目)으로 확정되었으며, 이로부터 각종 제도나 규칙이라는 의미까지 확대되었다.

이렇게 볼 때, 우리의 머릿속에 남겨져 있는 것처럼 '예'는 '번거롭고' '형식적인' 것이 아니라 원래는 인간이 신에 대해 가졌던 '경건한' 마음가짐이 본질이었다. 예(禮)의 원시적 의미가 갖는 '신에 대한 경건한 마음'을 부자 사이에, 부부 사이에, 사제 사이에, 친구 사이에, 계층 간에, 중심과 주변 간에, 가진 자와 가지지 못한 자 사이에, 민족 간에, 종교 간에, 국가 간에 가져야 할 덕목으로 확장해 나갈 수 있을 것이다. 그렇게 된다면, 부자도, 부부도, 사제도, 친구도, 국가도, 민족도, 종교도 서로가 서로를 경건하게 대하고 존중하는 관계로 나갈 것이며, 이는 갈수록 첨예화해 가는 각종 모순을 완화하고 서로가 함께 어울려 살 수 있는 화합의 사회와 대동(大同) 세계가 만들어질 것이다.

彬彬有礼
bīn bīn yǒu lǐ

字解

형성. 示(보일 시)가 의미부이고 豊(예도·절·인사 례)가 소리부로, 옥과 북 등을 동원해(豊) 경건하게 신을 모시던 제사(示) 행위를 말하며, 이로부터 「예도」나 「예절」의 뜻을 갖게 되었으며, 예물이나 축하하다 등의 뜻도 나오게 되었다. 간화자에서는 豊을 줄여 乙(새 을)로 쓴 礼로 쓰는데, 『설문해자』 고문체에서도 이렇게 썼다.

字形

汗簡
禮 說文小篆
說文古文
禮 甲骨文
金文
石刻篆文
簡牘文

標題

禮 예도 례: 礼、示13、18、60

禮 豊 禮 예도 례

자형_29 례(禮)

30_세월을 거쳐 자기화한 지식, 슬기: 智(슬기 지; zhì)

지식(知識)은 무엇이고, 지혜(智慧)는 무엇일까? 또 이 둘의 관계는 어떤 것일까?

지식(知識)이라 하면, 보통 사물에 관한 단편적이고 실제적인 경험적 인식을 뜻하는데, 더 엄밀하게 말하자면 사물과 세계에 대한 판단의 체계를 말한다. 이에 반해 지혜(智慧)라고 하면, 단순한 지식을 기초로 인생을 어떻게 살 것인가에 대한 해답을 줄 수 있는 슬기, 그것을 지혜라 할 수 있다. 그러나 이들이 명확하게 구분되는 것도 아니며, 둘을 구분하는 것도 그리 쉽지는 않다.

한자에서는 이들을 어떻게 구분하고 관계 지었을까? 지식은 지(知)로, 지혜는 지(智)로 표현되었다. 지(智)는 지(知)에 '세월'을 뜻하는 日(해 일)이 더해진 구조이다. 이는 지(知)와 지(智)가 한 데서 분화했으며, 지(知)가 먼저 생긴 개념이고 지(智)가 이후에 생긴 개념임을 알려준다.

'지식'을 왜 지(知)로 표현했을까? 知(알 지)는 '화살'을 뜻하는 시(矢)와 '입'을 뜻하는 구(口)로 구성되었다. 쏜살같이 날아가는 화살은 고대 사회에서 빠른 것의 최고 상징이었다. 당시 그들이 볼 수 있는 것 중 가장 빠른 속도를 지닌 것이 '화살'이었을 테니까. 그래서 '세월이 쏜살같이 흘러간다.'라는 말도 나오게 된 것이다. 구(口)는 입으로부터 나오는 '말'을 상징한다. 그래서 지(知)는 말이 화살처럼 빨리 나오는 것을 뜻한다. 머릿속에 기억된 지식이 많아야만 묻는 대로 생각하는 대로 바로바로 나올 수 있고, 그 속도가 화살처럼 빠르다면

30_지(智)

분명 지식이 엄청난 사람이었을 것이다.

그러나 지식이 우리가 살아가야 할 길을 알려주지는 않는다. 예컨대, 임진왜란이 1592년에 일어나 1598년에 끝났으며, 이순신 장군이 큰 공을 세웠고, 당시의 임금이 선조였으며, 선조가 난을 피해 백성들을 버리고 야반도주하여 저 멀리 국토의 끝 의주(義州)까지 도망갔다는 사실, 이런 것들은 지식에 속하여 정보일 뿐이다. 그러나 어떤 국제적 정세 속에서 임진왜란이 일어났고, 이순신 장군이 어떻게 왜적을 물리쳤으며, 선조라는 임금을 어떻게 평가해야 하는지, 그리하여 전쟁이라는 것은 어떻게 일어나게 되고, 전쟁을 막기 위해서는 무엇을 준비해야 하며, 또 일어났을 때에는 어떻게 해야 하는 등의 문제를 생각해야만 한다. 그렇게 얻어진 것을 통해 앞으로 살아가야 할 삶의 방향과 슬기로 삼는데, 이런 것이 '지혜'일 것이다.

한자는 이러한 관계와 인식을 반영하여 지(知)에다 일(日)을 더해 智(슬기 지)를 만들었다. 일(日)은 '해'를 뜻하지만 '시간'이나 '세월'을 뜻하기도 한다. 지식은 모름지기 시간과 세월이 흘러 숱한 사색을 통해 자신의 것으로 만들어야만 '지혜'가 됨을 역설한 것이다. 추상적이고 모호한 관계를 눈에 보일 듯 선명하게 설명한 명쾌한 정의가 아닐 수 없다.

이처럼 지혜는 사람으로 하여금 사람과 사물과 사회와 우주, 과거와 현재와 미래 등에 대해 종합적으로 사고하고 분석하며 올바른 것을 추구해 나가도록 하는 힘을 말한다 하겠다. 그래서 우리가 추구해야 할 것은 '지식'이 아니라 '지혜'임이 분명하다. 우리의 삶과 교육이 지향해야 할 점도 이것일 것이다.

字解

형성. 日(날 일)이 의미부이고 知(알 지)가 소리부로, 슬기를 말하는데, 지식(知)이 일정한 세월(日)을 지나야만 「슬기」이 자 「지혜」가 됨을 반영했다. 『설문해자』에서는 白(흰 백)과 亏(어조사 우)가 의미부이고 知가 소리부인 𥎨로 썼다.

字形

甲骨文 𣂏
石刻古文 𤏽 金文 𣂌
說文小篆 𥏝
說文古文 𥏼
簡牘文 𣂏
智

智
智
슬기 지

標題

智(슬기 지): (𥎨、zhì、日-8、12、40)

어원_30 지(智)

31_사람의 말이 가져야할 덕목, 믿음: 信(믿을 신; xìn)

"임금을 곧바른 마음으로 섬기고,
부모를 효도로 모시며,
친구를 믿음으로 사귀고,
전쟁에서는 물러서지 말며,
생명은 가려서 죽인다."

31_신(信)

유명한 신라 화랑(花郞)들이 지켰다고 하는 세속오계(世俗五戒)라는 다섯 가지 계율이다. 즉 사군이충(事君以忠), 사친이효(事親以孝), 교우이신(交友以信), 임전무퇴(臨戰無退), 살생유택(殺生有擇) 등이다. 이는 진평왕 22년(600) 원광(圓光) 대사가 화랑들에게 평생 가져야할 경구로 제시한 것이라 전해진다.

이중에서 친구들 사이에서 지켜야 할 덕목인 '믿음', 믿음을 뜻하는 信(믿을 신)은 人(사람 인)과 言(말씀 언)으로 구성되어, '사람의 말에는 필시 믿음이 있어야 한다'라는 글자 창제의 의미를 담았다. 초기 한자에서는 언(言) 대신 口(입구)가 들어가기도 했는데, 의미는 같다. 아마도 의미를 더욱 직접적으로 표현하기 위해 구(口)가 언(言)으로 바뀌었을 것이다. 사람의 말이란 언제나 상황에 따라 이익에 따라 쉽게 바뀌는 가변적인 것이었기에, 죽음으로 바꿀 수 있을 정도의 '믿음'으로써 이를 담보하고 지켜나가야 함을 천명한 것이다.

친구를 사귈 때에는 '믿음'으로 해야 한다는 경구, 온갖 거짓말이 난무하고 기회만 나면 서로를 속이는 현대의 삶에서, 더구나 갈수록 파편화하고 재인주의가 팽배해 친구가 어떤 때보다

●5_04. '신언불미(信言不美)'. "믿음이 있는 말은 아름답지 아니하고, 아름다운 말은 미덥지 못하다."『노자』전체를 총결 짓는 마지막 장인 제81장에 나오는 말이다.

중요한 오늘날의 환경에서, 믿음이란 그 어느 것 보다 중요한 덕목일 것이다. 이것이 옛사람들도 이 신(信)을 충(忠)과 함께 국가가 건전하게 발전해 가는 가장 중요한 덕목으로 간주했던 이유이기도 하다.

仁義禮智信
仁义礼智信
rén yì lǐ zhì xìn

(標題) 信(믿을 신): xìn、人-7、9、60

(字形)

甲文 金文 古陶文 石刻古文 說文小篆 簡牘文 說文古文 古

信 믿을 신

(字解) 형성. 言(말씀 언)이 의미부이고 人(사람 인)이 소리부로, 사람人의 말(言)은 언제나 진실하고(信) 신뢰가 있어야 한다는 의미를 담았는데, 전국 시대 때의 일부 글자에서는 言이 口(입 구)로 바뀐 구조가 되기도 했다. 이로부터 믿음, 信仰(신앙), 진실하다, 편지, 소식, 信號(신호) 등의 뜻이 나왔다.

어원_31 신(信)

32_돌아보며 남을 살피는 마음, 사랑: 愛(사랑 애; ài)

고대 중국인들은 인간의 기본적 감정을 기쁨(喜), 분노(怒), 슬픔(哀), 두려움(懼), 사랑(愛), 증오(惡), 욕망(欲) 등 일곱 가지로 보았는데, 소위 칠정(七情)이라는 것이다. 하지만 이 중에서도 가장 인간을 인간답게 만드는 것은 다름 아닌 '사랑'이 아닐까 생각한다.

30_애(愛)

'사랑'이라 하면 오늘날 이성 간의 사랑이 우선 연상되겠지만, 한자의 창제 원리에 의하면 원래 愛(사랑 애)는 '남을 생각하는 마음'이다. 우리의 생각보다 훨씬 숭고한 사랑이다. 애(愛)는 갑골문에는 나타나지 않고 금문에서부터 보이는데 그 기본 구조는 그림과 같이 꿇어앉아 입을 벌린 채 머리를 돌린 사람을 그린 旡(목멜 기)와 심장의 모습을 형상한 心(마음 심)으로 구성되어 있다. 심(心)은 심방이 좌우로 나 있는 심장의 모습을 그린 것이지만, 이후 '마음'이라는 추상적 개념으로 의미가 확대되었다. 그래서 애(愛)의 본질은 '머리 돌려 다른 사람을 생각하는 마음'이다.

애(愛)의 자형에 반영된 머리를 돌려 생각하는 마음, 그것은 바로 다른 사람을 걱정하고 위하는 마음을 말하는 것일 것이다. 이웃을 사랑하는 숭고한 정신을 담은 글자이며 이타적 사랑을 강조한 글자이다. 그래서 공자도 사랑에 대한 정의를 내리면서 '남을 아끼는 마음'이라 하지 않았던가? 이 말로부터 애(愛)는 인(仁)과 함께 어우러져 인애(仁愛)라는 말로 자주 쓰이다.

현대 중국의 간화자에서는 애(爱)로 줄여 쓴다. 간화자 비판론자들은 간화자 애(爱)에 심(心)이 빠졌다고 불평한다. '마음'이 빠졌는데 무슨 사랑이냐고. 그래서 그런지 중국의 공항 등에 가면 공익광고에도 이 글자가 등장한다. "간화자의 애(爱)에 심(心)이 빠졌지만, 사랑은 마음 없이 할 수는 없다."라는 카피라이터와 함께.

　　자기만을 살피는 사회, 자기가 성공하기 위해서는 남을 짓밟고 올라서야 하는 비정한 사회, 비단 자본주의를 사는 우리만의 일이 아니다. 사회주의를 지향하는 중국에서도 자본주의의 확산으로 잃을까 노심초사하는 핵심 가치관의 하나이다.

●5_05. '간화자 애(愛) 공익광고'.
"간화자의 애(愛)에 심(心)이 빠졌지만, 사랑은 마음 없이 할 수는 없다."

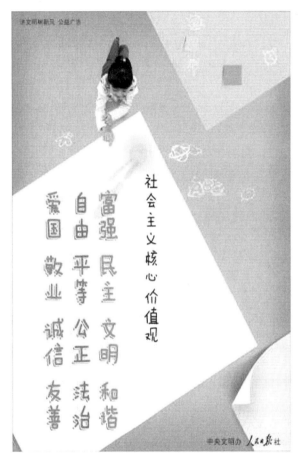

●5_06. '사회주의 중국의 핵심 가치관'.
2012년 제18차 전인대회에서 공식적으로 채택된 중국의 주요 가치관으로, 요즘 중국이 지향하는 가치관을 엿볼 수 있다. 빈곤에서 벗어난 부강(富強), 시민이 주인이 되는 민주(民主), 세련된 삶을 지향하는 문명(文明), 갈등을 넘어선 화해(和諧), 구속과 방해 없는 자유(自由), 차별 없는 평등(平等), 공평하고 올바른 공정(公正), 정의에 의한 법치(法治), 나라를 아끼는 애국(愛國), 철저한 직업 정신의 경업(敬業), 성실과 믿음의 성신(誠信), 우애롭고 정의로운 사회관계인 우선(友善) 등이 그 내용이다.(중국『인민일보』)

標題
愛 사랑 애: 爱、(㤅)、ai、心 9、13、60

字形
金文　簡牘文　說文小篆　說文古文

愛　　　사랑 애

字解
회의。 원래는 旡(목멜 기)와 心(마음 심)과 夊(뒤져서 올 치)로 구성되어, 머리를 돌려(旡) 남을 생각하는 마음(心)을 실천하는(夊) 것이 바로 [사랑]임을 그려냈다。 금문에서는 旡와 心으로 구성되었으나, 이후 실천성을 강조하기 위해 夊가 더해져 지금의 자형이 되었다。 남에 대해 가지는 진실한 마음과 사랑이 원래 뜻이며, 이로부터 은혜를 베풀다、좋아하다、흠모하다、아끼다의 뜻이、또 사랑하는 사람、남녀 간의 사랑 등을 지칭하게 되었다。 달리 旡로 쓰기도 하며、간화자에서는 心과 夊를 友(벗 우)로 줄여 爱로 쓴다。

어원_32 애(愛)

33_치우치지 않는 진실한 마음, 충: 忠(충성 충; zhōng)

‘충(忠)’이라는 말만큼 왜곡된 말이 있을까? 고대 중국에서 국가를 유지하는 근본적 가치를 충(忠)에서 찾았고, 임금을 위한 충성이 강조되어, 백성은 나라를 위해, 신하는 임금을 위해, 하급자는 상급자를 위해 가져야할 태도이자 목숨 걸고 지켜야 할 계율이었다. 그 전통은 곳곳에 뿌리 깊게 남아 있다. 지금도 군대에서는 경례를 할 때의 구호가 ‘충성(忠誠)’이다. 그러나 충(忠)은 윗사람이나 임금이나 국가에 바쳐야할 맹목적인 충성이 절대 아니다.

33_충(忠)

忠(충성할 충)은 中(가운데 중)과 心(마음 심)으로 구성된 글자이다. 중(中)은 원래 바람에 나부끼는 깃발을 그렸다. 자신의 씨족임을 표시하기 위해 깃발에다 상징 부호(토템)를 그려 넣었다는 『주례·사상(司常)』에서의 기록을 볼 때, 이는 지금의 국기처럼 아마도 씨족을 상징하는 깃발이었던 것으로 보인다.

옛날 집단 사이에 중대사가 있으면 넓은 터에 먼저 깃발(中)을 세우고 이를 중심으로 민중들을 집합시켰다. 민중들은 사방 각지로부터 몰려들었을 터이고 그들 사이로 깃발이 꽂힌 곳이 ‘중앙’이자 ‘중심’이었다. 이로부터 중(中)에는 ‘중앙’이라는 뜻이 생겼고 다시 모든 것의 중앙이라는 뜻으로 확대되었다. 여기서 다시 ‘마침맞은’이라는 뜻을 갖게 되었다. ‘마침맞다’는 것은 어느 한쪽으로도 치우치지 않고 가장 적절하다는 뜻이다.

그래서 충(忠)은 어느 한쪽으로도 치우치지 않은(中) 공평무사한 원칙을 견지해야 하는 마음(心)이라는 뜻으로 해석될 수 있다. “지나치거나 모자람이 없고, 또 어느 한편으로 치우치지 않고 떳떳하여 변함이 없는 것”을 두고서 ‘중용(中庸)’이라 했다. 이것이 바로 중(中)의 원래 의미이자 철학적 의미일 것이다.

이렇게 볼 때 '공평무사한 마음으로 전심전력하는 것'이 바로 충(忠)의 본질이라 할 수 있다. 그래서 줄곧 도덕적 인간의 최고 경지로 인식되어 온 '군자(君子)'의 미덕이 바로 충(忠)에 있다고 하지 않았던가? 그렇다면 정의에 대한 올곧은 마음이 바로 충(忠)이다.

옳은 것을 옳다고 하고, 옳지 않은 것은 옳지 않다고 하며, 윗사람과 임금과 국가를 올바른 곳으로 가도록 하는 것, 그것이 바로 국민의 국가에 대한, 신하의 임금에 대한, 아랫사람의 윗사람에 대한 올바른 마음가짐이자 책무일 것이다.

그러므로 옛날 사회에서도 신하가 윗사람에게 '공평무사한 마음으로 전심전력하는' 사람을 '충신(忠臣)'이라 하고 이러한 행위를 '충성(忠誠)'이라 했다. 다시 말하면 충성은 윗사람에게 무조건적으로 복종하고 아첨하거나 자신의 사리사욕을 채우기 위한 하나의 수단이 될 수 없다. 그래서 중국에서는 이러한 가치를 갖고 실천한 은나라 때의 비간(比干), 주나라 때의 주공 단(周公旦), 춘추 시대 오(吳)나라의 오자서(伍子胥), 전국(戰國)시대 초(楚)나라의 굴원(屈原), 서한 때의 조착(晁錯), 삼국 때의 제갈량(諸葛亮), 당나라 때의 적인걸(狄仁傑), 송나라 때의 악비(岳飛), 명나라 때의 방효유(方孝孺), 청나라 때의 증국번(曾國藩) 등을 중국 10대 충신이라 하며 추앙해 왔던 것이다.

충(忠)은 수직적 사회에서 나온 개념이긴 하지만 반드시 정의(正義)를 위한 것이어야 함에도 정의가 무엇인지 구분하지 못하고 무조건식의 윗사람에 대한 몸 바침은 더 이상 충성도 아니요, 충신은 더더욱 아닐 것이다.

標題 忠(충성할 충): zhōng、心4、8、42

字形 金文 古陶文 簡牘文 古璽文

說文小篆

字解 형성。心(마음 심)이 의미부이고 中(가운데 중)이 소리부로, 어느 한 쪽으로도 치우치지 않은(中) 공평무사한 원칙을 견지하는 마음(中)이 바로 「충」이라는 뜻을 담았다。이로부터 충성、충심 등의 뜻이 나왔고、孝(효)와 짝을 이루어 유가의 중요한 철학 개념이 되었다。

충성할 충

어원_33 충(忠)

34_노인을 업은 모습, 효: 孝(효도 효; xiào)

'효'는 동양적 전통에서 최고로 치는 덕목 중의 하나이다. 더군다나 현대에 들어서 경쟁의 개념이 강화되어 갈수록 인간에 대한 사랑은 메말라 가고만 있다. 특히 부모나 노인에 대한 관심이 계속 줄어가고 있는 요즈음, 동양 사회의 이 훌륭한 덕목인 '효도'를 다시 한 번 되새겨 볼만할 것이다.

무엇을 '효도'라고 할 수 있을까? 한자에서는 '효도'를 효(孝)로 그렸다. 孝(효도 효)는 '노인'을 뜻하는 노(老)의 생략된 모습과 '자식'을 뜻하는 자(子)로 구성되었다. 좌우구조가 아닌 상하구조로 결합한 것도 주목할 만하다.

老(늙을 로)는 머리를 풀어헤친 사람이 지팡이를 짚고 있는 모습을 형상함으로써 '노인'을 나타내었다. 子(아들 자)는 커다란 머리와 두 팔과 몸통을 비대칭적으로 그려 '어린 아이'를 그렸고, 이로부터 '아들'과 '자식'의 의미가 나온 글자이다. 그래서 효(孝)는 나이든 노인을 자식이 등에 업고 모시는 모습, 즉 봉양하는 모습을 반영한 글자이다.

이 얼마나 생동적이고 직접적이며 구체적인 표현인가? 효도라는 극히 추상적인 개념이 실제 상황을 보듯 눈앞에 그대로 그려진다. 우리의 어떤 공익 광고에서 효(孝)를 구성하는 자(子)를 반대로 뒤집어 놓은 그림과 함께 '등 돌린 자식'이라는 카피라이터로 효의 정신을 강조하였다. 한자 효(孝)가 갖는 시각성을 충분히 활용한 멋진 광고가 아닐 수 없다.

34_효(孝)

●5_07. 공익 광고 '등 돌린 자식'

노(老)는 '노인'이라는 뜻으로부터 '오래된', 혹은 '경험이 많은' 이라는 뜻을 갖게 되었고, 또 '노약한'이라는 뜻도 가지게 되었다. 다채로운 경험과 풍성한 지혜를 가진 노인, 그것은 구성원들에게 큰 자산이었을 것이다.

옛날 국가의 사회보장 제도가 미약했던 시절, 부모에 대한 효도는 지극히 강조되었다. 개인의 효를 통해 노인의 돌봄과 복지 문제를 해결하려 했던 것이다. 그래서 어려서부터 살아생전에는 부모를 받들고, 자라서는 봉양해야 하며, 돌아가신다 해도 그 뜻을 거스르지 않아야 했고, 제사를 모셔 부모의 은덕을 기리도록 했다. 이 때문에 효는 충(忠)과 함께 나라를 다스리는 중요한 2대 개념으로 인식되었으며, 나이 든 노인들은 국가적 차원에서 적극적으로 존중되었다.

그리하여 나이에 따른 노인의 명칭도 상당히 세분되어 있었다. 예컨대 60된 노인을 耆(늙은이 기), 70된 노인을 老(늙을 노), 80된 노인을 耋(팔십 살 노인 질), 90된 노인을 耄(구십 살 노인 모)라 했다. 기(耆)는 뜻을 나타내는 노(老)와 소리를 나타내는 旨(뜻 지)가 합쳐진 글자이나 합치는 과정에서 비(匕)가 생략되어 지금의 형태로 고정되었다.

●5_08. '신휴 효자가(申休 孝子閣)'.
경북 경산시 하양읍 소재. 조선 중종~명종 때를 살았던 것으로 추정되는
신휴(申休)의 효성을 기려 세운 비각. 한국에는 이러한 비각이 도처에 널려있다.

●5_09. 효(孝)를 주제로 한 문자도. 국립민속박물관.

標題 孝(효도 효): xiào、子-4、7、70

字形 甲骨文 金文 簡牘文 說文小篆

孝 효도 효

字解 회의. 老늙을 로의 생략된 모습과 子아들 자로 구성되어, 자식(子)이 늙은이(老)를 등에 업은 모습으로, [효]의 개념을 그렸다. [효]는 유교권 국가에서 국가를 지탱하는 중심 이념으로 설정하기도 했는데, 이 글자는 노인을 봉양하고 부모를 모시는 孝가 어떤 것인지를 매우 형상적으로 보여준다.

어원_34 효(孝)

100개. 한자를. 통해. 중국의. 사상. 역사. 정치. 경제. 문화. 상식을. 배운다.

제6장

계급과 국가

●

●

계.급.과.국.가.

35_올곧아야 할 남성, 선비: 士(선비 사; shì)

전통사회에서는 사회의 계층 구조를 사농공상(士農工商)으로 구분했다. 앞에서부터 존중을 받는 계층이었는데, 지금과는 차이를 보인다. 특히 자본주의 사회에서는 상(商)의 중요성과 지위가 특히 높아졌고, 사회주의 국가 중국에서는 노동자와 농민이 혁명 주체가 된 사회이다. 사(士)는 오늘날 지식인 정도에 비견될 것인데, 지식정보 사회를 사는 오늘날 여전히 중요한 지위를 차지하고 있다.

35_사(士)_

士(선비 사)의 자형을 두고 어떤 사람은 도끼처럼 생긴 도구를, 어떤 사람은 의관을 갖추어 단정히 앉은 법관의 모습을 그렸다고도 한다. 하지만 牛(소 우)와 사(士)가 결합된 牡(수컷 모)가 소와 생식기를 그린 것을 보면 사(士)는 '남성의 생식기'를 그린 것으로 보인다. 이로부터 사(士)에는 '남성'이라는 의미가 들었고, 다시 선비와 같은 '지식인'을 지칭하는 개념으로 발전했던 것으로 추정된다.

그것은 사(士)로 구성된 다른 글자들이 대부분 모두 남성 숭배와 관련된 것으로부터도 그 증거를 얻을 수 있다. 예컨대 壯(씩씩할 장)은 爿(나무조각 장)이 소리부이고 사(士)가 의미부인데 장정(壯丁)에서처럼 씩씩하고 강인한 '남성'을 지칭하고, 壻(사위 서)는 胥(서로 서)가 소리부이고 사(士)가 의미부인데 '사위'를 뜻하고, 吉(길할 길)은 집 입구(口) 밖에 세워 놓은 남성의 성기(士)를 그려 그것을 숭배하고 길상물(吉祥物)로 섬기던 의미를 담았다.

갑골문 '길(吉)'

갑골문 '모(牡)'

이렇게 볼 때, 사(士)는 초기 단계에서는 갑골문 모(牡)의 형태처럼 '남성의 생식기'를 그렸으며, 이후 세로획에 장식용의 점이 더해졌고, 금문 단계에서는 그 점이 가로획으로 변해 지금의 사(士)와 같이 변한 것으로 추정할 수 있다.

남성의 생식기로부터 생식력이 강한 건장한 '남성'의 상징이 되었으며, 다시 남성에 대한 총칭으로, 다시 '선비' 등의 의미로 발전되었을 것이다. 또 현대에 들어서는 학위, 군대의 하급관리, 군인 등을 지칭하였다. 두 손을 모으고 단정하게 앉은 법관의 모습이라는 해석은 금문단계 이후의 자형에 근거한 것으로 보인다.

사(士)에서 파생한 仕(벼슬할 사)는 人(사람 인)이 의미부이고 사(士)가 소리부인데, 남성(士)이라는 사람(人)이 할 일이라는 의미를 담았다. 고대의 남성 중심사회에서 남성이 해야 할 일은 벼슬살이 즉 정치를 배워 남을 위해 일함을 상징했다. 그래서 봉사(奉仕)란 그러한 벼슬살이처럼 인류와 나라와 남을 위해 그 직분을 받들고 자신을 희생해 가며 남을 위해 힘쓰는 것을 말한다.

<표제> 士(선비 사): shì、ㄕ、3、52

<字形>
甲骨文 士士士 金文 士 古陶文 士 古幣文 士 古璽文 士 簡
牘文 士 漢印 士 汗簡 士 說文小篆

士

선비 사

<字解> 상형. 이의 자형을 두고 어떤 사람은 도끼처럼 생긴 도구를, 어떤 사람은 단정히 앉은 법관의 모습을 그렸다고도 한다. 하지만 生소와 士가 결합된 牡수컷 모가 소와 생식기를 그린 것을 보면 士는 남성의 생식기임이 분명하다. 이로부터 남성을 지칭하게 되었고, 다시 남성에 대한 미칭으로 쓰여 지식인은 물론 경대부와 서민 사이의 계층을 지칭하였다. 현대에 들어서는 학위, 군대의 하급관리, 군인 등을 지칭하였다.

36_생산의 시작, 농업: 農(농사 농; nóng)

중국에서의 정착 농경시대는 언제쯤 시작되었을까? 그리고 그 이전에는 어떤 식으로 농사를 지었을까? 초창기의 중국의 농경 지역은 대체로 장강 이남의 화남(華南) 지역과 황하강 중류의 화북 지역, 장강 하류 및 회하(淮河) 유역의 동해안 지구로 나눌 수 있는데, 이중에서도 화남 지구가 가장 빨라 기원전 약 6천 5백 년 전까지 거슬러 올라간다.

36_농(農)

'농사'를 뜻하는 농(農)은 정착농경 이전의 농사짓는 법을 반영하였는데, 農(농사농)은 林(수풀림)과 辰(별이름진)으로 구성되었다. 임(林)은 '수목이 울창하다'는 의미이고, 진(辰)은 蜃(대합조개 신)의 원래 글자로 조개를 말한다. 조개는 구석기 시대부터 식용으로 삼았던 중요한 해산물의 하나이며, 단단한 껍질은 원시 단계에서 제초와 이삭을 자르는 이상적인 도구로 사용되었다. 그래서 농(農)은 숲이 우거진 지역에서 조개껍질로 잡초를 자르고 수확을 하는 모습을 그림으로써 '농사'라는 개념을 그렸다.

당시는 커다란 나무를 잘라 내고 산지나 초지를 개간할 도구가 없었을 때이므로, 당시의 경작법이란 주로 삼림에 불을 질러 경작지를 만들고 나무의 재를 비료로 삼던 방식이었다. 이러한 모습이 반영된 글자가 바로 焚(태울 분)으로, 숲(林)을 불태우고 있는 모습을 그렸다.

인지와 도구의 발달로 관개가 가능해지고 대규모적인 농경이 행해짐으로써 耕(밭갈 경)과 같은 글자가 생겨났다. 경(耕)은 다시 耒(쟁기 뢰)가 의미부이고 井(우물 정)이 소리부인 구조로 쟁기를 사용한 경작법을 반영하고 있다.

犁(쟁기 려)는 소(牛)와 칼(刀)과 함께 흙을 표시한 점들이 그려져 있어, 흙을 파서 뒤집는 쟁기의 모양과 함께 여기에다 쟁기질에 소를 이용했다는 의미를 그리고 있다. 이후 논농사라는 의미에서 벼(禾)가 더해져 지금처럼 되었다.

소를 이용한 경작법, 즉 우경(牛耕)이 시작되자 소의 힘을 효율적으로 이용하기 위해서는 쟁기의 개량이 필수적이었다. 보습에다 일정한 중량을 더함으로써 고랑 파기의 효율을 높일 수 있었다. 方(모 방)은 바로 끝부분이 두 개로 나뉘어져 있는 날과 횡판(橫板)의 모습을 그린 것이다.

이처럼 농사의 방식은 발전을 거듭하며 변해왔지만, '농사'의 의미는 여전히 농(農)을 사용하고 있다.

갑골문 '뢰(耒)'.

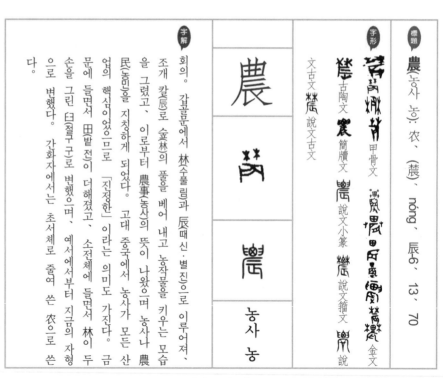

(標題) 農(농사 농): 农、(辳)、nóng、辰-6、13、70

(字形) 甲骨文 古陶文 簡牘文 說文小篆 金文 說文籀文 說

文古文 辳 說文古文

農 농사 농

(字解) 회의. 갑골문에서 林(수풀 림)과 辰(때 신·별 진)으로 이루어져, 조개 칼(辰)로 숲林의 풀을 베어 내고 농작물을 키우는 모습을 그렸고, 이로부터 農事(농사)의 뜻이 나왔으며 농사나 農民(농민)을 지칭하게 되었다. 고대 중국에서 농사가 모든 산업의 핵심이었으므로 '진정한'이라는 의미도 가진다. 금문에 들면서 田(밭 전)이 더해졌고, 소전체에 들면서 林이 두 손을 그린 臼(절구 구)로 변했으며, 예서에서부터 지금의 자형으로 변했다. 간화자에서는 초서체로 줄여 쓴 农으로 쓴다.

어원_36 농(農)

●6_01. '우경도(牛耕圖)'.

강소성 서주(徐州) 휴녕(睢寧) 출토. 동한 시대. 80*106센티미터. 중국 역사박물관 소장. 『중국화상석전집』(4) 76쪽. 세 부분으로 나누어져 있는데, 위층은 신선이 사슴을 타고 사슴이 이끄는 구름수레를 모는 모습 등을 그렸다. 중간 부분은 사람들이 서로 만나는 모습을 그렸으며, 테두리가 만들어졌으나 글씨는 없다. 아래층은 우경도로, 두 마리 소가 쟁기를 끌고 한 농부가 쟁기를 잡고 밭을 가는 모습이다. 소 옆으로는 개 한 마리가 쉬고 있고, 멀리 밭 사이로 한 농부가 괭이로 밭을 매는 모습도 보이고, 밥과 마실 것(簞食壺漿)을 멜대로 나르는 모습도 보인다.

37_황토 평원의 중요 도구, 절굿공이: 工(장인 공; gōng)

인간이 동물과 구별 되는 것 중의 하나가 도구를 사용하여 노동을 한다는 것이다. 그만큼 도구는 인류 문명의 발달에 중요한 기능을 해 왔다.

도구를 뜻하는 한자는 공(工)이다. 工(장인공)은 구조가 대단히 간단하지만 어원에 대해서는 도끼를 그렸다느니 자를 그렸다는 등 논란이 많다. 하지만 갑골문을 보면 흙담을 다질 때 쓰던 돌로 만든 절굿공이나 '달구'를 그린 것이라는 해석이 가장 적절해 보인다. 공(工)의 위쪽 가로획은 손잡이를, 아랫부분은 절굿공이를 그렸다.

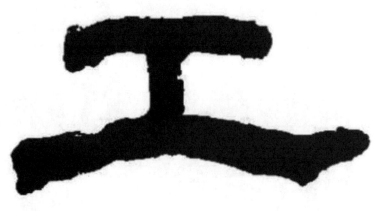

37_공(工)

왜 흙을 다지는 절굿공이가 '도구'의 대표가 되었는가는 갑골문이 사용되던 곳의 생태적 환경과 관련되어 있다. 갑골문을 사용했던 상(商)나라는 지금의 하남성 일대에 위치하여 지역의 대부분이 황토로 되어 있다. 돌은 거의 찾아볼 수가 없다. 이 때문에 담이나 성을 쌓을 때에는 진흙을 다져서 만들었고, 집을 지을 때에도 진흙을 구운 벽돌을 사용할 수밖에 없었다. 지금도 황하 유역을 가면 집터를 만들거나 담을 쌓아 올릴 때 진흙을 다져 만드는 방법(版築法판축법)을 자주 볼 수 있다.

●6_02. 황토 흙을 다질 때 쓰던 돌로 된 달구.

그래서 진흙은 그들에게 가장 중요한 건축 재료였으며, 진흙을 다지는 절굿공이가 당시의 가장 대표적인 도구가 되었다. 그렇게 해서 절굿공이를 그린 공(工)은 공구(工具)의 대표가 되었고, 그러한 일에 전문적으로 종사하는 이를 공장(工匠), 그러한 과정을 공정(工程), 공구를 사용한 작업을 공작(工作)이라 부르게 되었으며, 어떤 일에 뛰어나다는 뜻도 갖게 되었다. 다만 둥근 모양의 절굿공이의 모습이 갑골문에서는 단단한 거북딱지에 새기기 편하도록 네모꼴로 변했고, 이후 가로획으로 변해 지금의 자형이 되었을 뿐이다.

집터나 담이나 성은 정교하고 튼튼하게 다지고 쌓아야만 무너지지 않는 법, 이로부터 巧(공교할 교)가 만들어졌는데, 丂(공교할 교)도 어떤 물체를 바치는 지지대나 괭이 같이 자루가 긴 도구를 그린 것으로 추정된다. 또 功(공 공)은 온 힘(力 력)을 다해 돌 절굿공이(工)로 흙담을 쌓는 모습이다. 이것은 고대 사회에서 공(功)이 전쟁에서 세운 공(戰功 전공)보다 토목 등 구성원의 안정된 생활을 위한 것이 더욱 근원적이었음을 보여준다.

그런가 하면, 式(법 식) 또한 공구(工)를 사용할 때의 법칙을 말하지만, 현행 옥편에서는 소리부인 弋(주살 익)부수에 편입되었다. 이외에도 左(왼 좌)는 왼손으로 공구(工)를 든 모습을, 差(어긋날 차)는 왼손(屮)으로 꼰 새끼라는 뜻으로부터 숙련되지도, 굵기가 일정하지도 못하여, 짚이 삐죽삐죽 삐쳐 나와 '어긋난' 모습을 그렸다.

한국에서는 '학문이나 기술을 닦는 것'을 공부(工夫)라고 하는데, 중국에서는 '시간'이나 '틈'을 뜻한다. 일본에서는 주로 '여러 가지로 궁리하거나 고안함'을 말하며, 한국의 '공부'는 勉強(べんきょう)나 学習(がくしゅう)로 쓴다. 또 공작(工作)이라 하면 한국이나

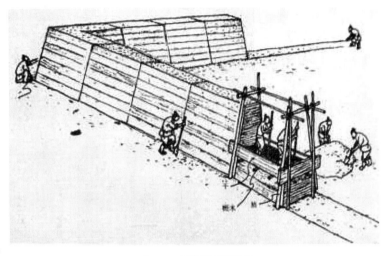

●6_03. '판축법(版築法)'
모형도. 집터를 만들거나 담을 쌓아 올릴 때 진흙을 다져 만드는 방법인데, 돌이 없는 황하 강 유역의 황토 평원에서 주로 쓰이던 방법이며, 이때 흙을 다지던 돌 절굿공이를 그린 것이 공(工)이다.

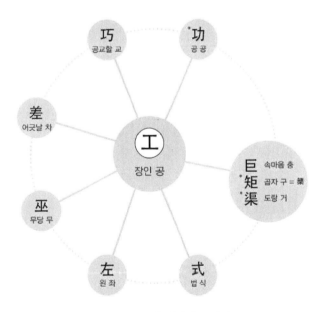

●6_04. '공(工)과 관련된 글자들'.

일본에서는 '어떤 목적을 달성하기 위하여 미리 손을 쓰는 것'을 말해 부정적 의미를 가지지만, 중국에서는 '일'이나 '직업'을 뜻하여 부정적인 의미가 없다. 또 공인(工人)이라 하면 한국과 일본에서는 '공예 기술자'나 '악공(樂工)'을 뜻하지만, 현대 중국에서는 '노동자'를 뜻한다. 같은 한자이지만 한국과 중국과 일본에서 사용과정에서 일부 변화가 일어난 것을 볼 수 있다.

標題 工(장인 공): gōng, ㄍㄨㄥ, 3, 70

字形 甲骨文 金文 古陶文 簡 / 橫文 石刻古文 說文小篆 說文古文

工 장인 공

字解 상형. 이의 어원에 대해 도끼를 그렸다느니 자를 그렸다는 등 의견이 분분하지만, 갑골문을 보면 땅을 다질 때 쓰던 돌 절굿공이를 그렸음이 분명하다. 윗부분은 손잡이고 아랫부분이 돌 절굿공이인데, 딱딱한 거북 딱지에 칼로 새긴 갑골문에서 새기기 편하도록 아랫부분이 네모꼴로 변했을 뿐이다. 지금도 황하 유역을 가면 집터를 만들거나 담을 쌓아 올릴 때 진흙을 다져 만드는 방법(版築法·판축법)을 자주 볼 수 있는데, 이때 가장 유용하게 쓰이는 도구가 바로 돌 절굿공이다. 그러한 절굿공이가 그 지역의 가장 대표적이고 기본적인 도구라는 뜻에서 工具(공구)의 뜻이 나왔고, 공구를 전문적으로 다루는 사람을 工匠(공장), 공구를 사용한 작업을 工程(공정)이나 工作(공작)이라 부르게 되었으며, 어떤 일에 뛰어나다는 뜻도 갖게 되었다.

어원_37 공(工)

38_상업의 시작, 헤아림: 商(헤아릴 상; shāng)

하(夏), 상(商), 주(周)는 중국 고대를 대표하는 세 왕조이다. 1899년 갑골문이 출토되기 전까지만 해도 주(周)나라까지만 실존했으며, 나머지는 전설상의 나라로 남아 있었다. 그러나 갑골문의 발견으로 상(商)나라의 실제가 밝혀졌다. 갑골문이 출토되었던 은허(殷墟)는 상나라 마지막 273년간의 도읍지로 밝혀졌으며, 그 때문에 그 시기를 은(殷)나라라고 불렀다. 갑골문의 발견은 중국 고고학의 시발이 되었고, 그 전의 고대 역사를 파헤치기 위해 노력을 해 왔다. 그 결과 지금은 하(夏) 나라의 실체는 물론 정체도 거의 밝혀졌다.

상나라가 나라 이름으로 사용했던 商(헤아릴 상)도 무엇을 그린 글자인지 설이 분분하다. 하지만 갑골문과 금문에서의 자형을 종합에 보면, 두 개의 장식용 기둥(柱)과 세 발(足)과 둥 그런 배(腹)를 갖춘 술잔을 그린 것으로 보이며, 작(爵)이라는 술잔과 비슷하게 생겼을 것으로 추정된다.

상(商)이 상 민족과 상나라를 지칭하게 된 연유는 잘 알려져 있지 않다. 하지만 일찍부터 하남성 동북부에 위치했던 은허(殷 墟)를 상(商)이라 불렀는데, 그곳은 당시 중원(中原)의 핵심 지역으 로 교통이 편리해 교역이 성행했다. 상(商)에 거점을 두었던 상족 (商族)들은 장사수완이 대단히 뛰어났던 것으로 알려져 있다.

그래서 그들을 '상(商)지역에 사는 사람'이라는 뜻의 '상인(商 人)'으로 불렀는데, 이후 '상사꾼'이라는 뜻으로 쓰이게 되었다. 장사에는 언제나 가격 흥정이 있게 마련이다. 그래서 상(商)에는 상의(商議)나 상담(商談)에서처럼 '의논하다'는 뜻도 들게 되었다.

38_상(商)

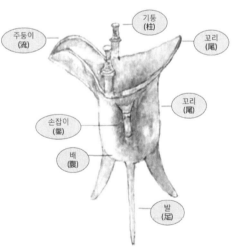

●6_05. 술잔의 일종인 '작(爵)'

●6_06. 은허(殷墟).
1899년 갑골문이 처음 출토된 곳이다. 상나라 후기 수도로 273년간 도읍하였던 곳으로 밝혀졌으며, 지금까지 약 15만 편이 발굴되어 상나라 역사를 전설시대에서 역사시기로 편입시켰다. 2006년 세계문화유산으로 등재되었다. 기념 표지석 뒤로 복원된 은나라 궁실의 정문이 보인다.

標題
商(헤아릴 상): shāng、 口-8、 11、 52

字形
甲骨文
金文
古陶文
簡牘文
石刻古文
說文小篆

說文古文
說文籀文

商
禼
헤아릴 상

字解
상형. 이의 어원에 대해서는 설이 분분하지만、 갑골문과 금문 자형을 종합에 보면、 두 개의 장식용 기둥(柱)과 세 발[足]과 둥그런 배[腹]를 갖춘 술잔을 그린 것으로 보인다. 이 글자가 商이라는 민족과 나라를 지칭하게 된 연유는 잘 알려지지 않았지만 일찍부터 하남성 동북부에 있었던 殷墟[은허]를 商이라 불렀는데、 그곳은 당시 中原[중원]의 핵심 지역으로 교통이 편리해 교역이 성행했다. 商에 거점을 두었던 商族[상족]들은 장사 수완이 대단히 뛰어났던 것으로 알려져 있다. 그래서 그들을 「商에 사는 사람」이라는 뜻의 「商人[상인]」으로 불렀는데、 이후 「장사꾼」이라는 뜻으로 쓰였다. 장사에는 언제나 가격 흥정이 있게 마련이다. 그래서 商에는 商議[상의]나 商談[상담]에서처럼 「의논하다」는 뜻도 들게 되었던 것으로 추정된다.

39_노예에서 주인으로, 시민: 民(백성 민; mín)

2016년 대한민국은 큰 혼란 속에 싸였다. 대통령의 국정 농단으로 민주와 법치 체계의 국가 시스템이 근본적으로 무너져버린 것이다. 한국 전쟁 이후 짧은 역사에도 눈부신 경제발전과 민주사회를 구축하여 세계의 찬사를 받던 대한민국이 하루아침에 OECD 회원국은 물론 세계 10대 경제대국으로서는 상상도 할 수 없는 전근대적이고 미개한 일이 현실로 나타났고, 민주는 수십 년 후퇴하여 1960~1970년대의 개발독재시대, 공안정국의 유신시대로 되돌아가 있었던 것이다. 시민들은 이에 항거하기 위해 한번에 2백만 명씩이나 촛불을 들고 광장으로 달려 나갔다.

39_민(民)

금문 '민(民)'

이를 반영이라도 하듯, 매년 한국의 교수들이 뽑는 '올해의 사자성어'에 '군주민수(君舟民水)'가 선정되었다. 원래 『순자·애공(哀公)』에 나오는 말인데, "군주는 배요, 물은 백성이라. 물은 배를 띄울 수도 있고, 뒤집을 수도 있다."라는 것에 비유하여, '왕이나 군주는 백성의 뜻을 잘 살펴야 하며, 백성이 분노하면 임금을 뒤집을 수 있다.'라는 뜻을 담은 성어이다.

민주(民主)는 '백성(民)이 주인(主)이 된다'는 말로, 주권이 국민에게 있음을 뜻한다. 백성이 주권을 가지기까지 서구는 물론 우리도 끝없는 투쟁과 엄청난 희생의 역사를 겪어야만 했다. 4·19혁명과 5·18 민주화운동도 그의 한 과정이었지만, 이러한 투쟁과 희생은 지금도 끝나지 않고 계속되고 있다. 더 나은 민주 사회를 위하여 말이다.

군	주	민	수
君	舟	民	水
jūn	zhōu	mín	shuǐ
군주는 배요, 물은 백성이라			
물은 배를 띄울 수도 있고, 뒤집을 수도 있다			

●6_07. '군주민수(君舟民水)'

한자의 어원으로 살폈을 때 백성(民)은 국가의 주권주체가 아니라 황제 혹은 통치권자에 종속된 노예의 모습에서 출발한다. 금문에서부터 등장하는 民(백성 민)은 예리한 칼에 눈이 자해된 모습이다. 옛날 포로나 죄인을 노예로 삼을 때 한쪽 눈을 자해한 것은 주로 성인 남성 노예에 대해 반항 능력을 상실시키고자 그랬다는 설이 일반적이다. 한쪽 눈이 보이지 않을 경우 단순한 노동은 가능하더라도 거리 감각의 상실로 적극적인 대항이 불가능해지기 때문이다. 따라서 민(民)은 '노예'가 원래 뜻이며, 이후 의미가 점점 확대되어 통치의 대상이 되는 백성(百姓)이라는 뜻에서 일반 '사람'을 뜻하게 되었다.

금문 '동(童)'

민(民)과 같이 한쪽 눈을 찔러 노동력은 보존하되 반항능력은 줄여 노예로 삼았던 모습은 장(臧)이나 동(童)에서도 그 흔적을 찾을 수 있다. 臧(착할 장)은 臣(신하 신)과 戈(창 과)로 구성되어, 창(戈)으로 눈(臣)을 자해한 모습을 그렸다. 그래서 장(臧)은 '남자 노예'가 원래 뜻이며, 이후 순종하는 노예가 좋은 노예라는 뜻에서 '좋다'와 '훌륭하다'는 뜻을 가지게 되었다. 그런가 하면 童(아이 동)은 금문에서 辛(매울 신)과 目(눈 목)과 東(동녘 동)과 土(흙 토)로 구성되었는데, 신(辛)은 형벌 칼을 뜻하고 동(東)은 발음을 나타낸다. 이후 자형이 축약되어 지금처럼 되었으며, 『설문해자』에서 "죄인을 노예로 삼는데, 남자는 동(童)이라 하고 여자는 첩(妾)이라 한다."라고 했다. 이렇듯 동(童)도 한쪽 눈(目)을 자해하여(辛) 노예로 삼은 모습을 그렸으며, 이후 그 연령대에 해당하는 '아이'를 지칭하게 되었다.

標題	民(백성 민): mín、 氏1、 5、 80
字形	石刻古文 民 說文小篆 金文 簡牘文 帛書 說文古文
字解	회의. 원래 포로나 노예의 반항 능력을 줄이고자 한쪽 눈을 예리한 침으로 자해한 모습으로부터 [노예] 라는 뜻을 그렸고 이로부터 신하의 뜻이 나왔는데, 이후 [백성]、 民衆(민중)、 대중 등의 의미로 확장되었다. 그리고 자형도 지금처럼 변했는데、 현대 옥편에서는 氏(성씨)부수에 편입되었다.
	民 백성 민

어원_39 민(民)

●6_08. '광화문에 모인 촛불 민심'.

2016년 10월 29일부터 시작되어 매 주말 열리는 집회는 2016년 말 제10차 집회까지 총 참가 인원이 1천만 명을 넘었지만, 단 한 명의 연행지도 없고 단 한 건의 폭력도 발생하지 않은 전 세계를 놀라게 한 기적의 평화시위였다. 대한민국의 정치 지도자들은 인간의 상상을 넘어 설 정도로 부패했지만, 그들의 국민은 전 세계를 놀라게 할 만큼 선진적이었으며, 시위문화의 전범을 남겼다.

40_최고의 권력자, 왕: 王(임금 왕; wáng)

역사는 크게 신화시대와 역사시대의 둘로 구분할 수 있다. 어느 나라나 그렇겠지만 중국도 천지개벽의 반고씨(盤古氏), 불을 발명했다는 수인씨(燧人氏), 농사의 신 신농씨(神農氏), 제국을 창건하였다는 황제 유웅씨(有熊氏) 등과 같이 역사시대에 진입하기 전의 수많은 신화적 인물들이 등장하는데 이들을 통칭하여 '성인(聖)'으로 부른다. 이와 대칭하여 역사시대로 접어든 이후의 제왕들은 '왕(王)'이라 부르는데, 진시황 이후로 다시 황(皇)이라 불렀다.

40_왕(王)

王(임금 왕)을 『설문해자』에서는 "하늘(天)과 땅(地)과 사람(人)을 의미하는 三(석 삼)을 하나로 꿰뚫은 것을 왕(王)이라 한다."라고 했다. 게다가 천하가 귀의해야 할 존재가 바로 왕이라고 했다. 이는 상당히 정치성이 더해진 해석이 아닐 수 없다.

다행스럽게도 갑골문의 발견으로 왕(王)의 원형을 찾을 수 있게 되었다. 갑골문에 의하면 왕(王)은 어떤 신분을 상징하는 모자를 형상한 것으로 보이는데, 혹자는 도끼를 그린 것으로 해석하기도 한다. 모자나 도끼는 권위의 상징이었을 것이며, 그래서 '왕'이라는 뜻이 생겼고, 이로부터 '크다', '위대하다' 등의 뜻도 나왔다. 권위의 상징인 모자를 그린 왕(王) 위에 화려

●6_09. '인면상과 물고기가 그려진 홍도로 된 동이(紅陶盆)'. 아가리 직경 44센티미터, 높이 19.3센티미터. 서안 반파(半坡) 출토. 기원전 40~45세기. 장식이 달린 모자를 쓴 사람은 제사장으로 보이며, 물고기는 당시 그들이 숭배했던 토템으로 추정된다.

한 장식물이 달린 모습이 皇(임금 황)이다.

그리고 사람이 모자를 쓰고 앉아 있는 모습이 令(부릴 령)인데, 모자를 쓴 사람이 명령을 내려 사람을 부린다는 뜻이다. 영(令)에 다시 口(입 구)가 더해지면 命(목숨 명)이 된다. 명(命)은 명령이라는 의미가 원래 뜻이나, 오래 살고 빨리 죽음은 하늘의 명령에 달린 것이라고 생각함으로써 이에 '운명(運命)'이니 '천명(天命)'이니 하는 뜻이 생기게 되었고, 이로부터 다시 '목숨'이라는 뜻이 파생되었다.

이에 비해, 聖(성인 성)은 耳(귀 이)와 口(입 구)와 사람을 나타내는 壬(좋을 정)의 세 부분으로 구성된 글자이다. 뛰어난 청력을 가지고서 명령을 내릴 수 있는 사람이 '성인'이라는 의미이다. 수렵 단계에 속했던 시절, 예민한 청각을 소유한 사람이 '성인'으로 인식되었던 것 같다. 뛰어난 청각을 가진 사람은 야수들의 출몰을 미리 알 수 있어 종족의 안위에 도움을 줄 수 있을 뿐 아니라 사냥감의 출현도 미리 예측할 수 있었기 때문이다. 그래서 뛰어난 청각을 가진 이는 다른 사람들의 존중을 받게 되었고 지도자가 될 수 있었던 것이다. 이후 인지가 발달하면서 신의 계시를 듣고 이를 사람들에게 전해 줄 수 있는 사람을 '성인'이라고 인식하게 되었다. 그래서 귀(耳) 이외에 입(口)이 더해지게 되었다.

●6_10. '성(聖)'의 한국 고유 약자. 성(聖)을 문(文)과 왕(王)의 상하구조로 썼는데, 이는 문왕(文王)을 지칭한다. 문왕은 주나라를 열었던 성인 중의 성인이다. 또 '문선왕' 공자를 지칭하기도 한다. 현대 중국의 간화자보다 훨씬 뛰어난 발상이다. 밀양의 손씨 문중에 보관된 조선시대 필사본에서 발췌.

어원_40 왕(王)

標題

王(임금 왕): wáng、玉0、4、80

字形

甲骨文 王

金文 王

古陶文 王

簡牘文 王

貨幣文 王 說文小篆 王 說文古文 王

字解

상형。『설문해자』에서는 三(석 삼)과 ―(뚫을 곤)으로 구성되어 『하늘(天)과 땅(地)과 사람(人)을 의미하는 三을 하나로 꿰뚫은(―) 존재가 王이다。』라고 했다。 하지만、갑골문에 의하면 王은 어떤 신분을 상징하는 모자를 형상한 것으로 보이며、혹자는 도끼를 그린 것으로 해석하기도 한다。 모자나 도끼는 권위의 상징이었을 것이며、그래서 [왕] 이라는 뜻이 생겼고、이로부터 [크다]、 [위대하다] 등의 뜻도 나왔다。

王

임금 왕

41_피눈물 나는 노동, 민중: 衆(무리 중; zhòng)

민(民)과 종종 짝을 이루는 글자가 중(衆)이다. 민중(民衆)은 '국가나 사회를 구성하는 일반 국민'을 이르는 말이다. 하지만 피지배 계급으로서의 일반 대중을 말하여 계급적 관념이 포함되었다는 배경 때문에 한때는 금기시 되는 말로 쓰였고, 이를 사용하면 좌파라는 식의 부당한 대우를 받기도 했었다.

그도 그럴 것이 중(衆)은 한자 어원에서도 핍박받는 피지배계층의 모습을 그대로 그렸고, 변천 과정에도 이러한 흔적이 고스란히 남아 있다.

41_중(衆)

衆(무리 중)은 血(피 혈)이 의미부이고 似(무리 중, 衆의 본래 글자)이 소리부로, 피땀(血) 흘려 힘든 노동을 하는 사람들(似)을 그렸다. 더 거슬러 올라가 갑골문을 보면, 혈(血) 대신 日(날 일)이 들어가 뙤약볕(日) 아래서 무리지어(似) 힘든 일을 하는 '노예'들을 지칭했다. 실제 갑골문에서도 중(衆)은 노예 계급을 지칭한다. 중국의 저명한 역사학자 곽말약(郭沫若)은 이러한 사실에 근거해 고대 중국에도 노예제 사회가 존재했었다고 주장했다.

이후 금문에 들면서 일(日)은 다시 目(눈 목)으로 바뀌는데, 뙤약볕 아래서 고된 노동을 하는 그런 노예들에 대한 '감시(目)'의 의미가 특별히 강조된 것으로 보인다. 이후 목(目)이 다시 혈(血)로 바뀌었는데, 피를 토할 정도의 힘들고 고됨을 혈(血)로 표현한 것이다.

　이후 이러한 계층이 주를 이루었으므로 일반 대중(大衆)이라
는 의미로 확대되었고, '많다'는 뜻까지 가지게 되었다. 현대 중
국의 간화자에서는 인(亻)이 셋 모인 중(众)으로 표기한다. 인민이
정치의 주인이자 주체임을 지향한 신 중국에서 중(衆)은 더 이상
노예 계급도 피지배계급도 아니다. 혁명 주체 세력이 된 중(衆)을
중(众)으로 표기함으로써 그 속에 담긴 민중과 대중에 대한 멸시
와 핍박의 흔적을 지우고 싶었는지도 모를 일이다.

標題	字形		字解

標題: 衆(무리 중): 众、(眾)、zhòng、血6、12、42

字形: 甲骨文 / 金文 / 盟書 / 簡牘文 / 帛書 說文小篆

字解: 회의. 血(피 혈)이 의미부이고 仦(무리 중, 衆의 본래 글자)이 소리부로, 피땀(血) 흘려 힘든 노동을 하는 사람들(仦)을 그렸다. 갑골문에서는 日(날 일) 아래서 무리지어(仦) 힘든 일을 하는 [노예]들을 지칭했다. 이후 금문에 들면서 日이 目(눈 목)으로 바뀌어, 그런 노예들에 대한 감시(目)의 의미가 강조되었으며, 目이 다시 血로 바뀌어 지금처럼 되었다. 이후 일반 大衆(대중)의 의미로 확대되었고, [많다]는 뜻까지 가지게 되었다. 간화자에서는 人이 셋 모인 众으로 표기한다.

무리 중

어원_41 중(衆)

42_군대의 상징, 전차: 軍(군사 군; jūn)

군대는 국가나 정치집단이 정치적 목적을 위해 소유하는 정규 무장조직을 말한다. 이는 국가를 구성하는 주요 요소이자, 외부의 침입으로부터 국가와 국민을 보호하는 존재이기도 하다.

청나라 말 이전의 중국에서는 군대를 중앙군과 지방군과 변방군으로 분류하고, 종류도 보병, 기병, 수군으로 나누었다. 그러나 청나라 말 서구의 침입으로 대대적인 개편이 이루어졌는데, 우선 육군과 해군으로 나누고, 육군은 보병, 기마병, 포병, 공병, 수송부대로, 해군은 북양(北洋), 남양(南洋), 복건(福建), 광동(廣東) 함대로 나누었다. 중화민국 이후부터 공군을 따로 설치하여 육군, 해군, 공군의 편제를 이어오고 있다. 특히 신 중국에서는 육군을 세분화하여 포병부대, 장갑부대, 공정(工程)부대, 통신 부대, 방화 부대, 철도 부대, 공병 부대, 지대지전략미사일 부대 등으로 확대 개편했다.

42_군(軍)

군대를 뜻하는 軍(군사 군)은 금문에서 車(수레 거)와 勻(적을 균)으로 구성되었는데, 균(勻)은 소리부도 겸하고 있다. 균(勻)은 다시 勹(쌀 포)와 두 점(二)으로 이루어졌는데, 포(勹)는 '에워싸다'는 뜻이고 두 점은 '동등함'을 상징하는 부호이다. 그래서 균(勻)은 '똑같은 비율로 나누어(二) 둘러싸는(勹) 것'을 의미하며, 이로부터 '균분(均分)하다' 즉 '공평하게 나누다'는 뜻을 가지게 되었다.

　그렇게 보면 군(軍)은 '전차(車)를 고르게(勻) 배치하는 것'을 의미한다. 그래서 군(軍)은 군영(軍營)에서처럼 주둔한 군사(軍師)를 뜻하기도 하며, 군대의 편제단위를 말하기도 했다. 편제단위로서의 군(軍)은 사(師)와 대칭되는 개념으로, 5려(旅)를 1사(師)라 하고 5사(師)를 군(軍)이라고 했던 것으로 보아 고대의 군사편제에서 가장 큰 규모의 단위였다. 고대 중국에서 군(軍)은 약 4천 명 쯤 되었던 것으로 알려졌다. 지금도 우리의 군대에서 군단(軍團)과 사단(師團)과 여단(旅團)이라는 편제를 그대로 갖고 있으며, 여전히 군단이 가장 큰 단위이고, 그 다음이 사단이고, 그 다음이 여단이다.

　군(軍)에서 파생한 한자로는 運(돌 운)과 揮(휘두를 휘) 등이 있다. '군대(軍隊)를 움직이는(辶착) 것'이 운(運)이요, '군대(軍隊)를 지휘(指揮)하는 것'이 휘(揮)이다. 이렇게 볼 때, 운(運)과 휘(揮)를 구성하는 군(軍)은 소리부이면서 의미부도 겸하고 있다 하겠다.

字解 형성。 원래 車(수레 거·차가 의미부이고 勻(고를 균·均의 원래 글자)이 소리부로、 전차(車)를 고르게(勻) 배치함을 말했는데、 자형이 줄어 지금처럼 되었다。 이후 전차(車)가 고르게 배치된(勻) 軍隊(군대)나 무장한 부대를 지칭하게 되었고、 군대 단위로 쓰여 師(사)보다 큰 단위의 군대를 지칭하는데、 옛날에는 4천 명 정도의 규모였다。 간화자에서는 军으로 쓴다。

字形 小篆　金文　古陶文　簡牘文　說文

標題 軍(군사 군): 军、 jūn、 車-2、 9、 80

어원_42 군(軍)

43_나라가 갖추어야 할 기본, 영토와 힘: 國(나라 국; guó)

중국은 일찍부터 성(城)을 중심으로 발달했던 나라이다. 만리장성이 상징해 주듯 적의 침입을 막기 위해서 대대적인 성 쌓기가 아주 일찍부터 이루어졌다. 그래서 초기 단계의 부족은 서로 모여 성을 쌓고, 각자의 성을 중심으로 이웃한 성을 정벌함으로써 더 큰 개념의 '나라'를 만들어 나갔는데, 이것이 바로 '국가'의 형성이었다.

초기 단계에서의 거주 단위를 뜻하는 邑(고을 읍)은 성곽(口)과 앉아 있는 사람을 그려, 사람들이 거주하는 곳이라는 의미를 형상했다. 이보다 큰 개념인 國(나라 국)은 성의 모습을 그린 囗(나라 국에워쌀 위)과 무기를 상징하는 과(戈)가 합쳐진 형태로, 무기를 들고 성을 지키고 있는 모습으로써 '나라'라는 의미를 그렸다. 국가를 구성하는 요건을 자신을 보호할 '성'과 자신을 지켜줄 '무기'라 생각했던 것이다. 이후 여기에다 가로획(一)이 더해져 或(혹시 혹)이 되었다. 이것이 '나라'를 뜻하는 국(國)의 원래 글자이다. 더해진 가로획은 땅을 상징하는데, 국가를 구성하는 중요 요소에 '영토'가 더해진 셈이다.

이처럼 혹(或)의 원래 뜻은 '나라'이다. 하지만 이후 혹(或)이 '혹시'라는 부사어로 쓰이게 되자 원래의 '나라'라는 뜻은 의미를 더 정확하게 나타내고 또 분별력을 갖게 하고자 국(口)을 더하여 국(國)으로 분화했다. 사실 국(國)에는 '성'이 중복되어 그려진 셈이다. 나아가 그들이 살고 있는 '영역(領域)'이나 '지역(地域)'이라는 개념을 정확하게 표기하기 위해서 土(흙 토)를 더하여 域(지경 역)을 만들었다. 토(土)를 더한 것은 중국에서의 성이 거의 대부분 흙으로 만들어졌기 때문일 것이다.

43_국(國)

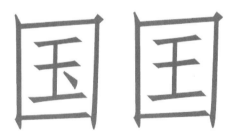

●6_11. 왼쪽은 중국의 간화자이고 오른쪽은 한국의 속자이다. 하나는 옥(玉)이 들었고 다른 하나는 왕(土)이 들었다. 혹 '나라'를 왕의 소유로 생각했던 것은 아닐까?

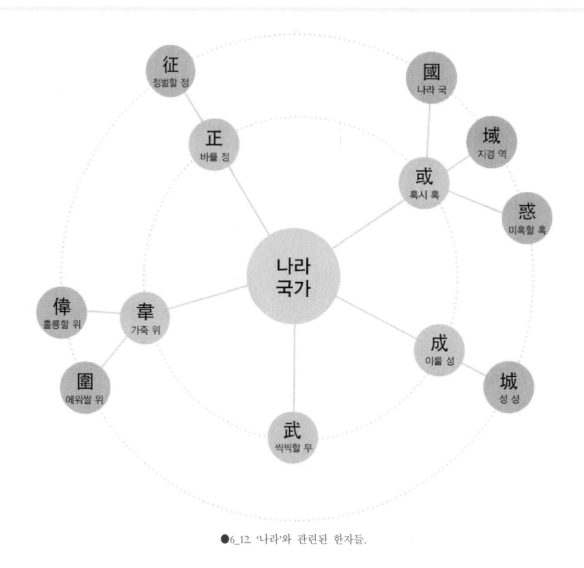

●6_12. '나라'와 관련된 한자들.

국(國)의 형성 원리에서 볼 수 있듯이 '국가'라는 개념의 형성은 무기와 직접적 관련이 있다. 여기서 무기란 정벌을 의미한다. 즉 상대를 정복하느냐 정복당하느냐가 국가 존망의 관건이었던 것이다.

이러한 모습이 반영된 한자가 圍(에워쌀 위)와 正(바를 정)이다. 위(圍)는 원래 韋(가죽에워쌀 위)로 표기했는데, 성(口)

주위를 둘러싸고 있는 발(止)을 그려 놓음으로써 성을 지키는 모습을 형상했다. 하지만 이후 위(韋)가 '가죽'이라는 뜻으로 가차되어 쓰이자, 의미를 보다 정확하게 하고자 다시 국(囗)을 더하여 지금의 위(圍)가 되었다. 衛(지킬위) 역시 사방으로 난 길을 뜻하는 行(갈행)과 지키다는 의미의 위(韋)가 합쳐진 글자이다.

한편 정(正)은 성(囗)을 향해 나아가고 있는 발(止)의 모습을 그렸는데, 다름 아닌 다른 성을 정벌하는 모습을 그린 것이고, 그래서 '정벌하다'가 정(正)의 원래 뜻이다. 하지만 정벌이란 정의로운 정벌이어야 한다는 뜻에서였을까? 이 글자가 '바르다', '정의롭다'라는 뜻으로 쓰이게 되자 원래 의미를 명확하게 하고자 다시 '걸어가다'는 뜻의 착(彳)을 더하여 征(정벌할 정)을 만들었다.

그리고 城(재 성)은 성곽에 세워져 있는 망루와 날이 둥근 도끼(成)가 합쳐진 모습을 그렸는데, 이후 성의 망루가 간단한 토(土)로 바뀌어 지금처럼 되었다. 소리부의 역할도 함께 하는 성(成)은 날이 둥근 도끼를 뜻하는 술(戌)과 소리부인 정(丁)이 합쳐진 형태이다. 그렇게 본다면 성(城) 역시 무기를 들고 지켜야 할 대상임을 표현한 것이라 하겠다.

어원_43 국(國)

標題

國 나라 국: 国、(国)、囗-8、11、80

字形

甲骨文 金文 簡牘文 古璽文 石刻古文 古陶文 說文小篆 盟書

字解

형성. 囗(에워쌀 위)가 의미부이고 或(혹 혹; 혹시 혹)이 소리부로, 성(囗)으로 둘러싸인(囗) 모습이며, 성을 지키려면 무기(戈)가 필수적임을 강조했다. 그것은 지금과 달리 고대사회에서 국가의 경계가 유동적이었음을, 지킬 수 없을 때에는 곧바로 사라질 수 있었음을 시사한다. 이는 날이 여럿인 창(戈)을 그린 我(나 아)로 '우리'를 나타냈던 것을 보면 더욱 명확해진다. 我가 지금은 '나'를 뜻하지만, 옛날에는 '우리'라는 집단을 의미했다. 이렇게 볼 때, 或(혹시)은 '혹시' 있을지도 모를 만일의 사태에 대비하여 방어를 굳건히 해야 하는 것이 '나라'라는 의미일 터, 이것이 或이 단순한 가차를 넘어선 그 이면에 숨겨진 맥락이요 상황일 것이다. 그후 或이 '혹시'로 널리 쓰이자 다시 囗을 더한 國으로 분화했으며, 혹시(或)나 하는 것에 기대를 거는 마음(心)이 바로 '미혹됨(惑·혹)'이다. 한국의 속자에서는 王(왕 왕)과 囗이 결합한 구조인 囯으로 쓰며, 간화자에서는 玉(옥 옥)이 들어간 国으로 쓴다.

44_영혼에서 출발한 인문, 문자중심주의: 文(글월 문; wén)

44_문(文)

플라톤(Plato)은 말이란 영혼 안에 쓰인 것으로 "영혼의 본성에 대해서 통찰하도록 하는" 특징을 지니고 있다고 했다. 반면, 문자는 영혼 안의 지식을 전달하지 못하고 영혼 외부의 표지로서 자기 자신을 반복하는 것에 불과하며, 외부적인 기호에만 의존하게 됨으로써 지혜의 실체를 망각하도록 만드는 매개라 생각했다.

이러한 사상은 줄곧 서구 형이상학의 토대를 이루어왔으며, 현대 언어학의 비조라 불리는 소쉬르(F. de Saussure)가 문자가 아닌 말에 우선성을 부여했던 것도 이러한 철학적 전통에 기반을 두고 있다. 소쉬르는 "말과 문자는 두 개의 구별되는 기호체계이지만, 문자가 존재해야 하는 유일한 이유는 말을 기록하기 위해서이지 다른 이유는 없다."라고 주장하기도 했다.

과연 한자에서도 말과 글에 대한 이러한 관계가 유효한 것일까? 한자에서 '말'은 언(言)에, '문자'나 '글'은 문(文)에 해당할 것이다.

文(글월 문)은 지금은 글자를, 그리고 글자가 모여 글이 되기에 문장(文章)을 뜻하지만, 최초에는 '무늬'를 뜻했다. 어떤 무늬를 말했을까? 문(文)은 갑골문에서 사람의 가슴 부위에 칼집을 새겨 넣은 모습이어서, 문신에서 출발한다. 무슨 목적으로 몸에다 칼집을 내었던 것일까? 그 대상은 산 사람이었을까, 아니면 죽은 사람이었을까?

원시 수렵 시절, 하늘로부터 받은 수명을 다하여 죽는 자연

사보다는 수렵이나 전쟁 과정에서 죽는 사고사가 훨씬 많았고 보편적인 죽음이었을 것이다. 원시인들은 사고로 피를 흘리며 죽어가는 동료를 보면서 몸속에 든 영혼이 피를 타고 나와 육체로부터 분리되는 바람에 죽음에 이른다고 생각했다.

그러나 드물긴 했지만 때로는 피를 흘리지 않은 채 죽은 사람도 생겼으며, 그럴 경우에는 영혼이 육체로부터 분리될 수 있도록 인위적으로 칼집을 새겨 피가 흐르도록 했다. 그래도 피가 흐르지 않을 때에는 붉은색 안료인 주사(朱砂)를 시신에 칠하거나 뭉친 흙을 붉게 칠해 시신 주위에 뿌리기도 했는데, 이는 '피 흘림'을 통해 영혼이 육체로부터 분리될 수 있도록 한 주술 행위였다.

이렇게 볼 때, 문(文)은 죽은 사람의 시신에 피 흘림 의식을 위해 낸 칼집이었다. 시신에 새긴 칼집이라는 뜻에서 '무늬'의 의미가 나왔고, 글자가 획을 교차시켜 무늬처럼 만든 것이기에 '글자'라는 뜻이 생겼다. 이후 문(文)은 글을 주로 하는 문인(文人)이라는 의미까지 갖게 되었고, 그러자 원래의 무늬라는 뜻은 '실'을 뜻하는 멱(糸)을 더해 紋(무늬문)으로 분화하였다. 주로 베를 짤 때 무늬가 넣었기 때문이다.

이처럼 문(文)은 출발부터 영혼이 출입하는 통로였고, 그래서 문(文)은 단순한 '무늬'나 '글자'나 '글'이 아니라 인간의 영혼을 통칭하는 개념이었다. 이 때문에 중국 전통에서 문(文)은 정신을 뜻하는 심(心)과 긴밀히 결합하고 '문심(文心)'이라는 단어까지 만들어 냈다. 그래서 인문(人文)은 정신을 통칭하는 개념이며, 문학(文學)도 중국적 전통에서는 '글쓰기'가 아니라 '인간학'이다.

문(文)과 대비되는 言(말씀 언)의 경우, 고대 한자에서 아래 부분은 사람의 입(口)을, 윗부분은 퉁소의 소리를 내는 부분인 혀(舌, reed)를, 양쪽에 첨가된 두 획은 대의 잔가지를 그린 것으로 추정할 수 있다. 이 두 획은 생략되기도 하고 가끔 두 점으로 나타나기도 하는데, 퉁소에서 나는 '소리'를 추상화한 것으로 해석하기도 한다.

그래서 언(言)은 원래 큰 퉁소를 부르는 악기이름으로, 23개의 관을 연결한 다관 악기였다. 이로부터 '소리'라는 뜻이 나왔고, 다시 '사람의 '말'까지 뜻하게 되자, 원래 뜻은 죽(竹)을 더해 簪(큰퉁소 언)으로 분화하였다. 이 악기가 대로 만들어졌기 때문이다. 그리고 악기의 '소리'는 언(言)에다 상징 부호인 가로획을 더해 音(소리 음)으로 독립한 것으로 추정된다. 상징 부호 가로획은 악기에서 나는 '소리'를 뜻한다.

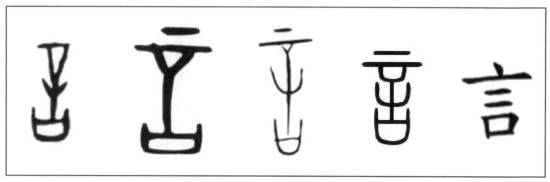

'언(言)의 각종 자형'. 왼쪽의 갑골문부터 오른쪽의 해서체까지, 지금까지 변화한 궤적을 보여준다.

이렇게 볼 때, 언(言)은 출발부터 인간의 혀가 아닌 퉁소와 같은 악기가 만들어내는 개별적 소리에서 출발했다. 그래서 문(文)이 인간의 영혼과 연계된 관계로 모든 인문 정신을 포함하는 개념으로 기능한 반면 언(言)은 訛(譌 그릇될 와), 詐(속일 사), 變(변할 변) 등에서처럼 대부분이 부정적이고 가변적이며 믿을 수 없는 것으로 인식되었다. 이처럼 언(言)은 인간 영혼 일반의 은유로 사용된 것이 아니라 현상이자, 부분이며, 인간이나 사물의 변하기 쉬운 소리였기 때문에 그 속에 영혼이나 정신이 개입할 여지는 없었던 것으로 보인다.

이에 반해 문(文)은 언(言)이 가지고 있는 이러한 불완전한 속성을 지양하고 인간의 정신이나 정신의 내면성과 더 긴밀하게 연결되고 있다. 문(文)이 어원적으로 무늬에서 출발한다는 말은 정신이 아닌 육체의 아름다움, 혹은 치장의 표면적인 아름다움을 뜻하는 것이 아니라, 시간과 더불어 사라지는 유한한 육체에 칼집을 내어서 인간의 정신의 영원함을 보전하기 위한 시도로 보이기 때문이다.

따라서 언(言)과 문(文)의 어원을 통해 한자에서는 정신의 내면성을 설정하는 것은 언(言)이 아니라 문(文)이라는 결론에 이르게 되며, 소쉬르가 문자의 특성으로 폄하하였던 바로 그 속성도 한자에서는 문(文)에 해당하는 것이 아니라 언(言)에 해당되고 있다는 것을 보여준다.

이 때문에 서구를 말 중심, '로고스 중심주의 문명'이라 부르는 반면 중국을 '문자 중심주의 문명'이라 부르게 되었다. 그러나 서구에서 말하는 로고스, 즉 영혼을 담보하고 진리를 전하는 '말'은 중국에서 '언(言)'이 아니라 영혼이 출입하는 문이었던 '문(文)'이다. 마찬가지로 서구에서 진리를 왜곡시키기에 추방되어야 할 존재로 인식했던 '문자'는 문(文)이 아니라 인간과 관계없는 단순한 악기소리인 '언(言)'이다. 그래서 로고스중심주의 문명이나 문자중심주의 문명이나 그 본질과 속성은 같다 하겠다.

標題 文(글월 문): wén、文-0、4、70

字形

甲骨文 金文 古陶文 簡牘文 石刻 古文 說文小篆

文 글월 문

字解

상형。 『설문해자』에서는 『획을 교차시키다』는 뜻으로、 교차한 무늬를 형상했다』라고 했지만、 자연사한 사람의 시신에 피 흘림 의식을 위해 문신을 그려 넣은 모습이다。 이것을 그린 것이 文이고 그래서 이의 처음 뜻은 [무늬]이다。 문자란 일정한 필획을 서로 아로새겨 어떤 형체들을 그려낸 것이다。 그래서 무늬라는 의미의 文에 [文字(문자)]、 즉 [글자]라는 의미도 담기게 되었다。 이후 이러한 글자로 쓰인 것、 즉 [글]을 [文章(문장)]이나 [문학작품]이라 하게 되었다。

어원_44 문(文)

45_씩씩한 모습, 문무(文武)의 조화: 武(굳셀 무; wǔ)

문무(文武)라는 단어에서 보듯 문(文)과 짝을 이루는 글자가 무(武)이다. 그러나 '조선 500년' 동안 문(文) 중시의 전통이 이어져오면서 무(武)에 상대적으로 소홀했던 것이 아닌가 생각해 본다. 무(武)가 수반되지 않는, 무(武)가 바탕을 이루지 않는 문(文)은 나약하기 그지없다. 실천력도 빈약할 수밖에 없다. 무(武)와 문(文)이 함께 할 때 진정한 '아름다움'이 만들어진다. 그래서 한자에서도 이 두 글자를 합친 글자가 빈(斌)이다. 斌(빛날 빈)은 빈(彬)과 같은 글자로, 문(文)과 질(質)을 두루 갖춘 훌륭한 모습을 말한다.

45_무(武)

중국을 가보면, 소림 무술이나 쿵푸를 언급하지 않더라도, 공원 어디에서나 태극권(太極拳)이나 태극검(太極劍)을 익히는 모습을 볼 수 있다. 최근에 중국 정부에서는 팔단금(八段錦)이라는 전통무술을 보급하여 국민체조로 권장하고 있다. 간략화 된 태극권과 기체조가 결합한 정도로 이해하면 된다. 학자들은 물론 일반인들도 우리보다 무술(武術)의 습득에 훨씬 적극적인 것은 바로 빈(斌)의 정신을 실천하려는 것으로 보인다.

武(굳셀 무)는 한자 역사에서 어원 해석이 시도된 최초의 글자의 하나로 알려져 있다. 최초의 어원사전인 『설문해자』가 나오기 훨씬 전 전국시대 때 초나라 장왕(莊王)이 이 글자를 풀었다고 한다. 그는 무(武)가 戈(창 과)와 止(발 지)로 구성된 것에

'빈(斌)'. 문(文)과 무(武)가 결합하여 빈(斌)이 된다.

주목하여, '전쟁을 그치게 하는 것이 무력'이라
고 풀이했는데, 과(戈)로 대표되는 창을 무기로,
지(止)를 '그치다'는 뜻으로 해석하였던 것이다.

과연 '무력'이 전쟁을 그치게 할까? 물론 유
효한 방법의 하나이지만, 최상의 방법은 아니
다. 병법의 바이블로 불리는 『손자병법(孫子兵法)』
에서도 "최고의 승리는 싸우지 않고 이기는 것
이다."라고 하지 않았던가? 전쟁을 해서 이기
는 것은 하책일 뿐이다. '무력'을 강조한 것은
아마도 호전(好戰)사상이 투영된 것이고, 그것은
초나라 장왕이 살았던 전국(戰國)시대, 극도의
분열과 약육강식의 질서만 존재하던 당시의
시대적 환경을 반영한 해석일 것이다.

갑골문 등의 용례를 살펴보면, 무(武)의 원
래 뜻은 '걸음걸이가 씩씩하고 위엄이 있음'을
말하는 '보무당당(步武堂堂)'에서처럼 '걸음걸이가
씩씩하다'는 뜻이다. '발'을 형상적으로 그린 止
(발그칠 지)도 '가다'가 원래 뜻이고, '그치다'는 이
후에 나온 의미이다. 그래서 '무기를 짊어 메
고 가는 모습'이 무(武)의 출발이다.

文質彬彬
文质彬彬
wén zhì bīn bīn

●6_13. '무예도보통지(武藝圖譜通志)'.
조선 정조 때 이덕무(李德懋), 박제가(朴齊家), 백동수(白東修) 등이 왕명에
따라 편찬한 종합무예서로, 한국의 독창적인 무술이 많이 포함되었다.

●6_14. '소림(少林) 무술'.

標題
武(굳셀 무): wǔ、止4、8、42

字形
甲骨文 簡牘文 石刻古文 金 說文
文 帛書 小篆

武
굳셀 무

字解
회의. 戈창 과와 止(발 지)로 구성되어, 무기(戈)를 메고 가는(止) [씩씩한 모습]을 그렸다. 이후 戈가 弋(주살 익)으로 변해 지금처럼 되었다. 이를 전쟁(戈)을 그치게(止) 하는 것이 바로 [무력(武)]이라 풀이하기도 하지만 이는 대단히 위험한 생각이다. 무력보다 대화나 협상이 전쟁을 그치게 하는 더욱 유효한 수단일 수 있기 때문이다. [씩씩하다]가 원래 뜻이며, 이로부터 [용맹하다], [결단력이 있다] 등의 뜻이 나왔고, 다시 무력의 뜻도 나왔다. 또 도주 때에는 길이 단위로도 쓰여 6尺(척)을 1步(보)라 하였고 步의 절반 길이를 1武라 했다.

어원_45 무(武)

●6_15. '조선 국기 십팔기 보존회'의 무술 시범단. 조선 국기(國技) 십팔기(十八技)는 임진왜란과 병자호란의 실전을 통해 한중일 무예를 체계화한 것으로 세계에 유일하게 남아 있는 종합병장무예로 평가된다. 온갖 병장기를 다루는 18가지의 기예를 보존하고 전수하기 위해 노력하고 있다.(www.sippalki.com)

46_농경사회의 숭배, 토지 신: 社(토지 신 사; shè)

세계의 그 어떤 문명보다 정착농경 사회에 일찍 진입한 중국은 전통적으로 농사가 그 무엇보다 중요했다. 그래서 고대 중국인들은 크게 부푼 씨방을 가진 꽃의 모습을 형상한 帝(임금 제)를 최고의 신으로 숭배했고, 이러한 식물을 생장 가능하게 해 주는 흙을 '땅의 신'으로 숭배했다. 그래서 식물을 숭배하고 흙을 숭상하던 흔적을 한자 곳곳에서 찾을 수 있다.

46_사(社)

그중 하나가 사회(社會)라는 단어이다. 사회(社會)는 '공동생활을 영위하는 모든 형태의 인간 집단'을 일컬으며, 가족, 마을, 조합, 교회, 계급, 국가, 정당, 회사 등을 포함한다.

사회(社會)의 社(땅귀신단체 사)는 示(보일땅귀신 시)와 土(흙 토)로 구성되었다. 시(示)는 제단의 모습을 형상해 '제사'를 상징한다. 토(土)는 윗부분이 흙을 뭉쳐 놓은 모습이고 아랫부분의 가로획은 땅을 의미하여 땅위에다 단(壇)을 쌓아 놓은 모습을 그렸다. 어떤 때에는 흙으로 쌓은 단 옆에 점이 첨가된 경우도 있는데, 이는 제사를 드릴 때 술을 뿌리는 모습을 표현한 것으로 보인다. 또 전국(戰國)시대의 어떤 글자에서는 여기에다 다시 나무(木)를 더하여 이 글자의 본래 의미가 식물을 생장하게 해 주는 땅에 대한 제사라는 의미를 더욱 명확하게 표현해 주고 있다.

예서 '회(會)'

농업을 근간으로 살아온 중국에서 삶의 근원이 되는 땅에 대한 숭배는 그 역사가 자못 길 수밖에 없다. 중국의 고대 전설에 의하면 공공(共工)의 아들인 구룡(句龍)이 흙을 관장하는 관리로 임명되어 물길과 땅을 잘 다스린 결과 세상 사람들에 의해 '땅의 신'으로 봉사(奉祀)되었다 기록하고 있다. 이후 이러한 '땅의 신'에 대한 숭배는 매우 보편적으로 행해졌으며, 방향을 지칭할 때에도 땅(土)을 사용해 '동토(東土·동쪽)', '남토(南土·남쪽)', '서토(西土·서쪽)', '북토(北土·북쪽)' 등으로 사방을 불렀다.

춘추전국시대에 이르면 땅의 신이었던 사(社)는 사회 전체의 보호 신으로 지위가 격상되어, 일식이나 갖가지 재앙, 전쟁을 비롯해서 심지어는 회맹(會盟) 등과 같은 일에도 땅의 신(社神)에게 제사를 드리게 된다. 이렇게 됨으로써 처음에 가졌던 토지 신에 대한 숭배라는 샤머니즘적 속성은 점점 희석되었다. 이후 이러한 제사를 드리는 사당이 마련된 곳이라는 의미를 가지게 됨에 따라 어떤 모임이나 단체를 지칭하게 되었는데, 옛날에는 25가(家)를 1사(社)라고 했다.

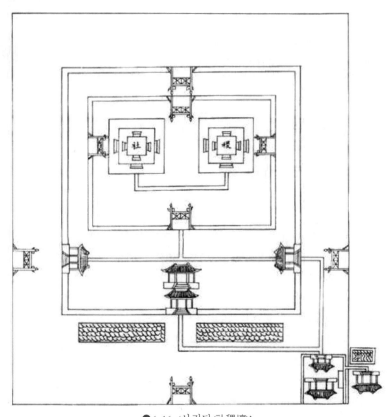

●6_16. '사직단(社稷壇)'.
『대명집례(大明集禮)』에 실린 명나라 때의 사직단 모습. 왼쪽에 토지 신을 모시는 사(社)가, 오른쪽에 곡식 신을 모시는 직(稷)이 설치되었다.

標題 社(토지 신 사): (祖、 shè、 示3、 8、 60

字形
甲骨文 金文 帛書文 簡牘文
說文小篆 說文古文 汗簡

社 토지 사

字解

회의. 土(흙 토)와 示(보일 시)로 구성되어, 숭배(示) 대상으로 삼는 토지(土) 신을 말하며, 이로부터 토지 신을 모시는 제단이라는 뜻도 나왔다. 또 25家를 지칭하는 지역 단위로 쓰였고, 이 때문에 어떤 단체나 社會(사회)를 지칭하게 되었다. 농업 사회를 살았던 중국에서 토지의 중요성 탓에 곡식 신을 뜻하는 稷(기장 직)과 결합하여 [국가]를 상징하기도 했다. 달리 禓로 쓰기도 하는데, 토지 신(土)과 강 신(水·수에게 제사를 드림을 강조했다.

어원_46 사(社)

47_그물 같은 관계, 네트워크: 網(그물 망; wǎng)

중국 사회를 상징적으로 부를 때 '꽌시(關係 guānxi)'라는 말을 자주 쓴다. 모든 일을 하는데 인간관계가 그 어떤 것보다 중요하다는 말에서이다. 그래서 중국 비즈니스에서 가장 먼저 살펴야 할 금과옥조이다.

관계(關係)를 우리식으로 옮기면 '네트워크'일 것이다. 현대 사회는 인간과의 관계 뿐 아니라 모든 것이 연결되어 있다. 이미 사람과 사물을 넘어서 사물과 사물까지도 연결되는 사회에 진입하고 있다.

중국에서는 '네트워크'를 '왕(網 wǎng)'이라 부른다. 그물을 뜻하는 망(網)을 사용한 것인데, 모든 것이 그물처럼 촘촘히 얽혀 있으며, 그 굴레를 벗어날 수 없다는 의미를 담았다.

47_망(網)

網(그물 망)은 제법 복잡한 변화를 거친 글자이다. 원래는 단순한 모습의 网(그물 망)으로 썼는데, 물고기나 새를 잡는 데 쓸 손잡이와 그물망을 갖춘 '그물'을 그렸다. 이후 소리부인 亡(망할 망)이 더해져 罔(그물 망)이 되었고, 다시 糸(가는 실 멱)이 더해져 網(그물 망)이 되었다. 그물을 실로 만들기 때문에 멱(糸)이 더해졌을 것이다. 신 중국의 간화자에서는 다시 원래의 망(网)으로 되돌아갔다.

그래서 망(網)은 '그물'이 기본 뜻이며, '그물로 어떤 대상물을 잡다'는 뜻도 가진다. 그물은 대상물을 잡아 가두는 도구이기에 제한과 강제, 나아가 죄의 상징이 되었다. 그래서 망(網)은 인간이 그물의 바깥에서 그물 안에 걸린 대상을 포획하는 주체라는 뜻도 담았지만, 인간이 그 그물에 걸려 근심하고, 불행에 빠진 대상이 될 수도 있음을 동시에 그려내고 있다. 이후 그물처럼 촘촘하게 구성된 조직이나 계통을 말하게 되었다. 촘촘하게 짜인 구조나 조직 속에서 살 수밖에 없지만 그 그물에 갇혀 근시하고 파멸하는 우는 범하지 말아야 할 것이다.

字解
형성. 糸가는 실 면)이 의미부이고 网(그물 망)이 소리부로、 실糸)로 만든 그물网)을 말하며、 그물로 잡다、 덮어 씌우다는 뜻도 나왔으며、 법률의 비유로도 쓰였다. 网(그물 망)에다 소리부인 亡(망할 망)을 더한 罔에 다시 糸를 더해 만든 글자였으나、 간화자에서는 원래의 网으로 되돌아갔다.

字形
或體
說文古文
說文籕文

文
石刻古文
甲骨文
金文
簡牘
說文小篆
說文

標題
網(그물 망): 网、wǎng、糸-8、14、20

그물 망

어원_47 망(網)

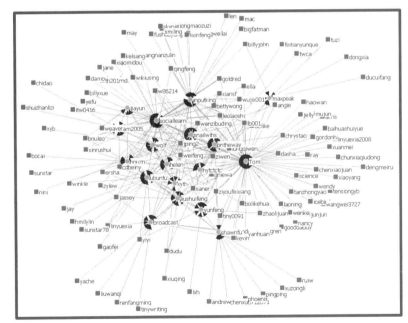

●6_17. '사회 관계망'.
(www.wendangku.net)

제4부

풍속습관

●

●

100개. 한자를. 통해. 중국의. 사상. 역사. 정치. 경제. 문화. 상식을. 배운다.

제7장

신화와 토템

●

●

신.화.와.토.템.

48_식물숭배와 꽃 토템, 중화: 華(꽃 화; huá, huà)

'중화(中華)'라는 말에서 보듯, 화(華)는 중국을 지칭하는 대표적인 말의 하나이며, 중국인들이 자신을 높여 부르는 말이기도 하다.

華(꽃화)는 금문에서 화사(華奢)한 꽃이 흐드러지게 핀 모습을 그렸으며, 이로부터 '꽃'이라는 의미가 나왔다. 그러나 화(華)가 일반 꽃이 아닌 '중화민족'을 뜻하게 되자, 보통의 '꽃'은 花(꽃화)를 만들어 분화했다. 신 중국의 간화자에서는 화(華)를 줄여 화(华)로 만들었다. 위쪽의 화(化)는 발음을, 아래쪽의 십(十)자는 꽃대를 뜻한다.

48_화(華)

'꽃'을 뜻하는 화(華)가 왜 '중국'을 대표하게 되었을까? '꽃'은 중국문화에서 중요한 상징을 가진다. 인류가 수렵과 채집 생활을 끝내고 농작물에 의해 생계를 꾸려 가는 농경 사회로 들어서면서 곡물이 인간의 생계를 이어주는 더없이 중요한 존재가 되었고, 그 과정에서 그들은 자연스레 식물을 숭배하게 되었다. 게다가 번식은 동식물의 생명을 이어주는 가장 근본이 되는 것으로 애초부터 중요한 숭배 대상이었으니, 식물의 번식을 상징하는 '꽃'이나 '꽃씨'를 토템으로 삼고 이를 숭배하였다. 특히 일찍부터 정착 농경사회에 진입한 중국은 더욱 그랬다.

화(花)

식물을 숭배하고 꽃을 토템으로 삼았던 중국인들의 흔적은 곳곳에서 확인된다. 예컨대, 1979년 강소성 연운항(連雲港)시 교외의 장군애(將軍崖)에서 발견된 신석기 때의 암각화에는 특이한 그림이 그려져 있었다. '풀에서 피어난 꽃'인데 꽃이 아닌 사람의 얼굴을 한 모습'이었다. 이 그림의 상징에 대해서는 아직 별다른

해석이 없지만, 이것은 '사람이 식물에서 탄생'하였다
는, 그래서 꽃을 그들의 토템으로 삼았던 원형의식을
그대로 보여주고 있다 생각한다.

　이것은 다른 지역에서 표현한 인류탄생 신화와 같은
의미이다. 예컨대, 감숙성 진안(秦安)현 대지만(大地灣) 앙소
(仰韶)문화 유적지에서는 '사람 머리를 한 채색토기 호리
병'이 출토되어 중국의 중서부를 비롯한 여러 소수민족
신화에서 그들이 '호리병박에서 탄생'하였음을 직접적으
로 반영하였고, 하남성 은허(殷墟)에서는 '새 몸에 사람 얼
굴모양을 한 토기'가 출토되어 상(商)나라의 '시조를 신령
스런 새가 낳았다'는 탄생신화를 반영하였다.

●7_01. 상나라의 수도 은허(殷墟)에서 출토된 '새 몸에 사람 얼굴
모양을 한 토기'. "하늘에서 신령스런 새에게 명하시어, 상나라의
선조를 내려주셨네.(天命玄鳥, 降而生商)"(『시경』)을 형상화한 것으
로 보인다. 하남성 은허박물원 소장.

●7_02. '장군애
암각화(將軍崖岩畫)'.
신석기 시대 유적지로
강소성
연운항(連雲港)시의
금병산(錦屏山)에 있다.
사람 얼굴, 짐승, 농작물,
태양, 별, 구름, 기하학적
무늬 등 다양한 내용이
새겨졌다. 1988년 중국
국가중점유물로
지정되었다.

●7_03. 감숙성 진안(秦安)현 대지만(大地灣) 앙소(仰韶)문화 유적지에서 출토된 '사람 머리를 한 채색토기 호리병'(1973). 높이 31.8센티미터, 입 지름 4.5센티미터, 감숙성 박물관 소장.

字解		字形	標題
	華	古陶文 簡牘文 說文小篆	華(꽃 화): 华、huá、艸-8、12、40
	華		
			꽃 화

상형. 화사하게 꽃을 드리운 꽃나무를 형상했으며, 이로부터 [꽃]이라는 뜻이 나왔다. 정착 농경을 일찍부터 시작했던 고대 중국인들에게 꽃은 곡식을 생장할 수 있게 해 준다는 점에서 꽃과 씨를 숭배했으며, 이로부터 자신의 상징어가 되었고 이후 [중국]을 지칭하게 되었다. 또 화사하고 아름답다는 뜻도 나왔으며, 축하를 나타내는 높임말로도 쓰였다. 그러자 일반적인 [꽃]은 艸(풀 초)가 의미부이고 化(될 화)가 소리부인 花(꽃 화)를 만들어 구분해 표현했다. 간화자에서는 华로 줄여 쓰는데, 化는 소리부로 나타내고, 十(열 십은 아랫부분을 줄인 것이다

어원_48 화(華)

●7_04. '화산(華山)'.

오악(五嶽) 중 서쪽을 상징하는 서악(西嶽)으로 불리며, 화하(華夏) 민족의 뿌리로 알려져 있다. 또 기암괴석과 깎아지른 절벽으로 유명하여 '천하제일 험산'으로 불린다. 이름에서 알 수 있듯, 중국 민족이 이 지역에서 발생했고, 이 지역의 중심 산이라는 뜻에서 '화산'이라 불렀을 것으로 보인다.

49_부푼 씨방으로부터 임금까지: 帝(임금 제; dì)

중국인들 스스로 자신을 높여 부르는 말인 화(華)와 함께 식물 숭배의 역사가 담긴 또 다른 글자가 제(帝)이다.

帝(임금제)는 고대 중국에서 '최고의 신'을 표시했던 글자이다. 이것이 무엇을 형상한 것인지에 대해서는 아직 정론은 없지만, 크게 부푼 씨방을 가진 꽃의 모습을 형상한 것으로 보는 것이 일반적이다. 즉 이는 蒂(꼭지체)의 본래 글자로, 갑골문에서 역삼각형 모양으로 부풀어 있는 윗부분이 씨방이고, 중간 부분은 꽃받침, 아랫부분은 꽃대를 형상했다. '꽃꼭지'는 곡물 번식의 상징이었다.

49_제(帝)

그래서 '크게 부푼 씨방'을 그린 제(帝)는 아주 오래전부터 중국인들의 숭배대상이 되었고, 이 때문에 천(天)이나 상(上)과 결합하여 천제(天帝)나 상제(上帝) 즉 '하느님'을 지칭하게 되는 등 최고의 존재를 지칭하게 되었다. 이후 주(周)나라에 들면서 인간의 관심이 하늘에서 인간에게로 바뀌게 되자, 제(帝)는 인간 세상의 최고를 지칭하는 용어가 되었다. 그것은 상(商)나라 때는 신이 주된 관심사였지만 주나라에 들면서 그 관심이 대상이 인간으로 옮겨갔기 때문이다. 이후 진(秦)나라에 이르면 진시황에 의해 황제(皇帝)라는 말이 등장하고, 이후의 역대 왕들은 이 명칭을 즐겨 사용했다.

갑골문 '제(帝)'

이처럼 '꽃'과 '씨'로 대표되는 식물의 숭배는 중국 문화를 이해하는 매우 중요한 부문이다. 한자는 갑골문부터 계산하더라도 이미 3천년 이상의 사용 역사를 갖고 있다. 3천년이라는 기나긴 역사 속에서 자형도 변하고 의미도 확장과 축소 및 소멸의 과정을 반복했지만, 기저에는 아직도 오래된 역사를 깊게 고스란히 간직한 것이 많다. 이것이 한자의 특징이자 매력이라 하겠다.

화(華)와 제(帝)에 담긴 '식물 숭배' 사상은 영(英)에도 담겨 있다. 英(꽃부리 영)은 '풀'을 뜻하는 초(艸)가 의미부이고 '중앙'을 뜻하는 앙(央)이 소리부로 '꽃부리'를 말한다. 그러나 한나라 때 나온 『회남자(淮南子)』라는 책에 의하면 영웅을 나타내는 글자들이 여럿 있는데, 그중 가장 낮은 단계가 걸(傑)이요, 그 다음이 호(豪)요, 그 다음이 준(俊)이요, 가장 높은 단계가 영(英)이라고 했다.

영(英)은 바로 식물(艸)의 핵심(央), 즉 식물에서 가장 중요한 부분인 '꽃부리'를 뜻한다. 농경사회에서 곡식이 가장 중요했고, 다음의 세상을 이어갈 '씨'를 만들어 내기 때문이다. 그래서 '꽃부리'를 뜻하는 영(英)이 영웅을 나타내는 글자들 중 수위를 차지할 수 있었던 것이다. 이 때문에 영(英)은 영웅(英雄)이나 영재(英才)에서처럼 지금도 즐겨 사용하는 글자이며, 지금까지도 우리들의 이름자에서 남녀를 불문하고 가장 애용되는 글자 중의 하나이다.

이처럼 '씨방이 부푼 모습'을 그린 제(帝, 蒂의 본래 글자)가 지고지상의 하느님(天帝천제)은 물론 인간 사회의 최고 존재인 황제(皇帝)를 지칭하게 된 것이나, '꽃부리'를 뜻하는 영(英)이 최고의 영웅(英雄)을 지칭하게 된 것이 모두 '꽃'이나 '꽃꼭지'와 관련되어 있다. 꽃이나 꽃꼭지는 곡물의 생산을 가능하게 해주는 원동력이며, 이는 정착농경을 일찍부터 시작했던 중국인들에게는 바로 생명력 그 자체였다. 그리하여 꽃이나 꽃꼭지 숭배로 가게 되었고, 이러한 원형의식이 앞서 들었던 강소성 연운항 장군애의 암각화에서처럼 식물의 꽃과 사람의 얼굴이 합쳐지도록 만들었을 것이다.

●7_05. '황제(黃帝) 헌원(軒轅)'.
고대 중국민족의 공동 시조이며, 오제(五帝) 중 첫 임금으로 불리는 전설상의 인물이다. 달리 헌원(軒轅)씨나 유웅(有熊)씨라고도 불린다. 황하 강 중서부 지역에서 출발하여 동쪽 지역의 동이(東夷) 집단을 통일하여 중화민족을 연 것으로 알려졌다. 토덕(土德)으로 다스렸기 때문에 황제(黃帝)라 불리게 되었다. 갖가지 곡식을 재배하기 시작했고, 옷(衣冠)과 탈것(舟車)과 음악(音律) 및 의술(醫學) 등을 처음 만들었다고 한다. 산동성 무씨사당 화상석 그림.

標題

帝(임금 제): dì、巾-6、9、40

字形

帝 甲骨文 金文 帛書 簡牘文 漢印 石刻古文 說文小篆 說文古文

帝
임금 제

字解

상형. 帝가 무엇을 형상한 것인지에 대해서는 아직 정론은 없지만, 크게 부푼 씨방을 가진 꽃의 모습을 형상한 것으로 보는 것이 일반적이다. 즉 蒂(꽃꼭지 체)의 본래 글자로, 역삼각형 모양으로 부풀어 있는 윗부분이 씨방이고, 중간 부분은 꽃받침, 아랫부분은 꽃대를 형상했다. 꽃꼭지는 식물 번식의 상징이다. 수렵과 채집 생활을 끝내고 농작물에 의해 생계를 꾸려가는 정착 농경 사회로 들어서자 곡물이 인간의 생계를 이어주는 중요한 존재가 되었고, 그 과정에서 그들은 자연스레 식물을 숭배하게 되었다. 또한, 번식은 동식물의 생명을 이어주는 가장 근본이 되는 것으로 애초부터 중요한 숭배 대상이었으니, 식물 중에서도 번식을 상징하는 꽃꼭지를 최고의 신으로 숭배하게 된 것으로 보인다. 이로부터 天帝(천제), 上帝(상제), 帝王(제왕), 皇帝(황제) 등을 뜻하게 됨으로써 帝는 고대 중국에서 최고의 신을 지칭하게 되었다.

어원_49 제(帝)

50_용의 후손, 중국: 龍(용 룡; lóng)

오래된 동방에 용 한 마리 있었지,
그것이 바로 중국이라네.
오래된 동방에 사람들이 살았지,
그들이 모두 중국인이라네.
거대한 용의 발밑에서 나는 자랐고,
자란 후에는 용의 후손이 되었다네.
古老的東方有一條龍
它的名字就叫中國
古老的東方有一群人
他們全都是龍的傳人
巨龍腳底下我成長
長成以後是龍的傳人

50_룡·(龍)

대만의 가수 후덕건(侯德健)이 1978년 작곡하고 부른 「용의 후손(龍的傳人, Legend of The Dragon)」이라는 유명한 노래의 일부이다. 이 노래는 홍콩을 거쳐 중국 본토로 들어가 1989년 천안문 사태 때 민중들에게 널리 불려 더욱 유명해졌다.

중국인들이 그들을 '용의 후손'이라 부르는데 주저할 사람은 없다. 용을 숭배 대상으로 삼았기 때문일 것이다. 그러나 용은 실재하지 않는 상상의 동물이기에 무엇을 그렸는지 알 수 없고, 단지 '뱀'에서 변화하지 않았을까 추정할 뿐이다.

갑골문에서 龍(용 룡)은 '용'을 그렸는데, 뿔과 쩍 벌린 입과 곡선을 이룬 몸통이 특징적으로 표현되었다. 금문에 들면서 입 속에 이빨이 더해졌고, 소전체에서는 입이 肉(고기 육)으로 변해 지금의 자형이 대체로 갖추어지게 되었다.

●7_06. '한나라 화상석에 표현된 용'.
하남성 남양 칠공교(七孔橋) 화상석. 남양 한대 화상석 박물관(南陽漢畫館) 소장. 우인(羽人)이 용과 싸우거나 용을 희롱하는 모습으로 보인다. 갖가지 동물의 부위를 결합한 모습으로, 이미 상나라 때의 용과는 많이 다르다.

용을 두고『설문해자』에서는 "비늘로 된 짐승의 대표이다. 숨어 몸을 드러내지 않을 수도 있고, 나타나 드러낼 수도 있다. 가늘게 할 수도 있고 크게 할 수도 있으며, 짧게 할 수도 있고 길게 할 수도 있다. 춘분이 되면 하늘로 올라가고, 추분이 되면 연못으로 내려와 잠긴다."라고 했다. 신비한 존재로 표현한 용은 실존하는 동물이 아니라 상상 속의 동물이고 이미 최고의 상징을 가졌기 때문에 그랬을 것이다.

용(龍)이 서구에서는 악의 화신으로 묘사되지만, 중국에서는 그들이 가장 숭상하는 상징적 동물이다. 그들에게 용은 줄곧 지고의 영적 존재, 무한히 변화하는 예지와 힘을 가진 신비의 동물로 인식되어 왔다. 그래서 용은 더없이 귀하고 좋은 길상의 존재로 여겨져, 인간 세상이 지존인 황제의 상징이기도 했다. 이 때문에 임금의 얼굴을 '용안(龍顏)', 임금이 입는 옷을 '용포(龍袍)' 임금이 앉는 의자를 '용상(龍床),' 임금이 타는 수레를 '용거(龍車)'라 하고, 심지어 임금 자리를 노려 초야에 묻혀 사는 사람들을 '잠룡(潛龍)'이라 하기도 한다.

●7_07. '미앙궁(未央宮)에서 출토된 기와에 새겨진 용무늬'.

또 용은 물과 관련되어 비를 내려주는 존재로 알려졌는데, 瀧(비올롱)은 용이 내리는 비를 형상적으로 그렸다. 이 때문에 기우제를 지낼 때도 용을 만들어 강에 넣기도 했다. 虹(무지개홍)은 갑골문에서 두 마리의 용이 연이어져 물을 빨아들이는 모습으로 표현되기도 했다. 아마도 농경 중심의 중국에서 농사에 가장 필요한 것이 '비'였기 때문에 그들이 숭상하는 '용'이 '비'와 자주 연결된 것으로 보인다.

용이 중국에서 특별한 상징을 가지고 숭상의 대상이 되었기에, 용(龍)으로 구성된 한자들은 모두 '용'은 물론 대부분 '크고 높다'는 뜻을 가진다.

標題
龍(용 룡): 龙、lóng、龍0、16、40

字形
文 古陶文 簡牘文 帛書 說文小篆
甲骨文 金

龍
용 룡

字解 상형. 갑골문에서 龍을 그렸는데, 뿔과 쩍 벌린 입과 곡선으로 이룬 몸통이 특징적으로 표현되었다. 금문에서는 입 속에 이빨이 더해졌고, 소전체에서는 입이 肉(고기 육)으로 변해 지금의 자형이 대체로 갖추어졌다. 용을 두고 『비늘로 된 짐승의 대표이다. 숨어 몸을 드러내지 않을 수도 있고, 나타나 드러낼 수도 있으며, 가늘게 할 수도 있고 크게할 수도 있으며, 짧게 할 수도 있고 길게 할 수도 있다. 춘분이 되면 하늘로 올라가고, 추분이 되면 연못으로 내려와 잠긴다.』라고 했다. 『설문해자』에서는 용을 이렇게 신비한 존재로 표현했는데, 용은 실존하는 동물이 아니라 상상 속의 동물이기 때문에 그랬을 것이다. 龍은 서구에서는 악의 화신으로 묘사되지만, 중국 등 동양에서는 더없이 귀하고 좋은 길상의 존재로 여겨져, 황제의 상징이기도 하다. 임금의 얼굴을 龍顏(용안), 임금이 입는 옷을 龍袍(용포), 임금이 앉는 의자를 龍床(용상)이라 한다. 중국인들은 자신들을 스스로 '용의 후예'라고 표현한다. 용은 물과 관련되어 비를 내려주는 존재로 알려졌는데, 灑비올 룡)은 용이 내리는 비를 형상적으로 그렸다. 이 때문에 기우제를 지낼 때 용을 만들어 강에 넣고, 虹(무지개 홍)이 갑골문에서 두 마리의 용이 연이어져 물을 빨아들이는 모습으로 표현되기도 했다. 龍으로 구성된 한자들은 모두 '용'을 뜻하거나 '용'이 갖는 이미지와 관련되어 크고 높다는 뜻을 가진다. 현대 중국의 간화자에서는 龍의 초서체를 해서체로 고친 龙으로 쓴다.

●7_08. '용무늬'. 쟁반(盤)에 새겨진 용무늬. 상나라, 기원전 13~11세기. 대만 고궁박물원 소장.

51_새 토템의 상징, 봉황: 鳳(봉새 봉; fèng)

용(龍)과 항상 짝을 이루는 동물이 봉(鳳)이다. 그래서 용과 봉을 합친 용봉(龍鳳)을 중국 문화의 상징으로 보기도 한다. 그러나 그 근원을 올라가 보면 용(龍)을 숭상하던 전통은 황하 강 중심의 북방 지역 습속이고, 봉새를 숭상하던 전통은 장 강 유역의 남방 문화의 습속이었는데, 이후 남북 이 합쳐지면서 하나의 문화 상징으로 자리 잡게 된 것으로 알려져 있다.

봉새는 중국에서 바람을 관장하는 신의 상징 으로, 대단히 신비로운 새로 그려지고 있다. 『설 문해자』에서는 이미 '전반신은 기러기의 몸을, 후반신은 뱀의 목에 물고기의 꼬리를, 학의 이마 에 원앙의 볼을, 용의 무늬에 호랑이 등을, 제비 의 턱에 닭의 부리를 가졌으며, 오색을 다 갖춘 완벽한 새이자, 봉새가 나타나면 온 천하가 태평성대로 드는 것' 으로 묘사되었다.

51_봉(鳳)

이렇듯 온갖 화려함이 다 더해진 '봉새'를 형상한 글자인 鳳 (봉새봉)은 원래 風(바람풍)과 같은 글자였다. 지금도 독음이나 형체 에서 비슷하다. 우리말의 '바람'도 고유어가 아니라 풍(風)의 독음 에서 온 외래어로 알려졌다.

봉(鳳)과 풍(風)은 모두 원래는 '봉새'를 그린 상형자였는데, 이 후 소리부인 범(凡, 帆의 원래 글자)이 더해져 하나는 봉(鳳)이 되었고, 다른 하나는 봉(鳳)에서 조(鳥) 대신 충(虫)이 들어가 풍(風)이 되었

다. 그래서 어원이 보여주듯, '바람(風)'은 '봉새(鳳)'와 절대적 관련을 가진다. 고대 중국에서 '바람'은 봉새'의 날갯짓에 의해 만들어진다고 믿었다. 이후 '봉황(鳳凰)'이라는 말도 나왔는데, 여기서 봉(鳳)은 수컷 봉새를, 황(凰)은 암컷 봉새를 뜻한다. 그리고 봉새는 남방을 상징하고, 남방은 '불'과 관련되었으며, 오행설에서 붉은 색이 '불'의 색깔이므로 봉새를 '붉은 봉황', 즉 주작(朱雀)이라 부르기도 한다.

갑골문 '봉(鳳)'

봉(鳳)과 풍(風)에서 독음을 나타내는 범(凡)은 원래 '돛'을 그린 글자이다. 이후 범(凡)이 '무릇'이라는 뜻으로 쓰이자 원래의 '돛'이라는 뜻은 '베'를 뜻하는 건(巾)을 더해 범(帆)으로 분화했다. 돛은 당시 실생활에서 중요했던 이동수단인 배를 움직이게 하는 핵심부분이며, 돛은 바람을 필요로 한다. 그렇다면 봉(鳳)과 풍(風)의 범(凡)은 단순한 소리부라기 보다는 의미의 결정에도 관여하고 있다고 보인다.

'바람'은 '비'와 함께 농경사회를 살았던 중국인들에게 가장 중요한 기후 환경적 요소였다. 그래서 풍조우순(風調雨順, fēng tiáo yǔ shùn)이라는 말이 나왔는데, '바람이 적당히 불고 비가 알맞게 내린다'라는 뜻이다. 날씨가 매우 좋다는 뜻이기도 하지만 온 세상이 평안하다는 뜻을 가진다.

●7_09. '봉황 모양의 옥 조각'.
삼성퇴(三星堆) 유적지 출토. 하버드 대학 포그(Fogg) 예술 박물관 소장.

이 때문에 '바람'을 만든다고 전해지는 봉새는 농경을 중시했던 남방에서 더욱 숭상하였다. 그러나 지나치게 '큰 바람' 즉 태풍(颱風)은 오히려 농사에 치명적인 재앙이었다.

태풍(颱風)은 남중국해에서 부는 큰 바람을 뜻하는 영어 '타이푼(typhoon)'의 음역어로 알려져 있다. 그러나 사실은 'typhoon'이라는 단어가 중국어에서 건너간 음역어이다. 서양 문헌에서 'typhoon'은 16세기의 기독에 처음 보이시만 중국인들은 그전부터 이를 '큰 바람'이라는 뜻의 대풍(大風)이라 불렀으며, 대풍(大風)의 광동식 발음이 서구로 들어가 'typhoon'으로 번역된 것이다.

이후 'typhoon'이 다시 중국으로 역수입되면서 대풍(臺風)으로 번역되었는데 이는 '대만(臺灣) 지역에서 부는 큰 바람'이라는 뜻이었다. 이후 대(臺)가 약자인 태(台)로 바뀌어 태풍(台風)이 되었는데, 일본에서는 태풍(台風 たいふう)으로 쓴다. 이후 태(台)는 다시 의미를 구체화하고자 풍(風)을 더해 지금의 태(颱)가 되었다.

어원_51 봉(鳳)

標題: 鳳 봉새 봉; 凤、fēng、鳥3、14、32

字形: 文

字解: 형성. 鳥(새 조)가 의미부이고 凡(무릇 범, 帆의 원래 글자)이 소리부로, 바람을 일으키는 전설적인 새인 봉새를 말한다. 원래는 화려한 볏을 가진 전설상의 새인 [봉새]를 그렸는데, 이후 봉새가 鳥로 변하고 소리부인 凡이 더해져 지금의 자형이 되었다. 돛(帆)은 바람에 의해 움직이는 대표적 장치였기에 凡이 더해진 것으로 보인다. 風(바람 풍)、朋(벗 붕)、鵬(붕새 붕) 등은 모두 鳳과 같은 어원을 가지는 글자들인데, 風은 鳳의 鳥가 虫(벌레 충)으로 대체되었고, 朋은 원래 봉새의 날개를 그렸으나 [벗]이라는 뜻으로 가차되자 鳥를 더해 鵬으로 분화했다. 간화자에서는 鳥를 간단한 부호 又로 고친 凤으로 쓴다.

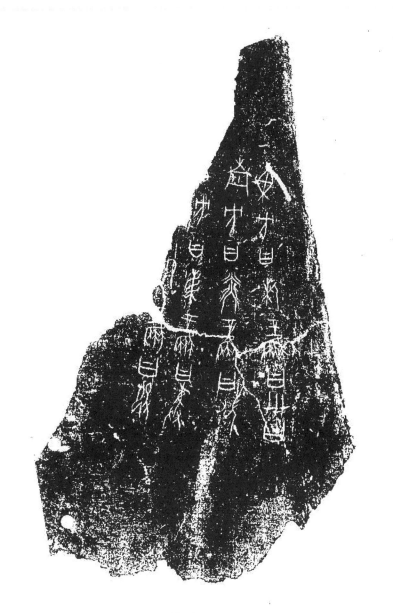

14294

●7_10. '갑골문에
보이는 사방풍에 관한
기록'.
갑골문에는
동(東)·서(西)·남(南)·북(北)
의 사방의 방위명과
사방의 바람 이름이
다음처럼 기록되었다.
"동쪽을 '석'이라 하며,
그 바람을 '협'이라
한다.(東方曰析, 風曰劦.)
남쪽을 '인'이라 하며,
그 바람을 '개'라 한다.
(南方曰因, 風曰凱.)
서쪽을 '이'라 하며, 그
바람을 '이'라 한다.(西
方曰夷, 風曰彝.)
[북쪽을] '복'이라 [하며],
그 바람을 '역'이라 한
다.([北方曰]伏,   風曰
段.)" (『합집』 14294편).

52_가장 상서러운 동물, 양: 羊(양 양; yáng)

양고기는 육류 중에서 가장 맛있고 몸에도 좋은 고기로 알려져 있다. 그간 우리에겐 다소 낯설었지만 요즈음은 중국의 영향으로 거리 곳곳에서 양 꼬치(羊肉串, yáng ròuchuàn)와 양 갈비 전문점(羊排骨 yáng páigǔ)을 만날 수 있다.

羊(양양)은 '양'을 상징적으로 그린 것으로, 곡선 모양의 뿔이 특징적으로 표현됐다. 양은 말과 소, 돼지, 개, 닭과 함께 6대 가축의 하나로 가장 일찍 가축화된 동물의 하나이다. 수렵 단계의 원시인들에게 양은 매우 중요했다. 양의 고기와 젖은 그들에게 양식을 제공했으며, 가죽은 추위를 막는데 최상품이었다. 더군다나 양은 군집 생활을 하고 성질 또한 온순하기 때문에 정착 농경시대에 접어든 인간의 입장에서 가축으로 기르기에 더할 나위 없이 적합한 동물이었기 때문이다.

이러한 이유로 양은 일찍부터 중국인들의 사랑을 받아 왔다. 그래서 한자에서 양(羊)이 들어간 글자는 대부분 대단히 좋은 의미로 쓰인다. 예컨대 도덕(道德)의 지향점인 선(善)에도, 예술(藝術)의 지향점인 미(美)에도, 최고의 덕목으로 평가받았던 의(義)에도 양(羊)이 들어 있으며, 모두 길상(吉祥)의 최고 상징어들이다.

이 때문에 그래서 희생양(犧牲羊)이라는 말에서 보듯, 양은 신에게 지내는 제사 때 쓰는 가장 대표적인 제물이었다. 또 양(羊)에 제단을 뜻하는 시(示)가 더해지면 祥(상서로울 상)이 된다. 가장 소중한 가축인 양을 제단에 올려 정성스레 제사를 지내는 모습을 반영했고, 이러한 정성에 보답이라도 하려는 듯 신이 내려주

52_양(羊)

금문 '양(羊)'.

는 계시는 길조(吉兆)로 여겨졌고, 이로부터 '상서롭다'는 뜻이 생
겼다.

또 그 어떤 다른 가축들보다 무리 지어 다니며 군
집 생활을 하는 습성을 갖고 있는 것이 양인데, 이러한
속성이 반영된 글자가 群(무리군)이고, 그래서 '무리'라는
뜻을 갖게 되었다. 독립생활을 즐기며 두 마리만 만나
도 으르렁 거리며 싸우는 '개'와는 대비되는 모습이다.

●8_11. '신강 천산(天山) 북쪽 산기슭의 바위에 새겨진 그림'.
유목을 주제로 한 그림인데, 큰 뿔을 가진 양이 20마리, 사슴이
2마리, 사람 5명, 말 1필이 그려졌다. 신강 지역의 암각화는 알
타이 산(阿爾泰山), 천산(天山), 곤륜산(昆侖山)을 비롯해 이들로
둘러싸인 정가(准噶爾) 분지(Junggar Basin)와 타림(塔里木) 분지
주변에서 발견되어, 초기 유목민족의 생활상을 엿보게 해 준다.

어원_52 양(羊)

標題	字形	字解

羊(양 양): yáng、 羊-0、 6、 42

甲骨文 金文 古陶文 簡牘文 帛書 古 說文小篆

상형. 윗부분은 양의 굽은 뿔과 몸통과 꼬리를 그렸다. 양은 가축화된 이후 온순한 성질, 뛰어난 고기 맛, 그리고 유용한 털 때문에, 고대 중국인들에게는 단순한 가축을 넘어서 祥(상서러움과 善선)과 美(미)와 正義정의의 표상이며 신께 바치는 대표적 희생이었다. 그래서 군집생활을 하는 양을 직접 지칭한다. 또 양고기는 뛰어난 맛으로 정평이 나있으며, 일찍부터 인간에게 많은 도움을 주는 유용한 가축화된 동물이었기에 아름다움과 정의의 상징이었고, 이 때문에 양은 숭배의 대상이었으며, 신께 바치는 대표적 희생물의 하나였다.

●7_12. '삼양개태(三羊開泰)'.

양 세 마리가 그려졌는데, 양(羊)은 태양을 뜻하는 양(陽)과 발음이 같기 때문에 양 세 마리는 삼양(三陽)을 말하고, 삼양(三陽)은 『주역』에서의 양괘(陽卦)를 뜻한다. 태(泰)는 양괘(陽卦)의 하나로 천지의 기운이 화합하여 모든 것이 형통함을 말한다. 그래서 '삼양개태(三羊開泰)'는 온 천지에 길한 기운이 와서 만상이 새롭게 바뀌는 것을 상징한다. 여기서도 양이 길한 징조를 열어준다는 전통 사상을 엿볼 수 있다.

53_농경사회의 충직한 반려자, 소: 牛(소 우; niú)

'소'를 뜻하는 牛(소 우)는 농사의 상징인 '소'의 모습을 형상하되 뿔을 특정적으로 그리고 나머지 몸은 추상화시켜 놓았다.

소는 犁(쟁기 려)에서처럼 중국에서 농경의 주요 수단이었으며, 이 때문에 '제사에 바치는 동물'을 뜻하는 희생(犧牲)이라는 단어에 모두 우(牛)가 들었으며, 농사와 조상신에게 바치는 제물로 자주 사용되었다. 게다가 현대 중국어에서도 '뉴(牛, niú)'는 '대단하다', '최고다', '짱이다' 등의 뜻을 갖는데, 이 또한 오래 지속된 농경 사회에서 존중받았던 '소'의 위상을 말해주는 듯 보인다.

53_우(牛)

한자에서 우(牛)가 들어간 글자는 모두 '소'와 관련되어 있다. 예컨대 牢(우리 뢰)는 집(宀) 안에 소(牛)가 있는 모습으로 외양간이라는 뜻이다. 그러나 이후 사람을 가두는 곳이라는 의미로 확대되어 '감옥'이라는 뜻을 가지게 되었으며, 감옥은 튼튼하게 만들어야 했기 때문에 다시 '견고함'이라는 뜻도 가지게 되었다. 그래서 견고함을 '뢰고(牢固)'라 하고, 견고하여 깨뜨릴 수 없는 것을 '뢰불가파(牢不可破)'라 한다.

갑골문 '우(牛)'.

또 牽(끌 견)은 묶은 실이나 새끼줄을 형상화한 玄(검을 현)과 소(牛)로 구성된 글자로, '소를 끌고 가다'는 뜻이며 이로부터 '강제로', '억지로'라는 뜻이 생겨났다. 그래서 '견강부회(牽强附會)'하면 '억지로 갖다 맞추려 하는 것'을 말한다. 告(알릴 고)는 우(牛)와 구(口)로 구성된 글자이다. 우(牛)는 종묘의 제사 때 희생으로 바치는 소를 말함이요, 구(口)는 제사를 드리면서 제문을 읽는다는 의미이다. 그래서 '알리다'나 '보고하다'는 뜻이 생겼다.

그리고 牧(기를 목)은 손으로 막대를 들고서 소치는 모습이다. '소를 친다'는 뜻으로부터 '관리하다'나 '통치하다'는 뜻이 생겼다. 그런가 하면 半(절반 반)은 윗부분의 팔(八)이 '쪼개다', '나누다'는 뜻을 나타냄으로 해서 소를 반으로 나누다는 의미이다. 그래서 '반쪽'이라는 뜻이 생겼고, 이로부터 온전하지 못하고 '부족한'이라는 뜻도 가지게 되었다.

●7_13. '거세(閹牛)'.
한대 화상석. 하남성 방성(方城) 성관(城關) 출토. 거세처럼 하찮은 일은 페르시아 계 사람들이 담당했음을 보여준다.

●7_14. '대만 물소(水牛)'.
물소는 한우와 달리 뿔이 크게 휘어져 둥근 모습인데,
우(牛)의 고대 한자는 이를 특징적으로 그렸다.

字形

𰀀 甲骨文
𰀀 金文
𰀀 貨幣文
𰀀 盟書
𰀀 簡牘文
𰀀 古璽文
𰀀 說文小篆

牛

소 우

字解

상형. 소의 전체 모습으로도 보지만 자세히 관찰하면 사실은 소의 머리로 보인다. 갑골문과 금문을 비교해 볼 때, 위쪽은 크게 굽은 뿔을, 그 아래의 획은 두 귀를, 세로획은 머리를 간단하게 상징화한 것으로 볼 수 있다. 소는 쟁기(犂쟁기 려)에서처럼 정착 농경을 일찍 시작한 중국에서 농경의 주요 수단이었으며, 이 때문에 犧牲(희생)에서처럼 농사와 조상신에게 바치는 제물로 자주 사용되었다.

어원_53 우(牛)

54_인류의 탄생과 호리병 숭배: 壺(병 호; hú)

1953년 섬서성 낙남(洛南)현의 신석기 시대 앙소(仰韶)문화 유적지에서 특이한 형태의 호리병(壺)이 발견되었다. 이후「홍도인두호(紅陶人頭壺)」라 이름 붙여진 이 호리병은 기원전 5천~3천 년경의 매우 이른 시기의 유물이다.

그림(7_17)에서 보듯, 이 호리병(壺)은 몸통이 조롱박 모양을 하였고, 아가리 부분에 사람의 머리가 만들어졌는데, 두 눈과 코와 미소를 머금은 입은 물론 땋은 머리칼까지 매우 사실적으로 빚어졌다. 이 천진난만한 미소는 가히 '만년의 미소'라 부를 만하다. 게다가 뒤쪽에는 주둥이를 만들어 물이나 술을 따를 수 있도록 설계되었는데, 다른 일반 호리병들의 아가리(口)가 모두 지금처럼 위로 설계되어 실제 생활에 쓰도록 한데 반해, 이는 아가리를 뒤에다 따로 배치하고 원래의 아가리가 있어야 할 부분에 사람 얼굴을 만들었다.

이 호리병은 물을 담는 그릇으로 쓰인 다른 일반적인 호리병과는 달리 물을 담기에도 불편하고, 그렇다고 곡식 씨를 담아두기에도 부적절해 보인다. 그래서 이는 특수한 조형물로, 종교적 행위와 관련된 것으로 보인다. 도대체 무슨 상징물일까? 먼저 답을 말하자면, 아마도 중국 전역에서 보편적으로 존재하는 '호리병박 숭배'와 '인류 탄생 신화'와 관련되어 보인다.

壺(병호)는 자연물인 호리병박을 모방해 만든 것인데, 중국에서 호리병은 한족 뿐 아니라 여러 민족에게서 숭배 대상물이다. 중국의 여러 소수 민족은 물론 한족의 창세신화에서도 인류의 시조인 여와(女媧)와 복희(伏羲)가 '박'을 타고 대홍수를 피해

54_호(壺)

타고 살아남아 인류를 탄생시켰다고 한다. 반고(盤古)의 천지창제 신화에서 동원된 우주의 모형도 '박' 모양이다. 또 중국어에서 여자가 16세 되는 나이를 '포과(破瓜, pò guā)'라고 하는데, '박을 깨트리다'는 뜻이며, 이후 이 말에는 '결혼하다'라는 뜻까지 들게 되었다. 이 때문에 전통 혼례식에서 신부가 잔을 주고받는 의식에서도 호리병박이 사용된다. 이처럼 호리병박은 생명의 탄생이나 인류 창제와 관련되어 있다. 그래서 앙소문화 유적지에서 발견된 이 호리병은 '호리병박에서 탄생한 인류'의 창제신화를 형상적으로 보여주는 작품이라 하겠다.

●7_15. '중국 납호(拉祜)족의 호리병박 숭배'. 여성 제사장들이 호리병박을 가운데 두고 제사 의식을 거행하고 있다.

인류가 호리병박에서 탄생하였다는 인류 창제 신화의 흔적은 한자 일(壹)에도 남아 있다. 壹(한 일)은 일(一)의 갖은자인데, 의미부인 호(壺)와 소리부인 길(吉)로 구성된 글자이다. 壺(병 호)는 호리병을 그린 상형자이고, 길(吉)은 집의 입구(口)에 놓인 남근(士)으로부터 '길상'의 의미를 그린 것으로 추정된다. 이처럼 일(壹)을 구성하는 호(壺)는 인류 탄생 설화와 관련된 호리병박을 상징하고, 길(吉)은 생식 숭배와 관련되어 있다.

이것이 바로 일(壹)이 중국에서 단순히 '1'이라는 숫자를 뜻하는 것이 아니라 모든 것의 시작이자 모든 생명을 뜻하는 '원기(元氣)'와 '도(道)'를 뜻하여, 서구에서의 로고스(Logos)에 해당하는 숭고한 개념으로 쓰이게 된 이유이다. 그래서 일(壹)은 바로 '중국 민족이 호리병박에서 탄생했다'는 탄생신화를 반영한 결과라 하겠다.

●7_16. '투호(投壺)'. 한나라 때의 화상석에 새겨진 그림.

●7_17. '인면호(人面壺)'.
신석기 시대. 앙소(仰韶)문화. 서안 반파(半坡) 출토. 기원전 45~40세기.
호리병박에서 인류가 탄생했다는 신화를 형상적으로 보여준다.

《標題》 壺(병 호): 壺、(壷)、hú、士9、12

《字形》
篆

甲骨文
金文
古陶文
簡牘文
說文小

壺

병호

《字解》 상형. 잘록한 목과 볼록한 배와 두루마리 발에 뚜껑을 가진 호리병을 그렸다. 士(선비 사)는 원래 호리병의 뚜껑을 그린 것인데 예서에 들면서 지금처럼 잘못 변했다. 그래서 호리병이 원래 뜻이며, 호리병처럼 생긴 기물의 총칭이 되었다. 또 호리병박을 본떠 만들었기에 호리병박을 지칭하기도 한다. 간화자에서는 壶로 줄여 쓴다.

100개. 한자를. 통해. 중국의. 사상. 역사. 정치. 경제. 문화. 상식을. 배운다.

제8장

시간과 공간

●

●

시.간.과.공.간.

55_해가 뜨는 곳, 동쪽: 東(동녘 동; dōng)

동양에서 방향은 지극히 중요하다. 그래서 집을 지을 때에도, 묘를 쓸 때에도, 심지어 이사를 할 때도 방향을 따진다. 전통적으로 방향은 동서남북의 네 가지였으나, 음양오행설의 영향으로 중앙을 더하여 다섯 가지로 인식되었다.

다섯 방향 중에서도 태양이 뜨고 만물 생성의 상징으로 여겨졌던 '동쪽'이 가장 중요했다. '동쪽'을 뜻하는 東(동녘동)은 태양(日)이 나무(木)에 걸려 있는 모습, 그래서 해가 떠오르는 방향인 '동쪽'을 뜻하게 되었다. 그러나 이는 적어도 전국(戰國)시대 이후의 변화된 글자 모습에 근거한 해석이지, 원래의 모습은 아니다. 동(東)의 원래 의미에 대해서는 의견이 분분하지만 상나라 갑골문에 보이는 형상에 의하면 '양끝을 동여매어 놓은 자루'의 모습이 분명하며, 이후 독음이 같음으로 해서 '동쪽'이라는 의미가 가차된 것으로 보인다.

55_동(東)

중국에서는 각 방향마다 그에 맞는 상징동물을 설정했다. 전통적으로 동쪽에 상응되는 상징동물이자 방향신은 '용'이다. 龍(용룡)은 상상의 동물인 용을 형상한 글자이다. 용은 중국인들이 가장 숭상하는 상징적 동물이며 줄곧 지고의 영적 존재, 무한히 변화하는 예지와 힘을 가진 신비의 동물로 인식되어 왔다. 그래서 중국인들은 자신들을 '용의 자손'이라 부르기도 하고, 초월적 절대적 힘을 상징하기 때문에 해서 '황제'의 표지가 되기도 했다. 이는 용이 '파괴적인 악'의 상징으로 대변되는 서양과는 매우 대조적이다. 또 용은 풍작을 가능케 하는 비를 내려 줄 수

갑골문의
'동(東)'

있는 것으로 인식되었기에 용을 통해 비 내리기를 기원했는가 하면, 무지개도 용이 만들어 낸 것으로 생각했다.

초기의 용은 갑골문 단계에서와 같이 뿔이 있고 입을 크게 벌리고 있는 모습이 특징적이었지만, 이후 상상력이 더해져 "수사슴 뿔, 낙타 머리, 토끼 눈, 뱀 목, 조개 배, 잉어 비늘, 독수리 발톱, 호랑이 발바닥, 암소 귀"가 종합된 용으로 변했다.

그런가 하면 西(서녘 서)는 갑골문에 의하면 바구니처럼 짜인 기물 모습을 하고 있다. 이를 두고 혹자는 새 둥지의 모습을 형상한 것이라고 풀이하기도 한다. 새가 둥지로 돌아갈 때는 해가 질 무렵이므로, 새가 둥지로 돌아가는 방향, 즉 '서쪽'이라는 의미를 가지게 되었다 한다. 그러자 '둥지'라는 원래 의미는 木(나무 목)을 더한 栖(새 깃들일 서)가 되었다. 새가 아닌 사람이 살다는 뜻을 나타낼 때에는 서(西)와 독음이 같은 妻(아내 처)를 더해 棲(살 서)로 분화했다. 아내(妻)와 함께하는 가정이 인간의 '서식처'이기 때문이다.

서쪽에 상응하는 상징동물과 방향신은 여러 가지가 있었다. 『예기·예운』편에서는 기린, 『주례』에서는 곰, 『예기·곡례』에서는 호랑이라 했지만, 최종적으로는 호랑이가 대표로 남게 되었다. 그래서 백수의 왕인 호랑이는 오행에서 금(金)에 해당되고, 서쪽과 가을을 상징한다. 용(龍)이 하늘의 상징과 영적 힘의 상징이라면 호랑이는 땅과 물질적 힘의 상징이 되었다.

字解. 회의. 日(날 일)과 木(나무 목)으로 구성되어, 해가 뜨는 [동쪽]의 의미를 그렸다. 갑골문에서는 양끝을 동여맨 [포대기]나 [자루]를 그렸는데, 이후 [동쪽]이라는 의미로 가차되었고, 그러자 의미를 더욱 정확하게 표현하기 위해 해(日)가 나무(木)에 걸린 지금의 형태로 변했다. 이후 동쪽에 있는 집[東家·동가]이라는 뜻에서 주인의 뜻이 나왔고, 다시 연회의 초대자 등을 뜻하게 되었다. 간화자에서는 초서로 줄여 쓴 东으로 쓴다.

字形: 簡牘文 帛書 甲骨文 說文小篆 金文古陶文

標題 東(동녘 동): 东、dōng、木4、8、80

東 동녘 동

어원_55(1) 동(東)

갑골문의 '서(西)'

標題 西(서녘 서): xī、襾-0、6、80

字形
甲骨文　金文　簡牘文　帛書　石刻古文　說文
小篆　說文或體　說文古文　說文籀文

西
西녘 서

字解

상형. 원래 나뭇가지를 얽어 만든 새의 둥지를 그려 [서식하다]는 의미를 그렸다. 이후 둥지는 해가 지는 저녁이 되면 새가 어김없이 날아드는 곳이고, 해는 서쪽으로 진다는 뜻에서 [서쪽]의 의미가 나왔고, 다시 西洋에서나 서양식을 뜻하게 되었다. 그러자 원래의 의미는 木(나무 목)을 더한 栖(새 깃들일 서가 되었고, 사람이 살 경우 다시 소리부를 妻(아내 처)로 바꾸어 棲(살 서)로 분화했는데, 아내(妻)와 함께하는 가정이 인간의 [서식처]임을 보여주고 있다. 현대의 자형에서 西는 襾(덮을 아)와 닮아 보이지만, 전혀 다른 글자이다.

어원_55(2) 서(西)

56_권력의 방향, 남쪽: 南(남녘 남; nán)

南(남녘 남) 역시 동(東)이나 서(西)와 같이 어원이 잘 밝혀지지 않은 글자이지만, '매달 수 있는 종 모양의 악기'를 형상한 것으로, 이 악기가 남방의 악기이거나 남쪽에 진설(陳設)한 데서 '남쪽' 이라는 의미가 생겼다는 것이 일반적 해설이다.

55_남(南)

남(南)의 원래 뜻으로 추정되는 '악기'나 '음악'은 이미 사라져 용례를 찾아보기 어렵다. 그러나 중국 최초의 시집인 『시경(詩經)』의 편명인 「주남(周南)」과 「소남(召南)」 등이 '주(周) 나라의 노래'와 '소(召) 나라의 노래'라는 뜻을 담은 것은 이를 반영한다.

남쪽에 상응하는 상징동물과 방향신은 봉새이다. 봉새는 '불의 새'이므로 해서 전통적으로 '부활', '불사', '불에 의한 죽음과 재생'을 상징한다. 또 '황제'의 상징인 용과 대응하여 '왕비'를 상징하기도 한다. 이는 아마도 봉새의 모습이 아름답고 화려한 데서 연유하였을 것이다. 하지만 이후 봉새도 용의 모습에서와 마찬가지로 상상력이 덧보태어져 수탉 머리(태양을 상징), 제비 등(달을 상징), 날개(바람을 상징), 꼬리(초목을 상징), 다리(땅을 상징), 오색(五德을 상징) 등이 종합되어 현재의 모습으로 변했다.

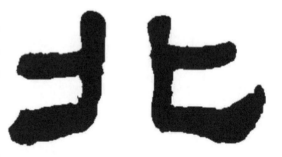

56_북(北)

그런가 하면 두 사람이 서로 등을 지고 다른 방향으로 선 모습이 北(북녘 북도망갈 배)이다. 그래서 북(北)은 '등지다'가 원래 뜻이다. 한자가 만들어진 중국도 우리처럼 등진 쪽이 '북쪽'이다. 그래서 '북쪽'도 뜻하게 되었다.

이는 중국이나 우리가 북반구에 살고 있기 때문이다. 만약 한자가 남반구에서 만들어졌다면 북(北)은 '남쪽'을 뜻했을 것이다. 북반구에서는 집도 남향으로 짓고, 임금이 앉을 때도 남쪽을 보고 앉았다. 남쪽은 그만큼 바라다보아야 할 중요한 방향이었으며, 따뜻한 곳이자, 좋고 긍정적인 방향이었으며, 양(陽)의 상징으로 인식되었다. '남쪽으로 얼굴을 두다'는 뜻의 남면(南面)은 바로 '임금이 앉던 자리의 방향'을 말하고, '임금 노릇을 하다'는 뜻이기도 한다.

이에 반해 북쪽은 등진 쪽이자 나쁜, 부정적인, 음(陰)의 상징으로 인식되었다. 그래서 등진다는 것은 서로의 관계가 단절된다는 것을 의미했고, 싸움에서 져서 달아나는 것도 등을 돌리고 달아난다고 표현했던 것이다. '등지다'는 뜻의 북(北)이 '북쪽'이라는 의미로 자주 쓰이게 되자, 원래의 '등지다'는 뜻은 육(肉)을 더하여 背(등배)를 만들었다. 그러자 북(北)은 방향을 나타내는 기능을 전담하였다. 그러나 '패배(敗北)'라는 단어에는 아직도 '등지다'는 원래의 뜻이 남아 있다. 이때에는 '북'이 아니라 '배'로 읽힘에 주의해야 한다.

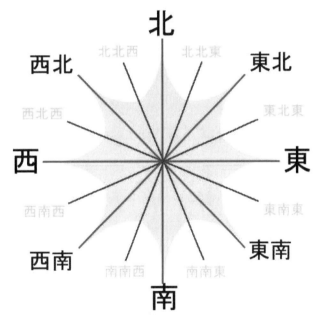

●8_01. '방위도'.
방위 결합의 순서가 한중간에 일부 차이를 보이다.

南

標題: 南(남녘 남): nán、十-7、9、80

字形:

甲骨文 金文 簡牘文 古璽文 石刻古文 說文小篆 說文古文

文

南

남녘 남

字解: 상형。이의 어원에 대해서는 해설이 분분하지만, 악기를 매달아 놓은 모습임은 분명해 보이며, 이 악기가 남방에서 온 것이어서 「남쪽」을 뜻하게 된 것으로 보인다。이 때문에 남쪽、남방 등의 뜻 이외에도 남방의 음악이나 춤이라는 뜻도 가진다。이후 성씨로도 쓰였으며、명나라 때에는 南京(남경)을 지칭하기도 했다。

北

標題: 北(북녘 북・달아날 배): běi、ㄅㄟ3、5、80

字形:

甲骨文 金文 簡牘文 帛書 說文小篆

北

북녘 북

字解: 회의。두 개의 人(사람 인)으로 구성되어 두 사람(人)이 서로 등진 모습을 그렸고, 이로부터 「등지다」는 의미가 나왔으며、이후 자형이 조금 변해 지금처럼 되었다。북반구에서 살았던 중국인들에게 북쪽이 등진 쪽이었으므로 [북쪽]、등지다 등의 뜻이 나왔다。또 싸움에 져 도망할 때에는 등을 돌리고 달아났기에 [도망하다]는 뜻도 생겼는데、이때에는 [배]로 읽힘에 유의해야 한다。그러자 원래의 [등]은 肉(고기 육)을 더한 背(등 배)로 분화했다。

57_세상의 중심, 가운데: 中(가운데 중; zhōng, zhòng)

중국(中國)은 '중심에 자리한 나라' 혹은 '중심된 나라'라는 뜻이다. 중국이 세계의 중심이라 생각했던 고대 중국인들의 생각이 고스란히 반영된 이름이다.

中(가운데중)은 갑골문에서 꽂아 놓은 깃발의 모습을 그렸다. 옛날 부족 사회 때 부족 집단에서 중대사가 있을 때에는 넓은 공터에 먼저 깃발을 세우고 이를 중심으로 사람들을 모았다. 사람들은 사방 각지로부터 몰려들었을 것이고, 그들 사이에서 깃발이 꽂힌 곳이 '중앙(中央)'이자 '중심(中心)'이었다. 이로부터 '가운데'라는 뜻이 생겼고, '중용(中庸)'에서와 같이 어떤 한 곳으로도 치우치지 않는 '마침맞은'이라는 뜻을 가지게 되었다.

과녁의 한가운데를 맞추는 것을 적중(的中)이라 한다. 이때에도 중(中)은 바로 조금도 다른 곳으로 벗어나지 않은 한가운데, 바로 그것을 지칭한다. 이곳도 아니고 저곳도 아닌 것이 절대 아니다. 적중(的中)은 중국어에서 조심해 읽어야 하는 단어이다. 적(的)은 '디(的 di)'로, 중(中)은 '쫑(中 zhòng)'으로 읽히기 때문이다

57_중(中)

금문의 '중(中)'. 깃발을 그렸는데, 바람에 나부끼는 모습이다.

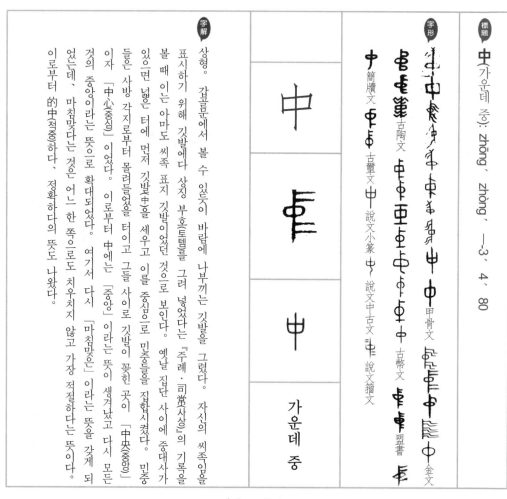

標題

中(가운데 중): zhōng、 —3、 4、 80

字形

甲骨文　金文　古陶文　盟書　古幣文　簡牘文　古璽文　說文小篆　說文中古文　說文籀文

中

가운데 중

字解

상형。 갑골문에서 볼 수 있듯이 바람에 나부끼는 깃발을 그렸다。 자신의 씨족임을 표시하기 위해 깃발에다 상징 부호(토템)를 그려 넣었다는 『주례·司常(사상)』의 기록을 볼 때 이는 아마도 씨족 표지 깃발이었던 것으로 보인다。 옛날 집단 사이에 중대사가 있으면 넓은 터에 먼저 깃발中을 세우고 이를 중심으로 민중들을 집합시켰다。 민중들은 사방 각지로부터 몰려들었을 터이고 그들 사이로 깃발이 꽂힌 곳이 [中央(중앙)]이자 [中心(중심)]이었다。 이로부터 中에는 [중앙]이라는 뜻이 생겨났고 다시 모든 것의 중앙이라는 뜻으로 확대되었다。 여기서 다시 [마침맞은] 이라는 뜻을 갖게 되었는데、 마침맞다는 것은 어느 한 쪽으로도 치우치지 않고 가장 적절하다는 뜻이다。 이로부터 的中(적중)하다、 정확하다의 뜻도 나왔다。

●8_02.
오방제불(五方諸佛)의
종자자(種子字,
seed-syllable)가 더해진
능엄도편(楞嚴圖片).(www
.nipic.com)

58_비천함의 상징, 왼손: 左(왼 좌; zuǒ)

계급 개념이 철저했던 고대 중국에서는 존비(尊卑)의 개념을 철저하게 구분했다. 그래서 군신 간에도, 부자간에도, 남녀 간에도, 음양에도 높고 낮음이 있었고, 심지어는 방향에도 높고 낮음이 있었다.

방향에서 반영된 존비의 개념은 左(왼좌)와 右(오른우)에서 대표적으로 엿볼 수 있다.

좌(左)는 원래 왼쪽 손을, 우(右)는 오른쪽 손을 형상한 글자이다. 이 중 고대 중국에서는 아무래도 우(右)보다는 좌(左)를 더 숭상했던 것 같다. 『노자』에 "길사에는 왼쪽을 숭상하고, 흉사에는 오른쪽을 숭상한다."라는 말이 있는 것으로 보아 왼쪽을 길한 것으로, 오른쪽을 흉한 것으로 생각했던 것 같다.

58_좌(左)

이러한 생각은 『예기』나 『순자』, 『좌전』 등에도 그대로 나타나고 있어, 왼쪽은 양이요 오른쪽은 음이라든지, 남자는 왼쪽으로 가고 여자는 오른쪽으로 간다든지, 수레를 탈 때에는 왼쪽이 높은 자리라는 식으로 표현되고 있다. 이 모두 왼쪽이 오른쪽보다 그 지위가 높았던 증거가 된다. 하지만 이러한 개념은 진·한 시대에 접어들면서 오른쪽을 숭상하는 쪽으로 변하게 된다. 그래서 『사기·진승상세가(秦丞相世家)』에 의하면 우승상이 제일 높고 좌승상이 그 다음이라고 했다. 그 결과 오늘날에 이르러서는 우(右)에는 '숭상하다', '고귀하다', '높은' 뜻이 있는 반면, 좌(左)에는 '정상이 아닌', '나쁜'이라는 뜻도 가지게 됨으로써 우(右)는 높음의 상징이요 좌(左)는 낮음의 상징이 되었다.

그리고 동서남북에도 존비의 개념이 들어 있었다. 앞에서도 언급했듯이 임금은 남향을 하고 앉으며, 신하는 이와 반대로 북향을 하고 앉는다. 문무 신하들이 왕을 향해 도열해 앉을 때에는 문신은 동쪽에 무신은 서쪽에 앉는다.

●8_03. '홍문연(鴻門宴) 화상석(畫像石)'. 하남성 남양(南陽) 한나라 화상석 박물관 소장.

뿐만 아니라 손님 접대 시에도 방향의 높고 낮음이 있다. 『사기·항우본기』에는 항우(項羽)와 유방(劉邦), 그리고 항백(項伯)과 범증(范增)이 함께 홍문(鴻門)에서 회합을 하는 장면이 나온다. 주인이라 할 수 있는 항우와 항우의 숙부인 항백은 동쪽을 향해 앉고, 항우의 장군인 범증은 남쪽을 향해 앉고, 손님이었던 유방을 말석인 북향을 해 앉도록 했다. 유방 일행을 안전에도 두지 않았던 항우의 거만함이 보이는 장면이다.

어쨌든 방향에도 존비가 있기에 지금도 중국에서는 손님을 접대 때나 연회에 나갈 때에는 자리를 잘 골라 앉아야지 그렇지 않으면 낭패를 당하기 십상이다.

標題	字形		字解
左(왼 좌): zuǒ, 卜-2, 5, 70	甲骨文 金文 簡牘文 說文小篆	左 왼 좌	회의. 屮(왼손 좌)와 工(장인 공)으로 구성되어, 왼손(屮)으로 공구(工)를 든 모습을 그렸다. 원래는 왼손(屮)만을 그렸는데, 이후 그것이 왼손임을 더욱 명확하게 하고자 손의 오른쪽에 두 점을 더했으며, 두 점이 다시 工으로 바뀌어 지금의 자형이 되었다. 왼손이 원래 뜻이고, 이로부터 왼쪽, 곁의 뜻이 나왔다. 또 오른쪽과 반대된다는 뜻에서 반대하다, 옳지 않다, 편파적이다 등의 부정적인 뜻도 나왔다.

어원_58 좌(左)

●8_04. '시진핑(習近平) 주석의 왼손 경례'.

2015년 9월 3일 거행된 '항전 승리 70주년 기념 열병식'에서 시진핑 주석의 왼손 경례가 논란이 된 적이 있다. G2로 자리를 굳힌 중국이 세계의 최강국으로 가기 위해 세계가 걱정하는 또 다른 패권국가의 출현 우려를 종식하고자 30만 명에 이르는 대대적인 병력 감축을 선언했다. 열병에서 왼손으로 경례한 것은 『노자』가 말한 것처럼 '전쟁'에 대한 반대를 상징적으로 표현한 것으로 보인다.

59_도움의 상징, 오른손: 右(오른 우; yòu)

오른쪽을 뜻하는 右(오른우)는 오른쪽 손을 그렸다. 오른쪽 손은 일찍부터 '도움'의 상징이었다. 그래서 우(右)의 원래 의미는 '돕다'는 뜻이었다. 하지만 이 글자로써 '오른쪽'이라는 추상적 방향을 나타내게 되자 다시 사람을 뜻하는 인(人)을 더하여 佑(도울 우)를 만들어 '돕다'는 뜻을 전문적으로 표시하게 되었다.

59_우(右)

친구를 뜻하는 우(友)에도 '오른손'이 들었는데, 友(벗 우)는 두 사람의 오른쪽 손을 나란히 그렸다. 그려진 손의 방향이 일정한 것으로 보아 한 사람이 아닌 두 사람의 손임을 알 수 있다. 그리고 왼쪽 손이 아닌 오른쪽 손이라는 의미는 우리가 일상적으로 사용하는 손으로써 어떤 일을 해 줄 수 있다는 의미가 깔려 있다. 그래서 우(友)의 원래 뜻은 '서로 돕다'이다. 그런 즉 여기에는 친구란 바로 서로 돕는 존재여야 한다는 의미가 담겼다.

그래서 일까? "부모 팔아 친구 산다."라는 속담이 있다. 예로부터 친구의 존재가 얼마나 중요한가를 극명하게 보여 주는 대목이다. 오늘날 삶이 파편화되고 개인화되어 길수록 친구의 존재는 더욱 중요할 것이다. 친구(親舊)는 한국 한자어이다. 중국어에서는 '펑유(朋友

●8_05. '친구를 불렀던 가수 주화건.
"這些年 一個人/ 風也過 雨也走/ 有過淚 有過錯/ 還記得堅持甚麼/ 真愛過 才會懂. 會寂寞 會回首/ 終有夢 終有你 在心中. 朋友 一生一起走/ 那些日子 不再有. 一句話 一輩子/ 一生情 一杯酒/ 朋友 不曾孤單過/ 一聲朋友 會懂. 還有傷 還有痛/ 還要走 還有我."

péngyou)'라 하는데, 우리도 옛날에는 이 한자어를 썼다.

> 괜스레 힘든 날 턱없이 전화해
> 말없이 울어도 오래 들어주던 너
> 늘 곁에 있으니 모르고 지냈어
> 고맙고 미안한 마음들
>
> 사랑이 날 떠날 땐 내 어깰 두드리며
> 보낼 줄 알아야 시작도 안다고
> 애기하지 않아도 가끔 서운케 해도
> 못 믿을 이 세상 너와 난 믿잖니
>
> 겁 없이 달래도 철없이 좋았던
> 그 시절 그래도 함께여서 좋았어
> 시간은 흐르고 모든 게 변해도
> 그대로 있어준 친구여

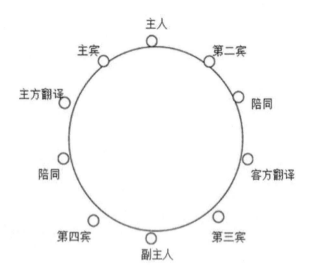

●8_06. '중국 식사 테이블의 좌석 배치도'.
제일 안쪽 중앙이 초대자의 자리이고, 그의 오른쪽에 제일 손님이, 왼쪽에 제이 손님이 앉는다. 주인의 대각선에 제이 주인이 앉고 제일 손님의 맞은편에 제삼 손님이, 제이 손님의 맞은편에 제사 손님이 앉는 식으로 자리가 배정된다. 식사의 순서도, 술을 권하는 순서와 방식도 이에 따라 엄격하게 정해져 있다.

안재욱이 중국의 국민가수 주화건(周華健)의 노래 '평유(朋友)'를 리메이크하여 크게 히트를 쳤던 노래이다. 힘들 때 곁에 있어 준 친구에게 고마움을 표하는 노래로, 친구의 존재를 실감하게 하는 말이다.

언제나 따뜻한 위로를 주고 어려울 때 도움을 주는 친구, 친구는 사회 교제에서 가장 중요한 관계이다. 진정한 친구라면 믿음과 우애를 가져야 할 것이다. "아버지는 의(義)로워야 하고 어머니는 자애(慈愛)로워야 하며 형은 우애(友愛)로워야 하고 동생은 공손(恭遜)해야 한다."라고 했듯이 우애(友愛)는 형이 동생에게 가져야 할 덕목이기도 했지만, 그 말 속에는 '친구처럼 사랑하다'는 뜻이 담겼다. '믿음'은 친구 간에 신뢰를 구축하는 출발이다. 그래서 붕우유신(朋友有信)이라는 말이 있다.

온갖 거짓말이 난무하고 기회만 나면 서로를 속이는 현대의 삶에서 서로를 돕고 서로를 믿고 신뢰하는 것은 그 어떤 것보다 중요한 덕목이라 할 것이다. 나아가 건전한 사회를 유지하는 큰 원동력일 것이다.

右(오른 우): yòu、口-2、5、70

字形

說文小篆

甲骨文 金文 古陶文 簡牘文 古璽文

右 오른쪽 우

字解

회의. 원래는 오른손을 그려 돕다는 뜻을 그렸는데, 이후 오른손、오른쪽、돕다、중시하다、귀하다의 뜻이 나왔고, 다시 서쪽 즉 남쪽으로 보고 앉았을 때의 오른쪽을 지칭하게 되었다. 이후 그것이 오른쪽 손임을 더욱 명확하게 하려고 손의 왼쪽에 두 점을 첨가하였다가, 다시 口로 바꾸어 지금의 자형이 되었는데, 口는 입이나 기물의 아가리를 그렸다. 혹자는 이를 두고 오른손으로 입(口)에 밥을 떠 넣거나, 그릇(口)에서 음식을 더는 모습을 그렸다고 풀이하기도 한다.

어원_59 우(右)

60_시간의 출발, 태양: 日(해 일; rì)

해는 줄곧 달이나 별과 함께 고대인들의 숭배 대상이 되어왔다. 해와 달과 별의 운행은 인간에게 시간과 공간을 알려주는 역할을 해 왔으며, 이를 알아야만 농경과 목축과 해상 활동 등 모든 일상생활을 제대로 할 수 있었기 때문이다.

우주의 심장이자 존재의 중심이며 영지(靈智)의 중심이라 말해지는 태양, 한자에서 日(날일)은 태양을 형상한 둥근 원안에 점 하나를 찍어 표현했다. 원안에 찍힌 점이 무엇을 형상한 것인지에 대해서는 여러 가지 설이 있다. 어떤 사람은 그것이 태양의 흑점을 그린 것이라고 하고, 어떤 사람은 태양에 산다고 전해지는 삼족오(三足鳥)를 상징한 것이라도 한다.

60_일(日)

그러나 고대 중국인들이 원래부터 태양을 하나라고 생각했었던 것은 아니었다. 중국 신화에 의하면 하늘에는 처음에 태양이 열 개가 있었다 한다. 태양이 열 개나 되다 보니 너무 더워 살 수가 없었고, 그래서 활의 명수였던 후예(后羿)라는 사람이 하나만을 남기고 나머지 아홉 개를 쏘아 떨어뜨렸다 한다. 그리고 남은 하나의 태양에는 다리가 셋 달린 붉은 까마귀인 삼족오가 산다고 전해진다.

삼족오는 옥토끼와 구미호와 함께 서왕모(西王母)의 세 가지 보배였다. 삼족오는 서왕모에게 진귀한 음식을 구해 바치는 일을 맡고 있었는데, 너무나 일을 잘해 태양 나라로 파견했다. 태양에 살게 된 삼족오는 새로운 일을 맡게 되었는데, 그것은 바로 태양을 매일 동쪽에서 서쪽으로 옮기는 일이었다. 매일 이 일을 하면서 삼족오는 영원히 태양에 살게 되었다 한다. 호남성 장사의 마왕퇴(馬王堆)라는 한나라 무덤에서 발견된 비단 그림에도, 집안(集安)의 고구려 무덤 벽화에도 이러한 신화가 그림으로 생생하게 그려져 있다.

한편, 아홉은 중국에서 완성의 숫자이자 굉장히 많은 다수의 상징이다. 그래서 그들은 하늘은 아홉 구역, 땅은 아홉 지역으로 나누어져 있으며, 뭍은 아홉 개의 커다란 산, 바다는 아홉 개의 섬으로 이루어져 있다고 믿었다. 열 개 중 아홉의 '태양을 줄여 하나'로 된 것은 어쩌면 수많은 부족국가들이 하나로 통합되어 국가 형태를 구성하게 되는 역사를 반영한 상징일 수도 있다. 아홉 개(九)의 태양(日)이 모여 있는 旭(빛날 욱)은 이러한 고대 신화와 관련된 것일까? 어쨌든 욱(旭)은 엄청나게 밝다는 뜻이다.

●8_07. '태양과 삼족오'. 태양에는 발이 셋 달린 새가 산다고 하며, 고대 중국인들은 이 새가 태양을 동쪽에서 서쪽으로 옮기는 것으로 생각했는데, 새의 가슴 안 태양 속에 삼족오(三足烏)가 그려졌다. 사천성 신도(新都) 출토. 48*29센티미터.

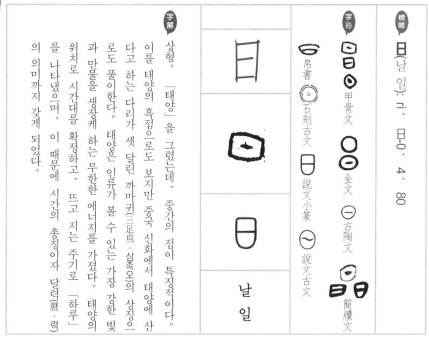

標題

日(날 일); rì、日-0、4、80

字形

甲骨文

金文 古陶文

帛書

石刻古文 說文小篆 說文古文

簡牘文

날 일

字解

상형. 「태양」을 그렸는데, 중간의 점이 특징적이다. 이를 태양의 흑점으로도 보지만 중국 신화에서 태양에 산다고 하는 다리가 셋 달린 까마귀(三足烏·삼족오)로도 풀이한다. 태양은 인류가 볼 수 있는 가장 강한 빛과 만물을 생장케 하는 무한한 에너지를 가졌다. 태양의 위치로 시간대를 확장하고, 뜨고 지는 주기로 「하루」를 나타냈으며, 이 때문에 시간의 총칭이자 달력(曆·력)의 의미까지 갖게 되었다.

어원_60 일(日)

61_차고 이지러지는 반복되는 순환, 달: 月(달 월; yuè)

月(달 월)은 초승달과 보름달의 중간 형태인 '반달'의 형상에 점이 하나 찍힌 모습이다. 점은 달 표면에 나타난 음영을 표현한 것인데, 달은 이 음영으로 인해 많은 전설과 함께 풍부한 상상력의 원천이 되었다. 우리나라에서도 이 달의 음영은 계수나무 밑에서 옥토끼가 방아를 찧는 모습, 보다 구체적으로 불멸의 선약(仙藥)을 찧고 있다는 전설로 전해 오고 있지 않던가?

하지만 중국에서는 옥토끼가 등장하기 전, 두꺼비 형상을 한 섬여(蟾蜍)가 벌을 받고 있는 모습으로 표현되었다. 섬여는 하늘의 명령으로 인간 세상의 재앙을 없애러 내려온 후예(后羿)의 아내인 항아(嫦娥)의 변신이다. 후예는 당시 아홉 개의 태양을 활로 쏘아 떨어뜨렸고 인간의 큰 걱정거리를 해결해 준 공으로 인간들의 추앙을 받아 인간 세상에 남게 되었다. 하지만 그의 아내 항아는 하늘로 돌아가지 못함을 슬퍼하고 천상의 생활을 그리워하면서 날로 쇠약해만 갔다. 아내를 너무나도 사랑했던 후예는 곤륜산의 서쪽에 살고 있다는, 질병을 관장하는 신인 서왕모(西王母)를 찾아가서 장생불로의 선약을 구해 왔다.

61_월(月)

서왕모가 약을 주면서 그 약은 반드시 두 사람이 함께 먹어야지 그렇지 않으면 약을 먹은 사람 혼자 하늘로 올라가 버리는 비극이 생길 것이라고 했다. 항아는 이 사실을 알고서도 하늘로 돌아가고자 하는 욕심에 몰래 혼자 선약을 먹고서는 하늘로 올라가다가 월궁(月宮), 즉 달로 달아나 버린다. 하지만 남편을 속이고 혼자 달로 도망 온 배신행위의 대가로 항아는 보기 흉한 두꺼비로 변했다. 게다가 아무리 잘라도 잘라지지 않는 계수나무에 도끼질을 해야 했고 끝도 없이 선약을 빻아야만 하는 벌까지 내려졌다. 그러나 이후, 아름다움과 여성적 형상으로 등장하는 달과 섬여의 이미지가 걸맞지 않다고 여겨졌던지 섬여는 옥토끼로 바뀌어 오늘날과 같은 전설로 변하게 되었다. 兎(토끼 토)는 토끼의 모습을 형상한 것으로, 긴 귀를 특징적으로 형상화했다. 토(兎)는 달 속에 옥토끼가 있다는 전설 때문에 달의 별칭(別稱)으로 쓰이기도 한다.

음과 양의 상징인 달(月)과 태양(日)이 합쳐진 것이 明(밝을 명)이라고들 하지만 실은 창에 달이 비친 모습이 명(明)이다. 고대 한자를 보면 태양(日)이 아닌 창문의 모습을 그린 것이 분명하다. 그러다 한나라 때의 예서에 이르러 일(日)로 바뀌었다. 조명 시설이 없던 옛날, 창으로 휘영청 스며드는 달빛은 다른 그 무엇보다 밝게 느껴졌을 것이다.

●8_08. '달과 두꺼비'. 신조(神鳥)가 달을 가슴에 품어 나르는 모습. 가슴 속의 달 속에 계수나무와 두꺼비가 그려졌다. 사천성 신도(新都) 출토. 48*29센티미터.

標題	字形		字解
月(달 월): yuè、月-0、4、80	甲骨文 金 簡牘文 石刻古文 說文小篆 文	月 月 달 월	상형。 달을 그렸는데、 태양(日·일)과 쉽게 구분할 수 있도록 둥근 모습의 보름달이 아닌 반달을 그렸다。 月도 日처럼 중간에 들어간 점이 특징적이다。 이를 달 표면의 음영이라고도 하나 중국 신화에서 달에 산다고 하는 蟾餘(섬여·두꺼비)의 상징으로 보기도 한다。 달이 원래 뜻이며、 달이 이지러지고 차는 주기라는 뜻에서 「한 달」을 지칭하였고、 달처럼 생긴 둥근 것을 말하기도 하였다。

어원_61 월(月)

●8_09. '마왕퇴 비단 그림'.

1972년 호남성 장사 마왕퇴(馬王堆) 제1호 묘에서 발견된 비단에 그려진 그림으로 관을 덮는 덮개로 쓰였다. 1974년에는 제3호 묘에서도 같은 그림 4점이 발견되었다. 한나라 무제 때 그려진 것으로 추정된다.

T자 형으로 되었는데, 위쪽 너비가 92센티미터, 아래쪽 너비는 47.7센티미터, 길이는 205센티미터이다. 그림 중간 부분의 지팡이를 짚은 여인이 이 무덤의 주인공, 장사 태수 이창의 부인으로 추정되는데, 윗부분이 천상세계, 중간은 현실세계, 아래는 지하세계로, 당시 사람들이 상상했던 현실과 사후 세계를 그려냈다. 하늘에는 9개의 태양과 달이 그려졌는데, 큰 태양에는 삼족오가, 달에는 섬여가 그려져 중국의 창제신화를 반영했다. 또 용 6마리와 호랑이 3마리, 봉새 1마리 등 신성한 짐승들이 그려져 신비감을 더해주고 있다.

62_세상의 이치, 변화; 易(바꿀 역; yì)

세상의 모든 것은 변화한다. 변하지 않는 것은 죽은 생명 뿐이다. 사람도 마찬가지이다. 더 이상 변하지 않고 자신의 생각에 갇히게 되면 몸은 살아 있다해도 죽은 생명에 다름없다. 고대 중국에서도 우주 만물의 변화에 주목했고 그 규칙을 찾으려 노력했다. 그 결과 『역경(易經)』이라는 책이 만들어졌는데, 이 책도 'The Book of Change'로 번역되듯이 '변화에 관한 책'이다. 주나라 문왕에 의해서 지어졌다는 설에서 달리 『주역(周易)』이라 부르기도 한다.

62_역(易)

易(바꿀 역)의 금문 자형에 대해서는 의견이 많지만, 발이 달린 도마뱀을 그렸다는 것이 일반적이다. 그렇다면 도마뱀이 역(易)의 원래 뜻이다. 그러나 고대 중국인들은 도마뱀을 카멜레온과 혼동하였던지 도마뱀이 환경에 따라 색깔을 잘 바꾸고 변화시킨다고 생각하는 바람에 역(易)에 '바꾸다'와 '쉽다'는 뜻이 생겼고, 그 때에는 '이'로 구분하여 읽었다. 그리고 원래의 도마뱀은 虫(벌레 충)을 더한 蜴(도마뱀 척)으로 분화시켜 표현했다.

또 '화폐'를 뜻하는 패(貝)가 더해진 賜(줄 사)는 윗사람이 아랫사람에게 상을 내리는 것을 말한다. 예컨대 임금은 제후에게 그가 세운 공에 따라 정해진 물건을 하사품(下賜品)으로 내렸다. 그 하사품은 필요에 따라 다른 물건으로 쉽게 바꿀 수 있는 옥, 비단, 청동 등이 대부분이었다. 그래서 사(賜)에는 다른 화폐(貝)로 바꿀(易) 수 있도록 내리는 물건이라는 뜻이 들어 있다.

게다가 錫(주석 석)은 '주석'을 말하는데, 주석은 순수한 구리를 청동으로 만들 때 첨가하는 가장 중요한 요소의 하나이며, 그러

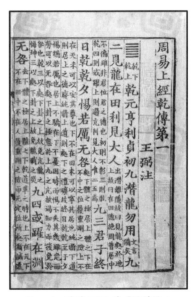

●8_10. '왕필(王弼)'의 『주역주』.

한 과정을 거쳐 구리는 솥(鼎정)이나 종(鐘) 같은 여러 가지 아름다운 청동기물로 태어난다. 그래서 석(錫)에는 여러 다른 물건으로 바꾸어(易) 만들 수 있는 금속(金)이라는 뜻이 담겨 있다.

그런가 하면 貿(바꿀무)도 나누어진(卯) 두 편 사이를 화폐(貝)로써 교환하고 바꿈을 말한다. 이러한 무(貿)와 역(易)이 결합한 무역(貿易)은 '바꾸다'는 의미가 더욱 강조된 모습이 되었다.

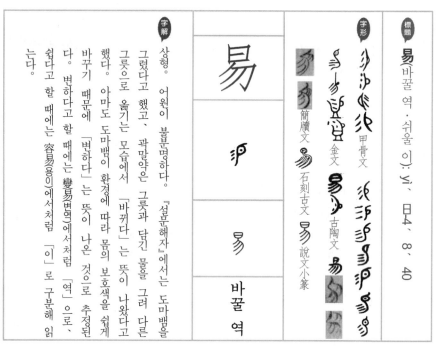

標題
易(바꿀 역·쉬울 이): yì、日4、8、40

字形
甲骨文　金文　古陶文
簡牘文　石刻古文　說文小篆

字解
상형。 어원이 불분명하다。 『설문해자』에서는 도마뱀을 그렸다고 했고, 과말약은 그릇과 담긴 물을 그려 다른 그릇으로 옮기는 모습에서 [바뀌다]는 뜻이 나왔다고 했다。 아마도 도마뱀이 환경에 따라 몸의 보호색을 쉽게 바꾸기 때문에 [변하다]는 뜻이 나온 것으로 추정된다。 변하다고 할 때에는 變易변역에서처럼 [역]으로, 쉽다고 할 때에는 容易용이에서처럼 [이]로 구분해 읽는다。

易　易　바꿀 역

어원_62 역(易)

63_만물이 자라나는 계절 봄: 春(봄 춘; chūn)

우리말에서 '봄'은 '보다'의 명사형으로, 겨우내 움츠리고 있던 만물이 소생하는 신비한 광경과 새 모습을 '보는' 계절이라는 뜻에서 왔다. 그런가 하면 영어의 'spring'은 겨우내 얼었던 얼음이 녹아 '샘솟는' 계절임을 뜻한다.

봄을 뜻하는 한자는 춘(春)인데, 춘(春)은 어떻게 만들어졌을까? 지금의 春(봄춘)은 아래쪽의 일(日)은 분명하지만 윗부분은 무엇을 그렸는지 알 수 없다. 그러나 갑골문 시대에는 매우 형상적이었다. 풀(艸) 사이로 태양(日)이 그려졌고, 소리부 겸 의미부인 둔(屯)이 들어 있었다. 둔(屯)은 싹(屮)이 땅(一)을 비집고 올라오는 모습을 그린 글자이다. 따라서 춘(春)은 겨우내 깊이 잠들었던 만물이 싹을 틔워 봄 햇살 아래 땅을 비집고 올라오는 모습을 그렸다. 우리말의 어원과 별로 차이를 보이지 않는다.

봄이 시작되는 입춘(立春)은 태양의 회귀점이 가장 낮은 동지(冬至) 이후 대지의 음기가 양기로 돌아서면서 모든 사물이 왕성히 생동하기 시작하는 봄의 시작이자 24절기의 첫 시작이다.

옛날 같으면 집집마다 대문에다 입춘대길(立春大吉,입춘이 되니 크게 길할 것이요)이나 건양다경(建陽多慶,따스한 기운이 도니 경사가 많으리라)과 같은 입춘첩(立春帖)을 커다랗게 써 붙여 놓을 것이지만 이제는 그런 모습도 보기 힘들어졌다.

따라서 입춘(立春)은 겨우내 움츠린 기운을 털고 일어나 팔을 벌리고 대지위에 서서(立) 따스한 햇살을 받으며 땅을 비집고 올라오는 새싹의 모습을 감상할 때(春)라는 의미가 스며있다.

63_춘(春)

　그래서 춘(春)은 새 생명의 상징이다. 이 때문에 청춘(青春)이
라는 말도 생겼다. 나아가 춘(春)은 춘화(春畫)에서처럼 남녀 간의
애정을 뜻하기도 한다. 또 '술'을 의미하기도 하는데, 특히 당(唐)
나라 때에는 금릉춘(金陵春), 죽엽춘(竹葉春), 이화춘(梨花春)처럼 춘(春)
이 들어간 술 이름이 많이 등장했다. 지금도 중국 최고 명주의
하나인 검난춘(劍南春)은 험도(險道)로 유명한 사천성 '검남(劍南) 지
방의 술'이라는 뜻이다. 춘(春)이 술을 뜻하게
된 것은 술을 빚으면 황록색을 띠게 되는데
이 색이 봄의 색인데서 유래했다고 전해지지
만, 적당한 술은 사람의 기운을 새싹처럼 돋아
나게 하기 때문도 아닐까 생각한다.

●8_11. '검남춘(劍南春)'.
중국 8대 명주의 하나. 사천성 백죽(綿竹)시에서 나는데, 이곳이 당나라 때
검남도(劍南道)에 속했기 때문에, 여기의 술을 '검남춘'이라 부른다. 당나라
무덕(武德) 연간(618~625년)부터 술이 생산되었다는 기록이 있어, 이미 1400여
년의 역사를 가진다.

標題 **春**(봄 춘): (旾、暙)、chūn、日-5、9、70

字形

石刻古文 甲汗簡 說文小篆

金文 簡牘文 帛書 甲骨文 古璽文 漢印

春 旾 暙

봄 춘

字解 형성. 원래는 艸(풀 우거질 망)과 日(날 일)이 의미부이고 屯(진 칠 둔)이 소리부로、 따스한 햇살(日) 아래 땅을 비집고 돋아나는(屯) 풀(艸)을 그려 놓고 그러한 때가 [봄]임을 그렸는데、 예서에 들면서 지금의 형태로 바뀌었다. 달리 艸 대신 艸(풀 초)가 들어간 旾으로 쓰기도 한다. 봄이 원래 뜻이며、 만물이 자라나는 계절이므로 욕정이나 춘정의 뜻이 나왔다. 또 봄부터 다음 봄까지의 시간인 한 해를 뜻하기도 하며、 동쪽을 상징하며、 술을 지칭하기도 한다.

어원_63 춘(春)

64_기우제의 계절, 여름: 夏(여름 하; xià)

우리말에서 '여름'은 열매를 뜻한다. "뿌리 깊은 나무는 여름 하나니, 가뭄에도 아니 뮐세."에서 '여름 하나니'는 '열매가 많이 열리다'는 뜻이다. 각종 '열매'가 주렁주렁 열려 익기 시작하는 계절이라는 뜻이다. 이에 비해 영어의 'summer'는 '태양'과 관련 있으며, 강열한 햇빛을 받아 초목이 무성해지는 계절이라는 뜻이다.

여름을 뜻하는 한자 하(夏)는 어디서 왔을까? 우리말이나 영어와는 사뭇 다르다.

夏(여름하)는 금문을 보면 지금보다 훨씬 자세하고 사실적인데, 크게 키워 그린 얼굴에 두 팔과 발이 그려진 사람의 모습을 했다. 크게 그려진 얼굴은 고대 한자에서 일반적으로 분장을 한 제사장의 모습이며, 두 팔과 발은 율동적인 동작을 의미한다. 그래서 하(夏)는 춤추는 제사장의 모습이며, 그것은 비 내기를 기원하는 제사인 기우제(祈雨祭)를 위한 춤이었다. 금문의 다른 글자들에서 춤추는 제사장 이외에 '해'를 뜻하는 일(日)이 들어간 것도 이를 반증해 준다. 그래서 기우제를 지내는 '춤'이 하(夏)의 원래 뜻이다. 이 때문에 『예기(禮記)』에서 말한 상무(象武)가 무무(武舞)를 뜻한다면 하약(夏籥)은 문무(文舞)를 뜻해, 하(夏)를 '춤'으로 해석해야 한다.

기우제는 신(神)을 즐겁게 하기 위한 성대(盛大)한 춤을 필요로 한다. 이 때문에 하(夏)에 다시 '크다'는 뜻이 나왔고, 기우제가 주로 여름철에 이루어졌기 때문에 '여름'도 뜻하게 되었다.

64_하(夏)

금문의 '하(夏)'

중국인들이 자신들이 세운 최초의 국가를 하(夏)라고 불렀던 것은 바로 '큰' 나라라는 의미에서였다. 마치 우리 민족을 '크다'는 뜻의 '한(韓)' 민족이라 불렀던 것처럼 말이다.

하(夏)로 구성된 글자는 많지 않다. 자주 쓰는 글자 중에 厦(큰집하)가 있는데 하(夏)에 '건축물'을 뜻하는 엄(广)이 더해져 '큰(夏) 집(广)'을 뜻한다. 그래서 중국어에서는 빌딩(building)을 '따샤(大厦 dàxià)'라 번역했다.

어원_64 하(夏)

標題 夏(여름 하): xià、夊-7、10、70

字形 金文 說文小篆 簡牘文 帛書 古璽文 石刻古文 說文古文

字解 회의. 頁(머리 혈)의 생략된 모습과 夊(뒤져서 올 치)로 구성되었다. 금문에서는 크게 키워 그린 얼굴(頁)에 두 팔과 두 발(夊)이 그려진 사람의 모습을 했는데, 자형이 변해 지금처럼 되었다. 크게 그려진 얼굴은 고대 한자에서 주로 분장을 한 제사장의 모습이며, 두 팔과 발은 율동적인 동작을 의미하기에, 夏는 祈雨祭(기우제)를 지내려고 춤추는 제사장의 모습을 그린 것으로 추정된다. 그래서 [춤]이 원래 뜻이며, 기우제는 신을 즐겁게 하기 위한 盛大(성대)한 춤이 필요하기에 크다, 성대하다는 뜻이 나왔고, 중국인들이 자기 민족을 부르는 이름이 되었다. 또 기우제가 주로 여름철에 이루어졌기 때문에 [여름]도 뜻하게 되었다.

65_수확을 위한 메뚜기와의 전쟁, 가을: 秋(가을 추; qiū)

농경 사회를 살았던 옛날, 곡식의 수확은 이듬해를 살 수 있는 근원이었다. 그래서 풍년의 여부가 희비를 갈랐다. 바로 가을은 수확의 계절이다. 그래서 우리말 '가을'도 'ᄀ다'(끊다, 자르다)에서 근원한 'ᄀ을'에서 'ᄀ을'을 거쳐 왔고, 이는 '가을걷이'에서처럼 '수확'을 뜻한다. 영어 'autumn' 역시 '수확의 계절'을 뜻하며, 'fall'은 '낙엽'을 뜻하여 온갖 사물이 지는 계절을 뜻한다. 가을을 뜻하는 한자는 추(秋)인데, 이는 또 어디서 왔을까?

65_추(秋)

秋(가을 추)는 禾(벼 화)와 火(불 화)로 구성되어 '벼를 불태우는 모습'을 그렸다. 그러나 처음부터 이런 구조는 아니었다. 먼 옛날의 갑골문을 보면 화(火) 대신 '메뚜기'가 들어갔다. 이후 다시 화(禾)가 더해졌다가 원래의 '메뚜기'는 탈락하여 지금의 추(秋)가 되었다.

일 년 내내 가꾸어온 곡식이 무르익고 수확을 할 계절, 풍년도 들었고, 사람마다 수확의 기쁨에 가득 차 있었다. 그러나 이때가 되면 어김없이 찾아오는 불청객, 바로 메뚜기 떼의 출현은 큰 걱정거리였다. 지금은 상상이 되지 않지만, 펄벅(Pearl S. Buck, 1892~1973)의 유명한 소설 『대지(The Good Earth)』를 읽어본 사람이라면 20세기 초까지도 중국 대륙을 휩쓸었던 메뚜기 떼의 규모와 피해를 상상할 수 있을 것이다. 갑골문 당시에도 수확의 가장 큰 적이자 골칫거리가 메뚜기 떼였고, 그러한 재앙을 없애는 것이 '가을'의 상징이 되었다. 그 때문에

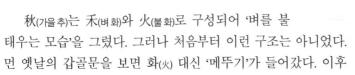

●8_12. '추(秋)'의 각종 자형'.

'메뚜기를 불태우는 모습'으로 '가을'의 의미를 그렸던 것이다.

게다가 농경사회를 살았던 고대 중국에서 농작물을 수확하는 '가을'이 일 년 중 가장 중요한 시기이고 가장 인상적으로 여겨졌을 것이다. 그래서 추(秋)는 단순히 '가을'이라는 계절의 의미를 넘어서 일 년 전체를 상징해 '해'를 뜻하기도 했다. 예컨대 '천추(千秋·천년)'와 '일일여삼추(一日如三秋·하루가 삼 년 같이 길게 느껴짐)'의 추(秋)는 일 년을 뜻한다. 또 '춘추(春秋)'는 봄과 가을이라는 의미로부터 '세월'이나 '나이'까지 뜻하게 되었다.

어원_65 추(秋)

標題 秋(가을 추): (烁、穐)、qiū、禾4、9、70

字形 甲骨文 古陶文 簡牘文 說文小 篆 說文籀文

字解 회의. 禾(벼 화)와 火(불 화)로 구성되어, 곡식(禾·을 불火)로 태우는 모습을 그렸다. 갑골문에서는 메뚜기를 불火로 태우는 모습을 그려, 가을 수확 때 습격한 메뚜기 떼의 퇴치를 형상화했다. 이후 금문에서 禾가 더해졌고 예서에서 지금의 자형이 되었다. 秋收(추수)는 수확이 원래 뜻이며, 수확하는 계절이란 뜻에서 가을의 의미가, 다시 수확에서 수확까지의 한 사이클이라는 뜻에서 한 해를 뜻하기도 하였다.

66_베 짜기의 계절, 겨울: 冬(겨울 동; dōng)

우리말에서 '겨울'은 '겨시다' 즉 '계시다'에서 왔으며, 추운 날씨 탓에 바깥출입을 피하고 '집안에 머물러 있는 계절'이라는 뜻에서 온 것으로 알려져 있다. 영어의 'winter'는 습하다는 뜻의 'wed'에서 근원하여 눈이나 비가 많이 내리는 계절, 습기가 많은 계절(a wet season)을 뜻한다. 겨울을 뜻하는 한자는 동(冬)인데, 이는 또 어디서 온 것일까?

冬(겨울동)의 지금 자형은 아래쪽의 두 점(冫冰=氷의 원래글자)이 '얼음'을 뜻한다는 것 이외에는 잘 알아보기 어렵다. 갑골문에서는 마치 가는 가지에 매달린 '잎사귀' 같아 보인다. 이의 자형에 대해서는 여러 해설이 있지만, '실 끝에 매달린 베틀 북'을 그렸다는 것이 일반적이다. 그것은 동(冬)에서 파생한 終(끝날종)에서도 실마리를 찾을 수 있다. 즉 동(冬)이 외출을 피하고 집안에서 '베를 짜는 계절'이라는 뜻에서 '겨울'을 뜻하게 되자, '실'을 뜻하는 멱(糸)을 더해 분화한 글자가 종(終)이라는 것이다. 이 해설에 의하면, 끝에 매달린 '베틀 북'으로부터 '끝'의 의미가 나온 셈이다.

날실 사이를 왔다 갔다 하면서 실을 푸는 역할을 하는 '북'은 베 짜기의 상징이고, 농경사회를 살았던 그 옛날 겨울은 집안에서 베 짜기에 알맞은 계절이었을 것이다. 이로부터 동(冬)에 '겨울'이라는 뜻까지 나왔던 것으로 추정된다.

66_동(冬)

갑골문 '동(冬)'

●8_13. 운남성 남서족(納西族)들이 사용하는 동파(東巴)문자의 '오행도(五行圖)'.

동파문자는 남서족이 사용해 온 상형문자인데, 지금도 약 1200여 자가 전한다. 그림에서 ①~④까지가 순서대로 봄, 여름, 가을, 겨울을 뜻하는데, 공통으로 든 윗부분의 둥그스름한 모습은 '하늘'을 뜻한다. 그래서 ①은 따뜻한 봄바람이 불어오는 모습을 그렸고, ②는 세차게 내리는 비를 그렸으며, ③은 만발한 꽃을 그렸고, ④는 눈이 내리는 모습을 그렸다. 모두 그 지역에서 경험할 수 있는 계절의 특징을 그렸다.(그림 www.nipic.com)

標題 冬(겨울 동): dōng、ㄉㄨㄥˋ、5、70

字形

甲骨文 金文 古陶文 簡牘文 石刻古文 說文小篆 說文古文

겨울 동

字解 상형. 이의 어원에 대해서는 설이 분분하나, 갑골문에서 실 양쪽 끝으로 매달린 베틀 북을 그렸다는 설이 대표적이다. 베틀 북은 베 짜기를 대표하고, 베 짜는 계절이 바로 [겨울]이다. 혹자는 가지 끝에 매달린 잎사귀라고 풀이하기도 한다. 이후 [겨울]이라는 의미를 명확하게 하고자 얼음(冫)을 더해 지금의 冬이 되었다. 또 끝이라는 의미를 강조하기 위해 糸(가는실멱)을 더해 終(끝날종)으로 분화했다.

67_수확에서 수확까지, 일 년: 年(해 년; nián)

오곡 중에서 가장 중요한 곡식은 아무래도 '벼'였을 것이다. 禾(벼 화)는 익어 고개를 숙인 벼의 모습을 형상한 것이다. 年(해 년)은 사람이 볏단을 지고 가는 모습이다. 그래서 년(年)의 원래 뜻은 '수확'이다. 고대인들에게 풍성한 수확이 가져다주는 의미는 더없이 커다란 것이었을 것이다. 그래서 일 년에 한 번 하는 수확을 갖고서 '해'를 헤아리는 단위로 삼았던 것이다.

벼 아래에 사람(어른) 대신 아들(子)이 들어가면 季(철 계)가 된다. 이는 수확기에 모든 노동 인력이 다 동원되고 급기야는 집안에 남은 가장 어린아이까지 동원되어 볏단을 나른다는 의미를 담고 있다. 그래서 계(季)는 '마지막'이나 '막내'라는 뜻을 갖게 되었다. 이 때문에 계숙(季叔)하면 막내 삼촌이요, 계춘(季春)하면 봄에서 마지막 달, 즉 음력 3월을 말한다. 그리고 벼를 손으로 잡고 있으면 秉(잡을 병)이 된다. 볏단을 쥐고 있다는 뜻이다.

해를 헤아리는 단위로는 이외에도 祀(제사지낼 사)와 歲(해 목성 세)가 있다. 한나라 때의 중국 고대 어휘 사전인 『이아(爾雅)』에 의하면 "하나라 때에는 세(歲)를, 상나라 때에는 사(祀)를, 주나라 때에는 년(年)을 사용했다."라고 한다. 세(歲)도 년(年)처럼 수확하는 모습을 그렸다. 사(祀)를 구성하고 있는 示(보일 땅 귀신 시)는 제단의 모습을 형상했고, 巳(여섯째 지지 사)는 원래 태아의 모습을 형상해 이로부터 '자손'이라는 의미가 생겨났다. 그래서 사(祀)는 자손(巳)이 제단(示) 앞에서 조상에게 제사를 드리고 있는 모습이다. 물론 사(巳)는 의미 결정뿐만 아니라 소리부의 역할도 겸하고 있다.

67_년(年)

갑골문 '년(年)'

앞에서도 설명했듯, 상나라 때에는 그 어느 때보다도 조상에 대한 제사를 중시하고 그 수도 많아서, 제사가 한 바퀴 돌아오는 것을 의미하는 사(祀)로써 해를 헤아리는 단위로 삼았던 것이다.

標題 **年**(해 년): (秊)、 nián、 禾-3、 6、 80

字形 簡牘文 〔그림〕 石刻古文 〔그림〕 說文小篆 〔그림〕 甲骨文 〔그림〕 金文 〔그림〕

字解 형성. 원래 禾(벼 화)가 의미부이고 人(사람 인)이 소리부로, 사람(人)이 볏단(禾)을 지고 가는 모습에서 수확의 의미를 그렸는데, 자형이 다소 변해 지금처럼 되었다. 곡식이 익다, 수확하다가 원래 뜻이며, 수확에서 다음 수확까지의 시간적 순환으로부터 「한 해」라는 개념이 나왔으며, 年代(연대)、 나이 등도 지칭하게 되었다. 달리 人을 千(일천 천)으로 바꾼 秊(해 년)으로 쓰기도 한다.

어원_67 년(年)

68_수확의 주기와 나이, 한 해: 歲(해 세; suì)

한 해를 뜻하는 또 다른 한자 歲(해 세)는 날이 둥근 창(戌)과 두 발(止)로 구성된 글자로, 수확하는 모습을 구체적으로 표현했다. 그래서 세(歲)의 원래 뜻은 '낫으로 곡식을 베는 행위'를 말한다. 그러나 이후 세(歲)가 '한 해'를 뜻하게 되자, 원래 뜻은 다시 刀(칼도)를 더하여 劌(벨상처낼 귀)로 분화하였다.

이렇게 볼 때 세(歲)도 년(年)의 창제 의미와 같이, 수확의 의미로써 해를 헤아리는 단어로 삼았다. 즉 그들은 한 해라는 개념을 지금처럼 1월 1일부터 12월 31일까지라는 식이 아닌, 곡식의 수확으로부터 다음 수확 때까지의 한 주기라는 개념으로 이해했던 것이다. 목성을 세성(歲星)이라 부르듯 세(歲)는 달리 '목성'을 의미하기도 한다.

68_세(歲)

그것은 목성의 자전 주기가 약 12년이며 고대 중국에서는 간지를 사용해 날짜를 나타내었기에, 이의 자전 주기가 12간지와 맞아떨어지므로 해서 해를 헤아리는 단위인 세(歲)로 '목성'을 나타내었다.

그러면 년(年)과 세(歲)는 같이 쓰일까? 중국에서는 '설 쇠다'를 '꿔녠(過年 guònián)'이라 표현하지만 우리는 '과세(過歲)'라는 말을 보편적으로 쓰고 있다. 물론 이 둘이 만나 연세(年歲)라는 말도 생겼지만, 년(年)이 시간적인 경과를 주로 나타낸다면 세(歲)는 나이를 세는 단위로 많이 쓰이다.

세(歲)와 년(年)에서 보듯, 고대 중국인들은 한 해라는 시간적 개념을 이번 수확에서 다음 수확까지, 혹은 사(祀)에서 보듯 이번 제사에서 다음 제사까지라는 식의 주기라 인식했으며, 그 주기의 산정 기준을 그들 생활에서 가질 수 있는 가장 중요한 일과 관련지어 표현했음이 매우 특징적이다.

수확에서 수확까지의 주기를 두고 년(年)과 세(歲)라고 한 데는 일찍부터 정착농경 단계에 진입했던 중국의 생태환경이 반영되어 있다. 에스키모들은 연어가 돌아오는 주기를, 몽골 사람들은 풀이 새로 돋아나는 주기로써 해의 단위를 표현한다고 하는데, 이도 마찬가지이다.

우리말의 '해'는 '태양'과 관련 있고, 영어의 'year'는 '시간이 가다'와 관련되어 있다. 중국 서남부 납서족(納西族)의 상형문자에서는 12띠의 첫째인 쥐를 그려 한 해를 표현했고, 이스라엘어의 'tĕšubå'는 그냥 '돌아오다'라는 뜻이다. 이들 언어에서는 이처럼 추상적(抽象的) 개념으로 '해'라는 시간 개념을 표현했지만, 고대 중국인들은 수확과 제사의 주기 등 그들의 생활에서 지극히 중요했던 인간행위와 관련지어 구상적(具象的)으로 그려내었다. 구상적 사유가 중국인들의 특징이라 하는 이유의 일면을 볼 수 있다.

어원_68 세(歲)

100개. 한자를. 통해. 중국의. 사상. 역사. 정치. 경제. 문화. 상식을. 배운다.

제9장

숭상과 금기

●

●

숭.상.과.금.기.

69_중국인의 최고 보물, 옥: 玉(옥 옥; yù)

玉(옥옥)은 원래 여러 개의 옥을 실로 꿴 모습이다. 그러나 이후 王(왕왕)과 형체가 비슷해지자 오른쪽에 점을 남겨 구분했다.

69_옥(玉)

> 옥의 아름다움은 다섯 가지 덕(德)을 갖추었으니, 윤기가 흘러 온화한 것은 인(仁)의 덕이요, 무늬가 밖으로 흘러나와 속을 알 수 있게 하는 것은 의(義)의 덕이요, 소리가 낭랑하여 멀리서도 들을 수 있는 것은 지(智)의 덕이요, 끊길지언정 굽혀지지 않는 것은 용(勇)의 덕이요, 날카로우면서도 남을 해치지 않는 것은 결(潔)의 덕이다.

옥(玉)을 찬미한 『설문해자』의 해설이다. 옥은 특히 속을 알 수 있게 하기에 의로움을 가졌다고 했는데, 겉 무늬와 속 무늬가 다르지 않아 겉과 속이 같기 때문이다. 중국인들이 팔에는 옥팔찌를 끼고 귀에는 귀고리를 목에는 목걸이를 달고 몸에는 패옥을 차, 옥의 이러한 정신을 되새겼을 것이다. 그래서 중국인들에게 옥은 단순히 강도 높고 질 좋은 돌이 아니다. 옥은 그들에게 최고의 덕목을 갖춘 물체로 인식되었다.

●9_01. '양저(良渚) 시대 옥기. 옥종(玉琮)'.
양저 유적은 절강성 태호(太湖) 주위에 분포한 지금으로부터 약 5300~4300년 전의 신석기 후기 유적지이다. 종(琮)은 밖이 땅을 상징하는 네모이고 안이 하늘을 상징하는 둥근 모양으로 된, 통 모양의 제의용 옥기이다. 옥의 숭배가 일찍부터 이루어졌음을 보여준다. 상해박물관 소장.

그래서 옥은 珍(보배진)에서처럼 단순한 보석을 넘어서 더없이 보배로운 길상(吉祥)의 상징이었는데, 그것은 '옥의 무늬가 드러나다'는 뜻을 가진 現(나타날현)에서처럼 옥의 아름다운 무늬 때문일 것이다. 이 때문에 옥은 몸에 걸치는 장신구는 물론 신분의 상징이자 권위를 대신하는 도장(璽새)의 재료로 쓰였으며, 때로는 노리개로, 심지어 시신의 구멍을 막는 마개로도 쓰였다.

더 나아가 옥은 중요한 일이 있을 때의 상징 예물로도 사용되었다. '순자'의 말처럼, 사자를 파견할 때에는 홀(珪규)을, 나랏일을 자문하러 갈 때에는 둥근 옥(璧벽)을, 경대부를 청해올 때에는 도리옥(瑗원)을, 군신관계를 끊을 때에는 패옥(玦결)을, 유배당한 신하를 다시 부를 때에는 환옥(環환)을 사용함으로써, 옥 모양에 따라 사안의 상징성을 표현했다.

標題: 玉(옥 옥): yù、玉0、5、42

字形: 甲骨文 金文 古陶文 貨幣文 簡牘文 / 說文小篆 說文古文

玉 / 옥 옥

字解: 상형. 원래 여러 개의 옥을 실로 꿴 모습이나, 이후 王(왕 왕)과 형체가 비슷해지자 오른쪽에 점을 남겨 구분했다. 『옥의 아름다움은 다섯 가지 德(덕)을 갖추었는데, 윤기가 흘러 온화한 것은 仁(인)의 덕이요, 무늬가 밖으로 흘러나와 속을 알 수 있게 하는 것은 義(의)의 덕이요, 소리가 낭랑하여 멀리서도 들을 수 있는 것은 智(지)의 덕이요, 끊길지언정 굽혀지지 않는 것은 勇(용)의 덕이요, 날카로우면서도 남을 해치지 않는 것은 潔(결)의 덕이다.』라고 한 『설문해자』의 말처럼, 옥은 중국에서 최고의 덕목을 갖춘 물건으로 인식되었다. 그래서 옥은 珍(보배 진)에서처럼 단순한 보석을 넘어서 더없이 보배로운 吉祥(길상)의 상징이었는데, 그것은 現(나타날 현)에서처럼 옥이 가진 맑은소리와 영롱하고 아름다운 무늬 때문일 것이다. 이 때문에 옥은 몸에 걸치는 장신구는 물론 신분의 상징이자 권위를 대신하는 도장璽 · 새의 재료로 쓰였으며, 때로는 노리개로, 심지어 시신의 구멍을 막는 마개로도 쓰였다. 더 나아가 옥은 중요사의 예물로도 사용되었다. [순자]의 말처럼, 사자를 파견할 때에는 홀圭 · 규을, 나랏일을 자문하러 갈 때에는 둥근 옥璧 · 벽을, 경대부를 청해올 때에는 도리옥瑗 · 원을, 군신관계를 끊을 때에는 패옥玦 · 결을, 유배당한 신하를 다시 부를 때에는 환옥環 · 환을 사용함으로써, 각각의 상징을 나타냈다.

●9_02. '비취옥으로 만든 배추'. 메뚜기까지 사실적으로 표현되었으며, 옥조각의 걸작으로 평가 받는다. 18~19세기. 대만 고궁박물원 소장.

70_중국인이 좋아하는 색, 붉은 색: 紅(붉을 홍; hóng)

'중국의 붉은 별', 중화인민공화국을 세운 모택동(毛澤東)을 부르는 말이다. 1940년대, 중국 대륙에서 중국 공산당이 거대 집권당 국민당과 정권을 다투며 혁명 투쟁하고 있을 때, 미국을 포함한 그 누구도 공산당이 승리할 것이라고는 예상하지 못했다. 그런데도 에드거 스노(Edgar Snow, 1905~1972)는 막 장정(長征)에서 살아남은 모택동을 찾아 공산당 본거지인 연안(延安)으로 직접 달려갔다. 그는 밀착 취재를 통해 중국의 미래는 모택동이 될 것이며, 모택동이 세계의 인물로 등장할 것이라고 확신했다. 그는 『중국의 붉은 별(Red Star Over China)』(1937)이라는 책을 통해서 모택동의 혁명 사상과 존재를 서방에 알린 최초의 기자가 되었다. 그러고서 불과 10여년이 지나 중국 대륙은 모택동에 의해 통일되고, 국민당의 장개석 정부는 대만으로 쫓겨 갔다.

70_홍-(紅)

아무도 주목하지 않던 모택동의 이상과 가치를 알아보고 세계의 정치 무대로 소개한 스노, 신 중국이 성립되자 그는 중국의 둘도 없는 친구가 되었다. 물론 스노는 평소부터 반파시즘 연대에도 노력했고 중국을 너무나 사랑했던 사람이다. 그는 죽으면서 시신의 일부를 중국에 묻어 달라고 했고, 그의 유언대로 북경대학 내의 미명호(未名湖) 곁에 묻혔다. 이후 호수 가에 묘비가 세워졌고, 그는 중국과 미국의 우정의 상징이 되었으며, 지금도 많은 사람들이 찾고 있다.

혁명을 통해 신이 된 모택동, 그는 중국의 '붉은 별'로 묘사되었다. 그가 세운 중국공산당의 상징색도 붉은 색이고, 중국의 국기도 붉은 별(紅星)이 든 붉은 깃발인 홍기(紅旗)이며, 그들의 군대도 붉은 군대인 홍군(紅軍)이다.

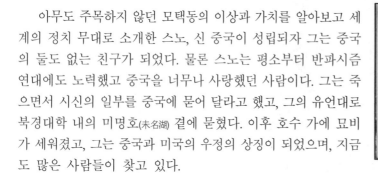

●9_03. 북경대학 교정 미명호(未名湖) 호반에 세워진 '스노의 비명'.
"중국 인민의 미국 친구 에드거 스노의 묘"라고 적혀 있다. 생전 그는 "내가 죽거든 시신의 일부를 중국에 묻어 달라. 내가 살았던 것처럼."리고 유언을 남겼다. 사후 그의 유지를 받들어 그가 생전에 즐겨 찾았던 미명호 호반에 묻고 이 묘비를 세웠다.

붉은 색에 대한 중국인들의 유별난 사랑은 여기서 그치지 않는다. 일상생활에서 자주 볼 수 있는 것이 '훙빠오(紅包 hóngbāo)'이다. '훙빠오(紅包)'는 글자 그대로 붉은 종이에 싼 물건이라는 뜻이다. 보통 새해가 되거나 좋은 일이 있을 때 건네는 축하 선물이자 축하 금을 말한다. 때로는 격려금이나 상금, 심지어는 뇌물을 뜻하기도 한다. 모두 붉은 색 봉투에 넣어 주기 때문에 붙여진 이름이다.

세뱃돈으로는 옛날에는 열두 달 내내 평안하라는 뜻에서 12원을 넣기도 했지만, 요즈음은 100원(우리 돈 약 18000원)을 넣는 것이 보통이라 한다. 급격한 물가 상승도 있었고, 100이라는 숫자의 상징도 있고, 또 100원짜리 중국 지폐가 붉은 색을 띠기 때문이라고도 한다.

●9_04. '중국의 붉은 별'. 모택동과 에드거 스노가 연안에서 함께 찍은 사진.

중국인들이 사랑하는 '붉은 색'은 한자로 홍(紅)이라 한다. 우리말에서 '붉은'은 '붉은'에서 왔을 것이고 이는 '해의 색'을 말한 것으로 추정된다. 그러나 한자 紅(붉을 홍)은 '실타래'를 그린 멱(糸)이 의미부이고 공(工)이 소리부인 구조이다. 잘 알다시피, 중국의 비단은 일찍부터 세계적인 상품이었는데, 이미 상나라 때 비단 생산이 본격적으로 이루어졌다. 그래서 중국인들의 '색깔'은 주로 비단에 넣는 무늬와 그 색깔과 관련지어져 인식되었으며, 이 때문에 색과 관련된 글자들이 많다.

예컨대 기본색인 붉은 색(紅), 노란 색(黃), 파란 색(藍)의 세 가지 원색 중에서 홍(紅)이, 이들 원색이 둘 합쳐 만들어내는 간색(間色)인

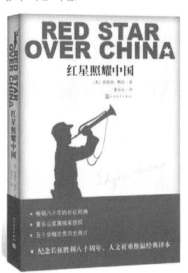

●9_05. 『중국의 붉은 별』의 중국어 번역판과 한국어 번역판.

초록 색(綠)과 자주 색(紫)이 모두 비단 실과 직접 관련되어 멱(糸)으로 구성되어 있다. 이외에도 멱(糸)으로 구성되진 않았지만 파란 색(藍)과 푸른 색(靑)도 비단에 물을 들이는 염료와 관련된 글자들이다.

●9_06. '중화인민공화국을 세운 모택동의 생가.
모택동이 태어나고 어린 시절과 소년 시절을 보낸 곳이다. 호남성 소산(韶山)시 소산(韶山)촌에 있으며, 지금도 최고의 혁명 성지로 순례 객들이 끊임없이 찾는다.

●9_07. 중국인들이
좋아하는 붉은 색.

標題

紅(붉을 홍): 紅、hóng、糸-3、9、40

字形

紅 簡牘文 糸工 說文小篆

紅 紅 붉을 홍

字解

형성. 糸(가는 실 멱)이 의미부이고 工(장인 공)이 소리부로, 엷은 붉은색의 면직물(糸)을 말했는데, 이후 분홍색과 선홍색 등 붉은색을 지칭하게 되었다. 붉은색은 중국에서 길상의 상징이기에 좋은 일、경사라는 뜻이 나왔고, 현대 중국에서는 중국 공산당과 혁명의 상징으로 쓰였으며, 이로부터 「인기가 있다」는 뜻도 나왔다.

어원_70 홍(紅)

71_돈을 향하여, 가장 자본주의적인 나라: 錢(돈 전; qián)

돈. 돈. 돈. 그리고 또 돈! 돈 사랑이 유별난 현대 중국인을 비판적으로 이야기할 때 자주 쓰는 표현이다. 너무 지나친 표현일까? 그들의 돈 사랑은 유별나다.

중국어에 "샹첸칸!(向錢看, xiàng qián kàn)", 즉 "돈을 향하여!"라는 말이 있다. 이는 중국공산당이 개혁개방을 할 때 사용했던 "앞만 보고 전진하자!(向前看, xiàng qián kàn)"라는 구호를 패러디 한 것이었는데, 지금은 매우 보편적으로 사용되고 있다.

71_전(錢)

현대 중국도 우리만큼이나 엄청난 시련과 갖가지 고비를 거쳤다. 1949년 공산 혁명이 성공했지만, 대약진 운동 등의 실패로 경제난에 부딪히자 노선과 권력 투쟁이 일어났고, 급기야 문화대혁명이라는 전대미문의 극좌 운동이 일어나 전 중국을 공포에 몰아넣었다.

그러나 영원할 것 같았던 이 광풍도 1976년 9월 모택동이 죽고 그를 맹목적으로 호위했던 사인방(四人幇)의 몰락으로 막을 내린다. 이에 대한 반동으로 나온 것이 등소평(鄧小平)의 개혁개방이다. 그간의 계급투쟁과 프롤레타리아 혁명 노선을 수정하여 자본주의를 제한적으로 받아들이는 혁명적인 조치를 취했다. "검은 고양이든 흰 고양이든 쥐를 잡는 고양이가 중요하다."라는 '흑묘백묘론(黑猫白猫論)'도 이때 나온 말이다. 그리하여 1981년 "지나간 과거의 아픔은 모두 잊고 오로지 앞만 보고 새로운 미래를 향하여 전진할 것"을 주창했다. 이것이 "샹첸칸(向前看)"이다.

등소평의 개혁개방으로 성공한 중국이 "오로지 돈을 향하여"라는 "샹첸칸(向錢看)"으로 변해 버린 오늘의 성공은 정말 아이러니가 아닐 수 없다.

중국에서 돈의 역사는 매우 오래되었다. 갑골문 시대에 이미 조개로 만든 화폐가 등장했고, 전국 시대에 들면 나라마다 칼 모양, 삽 모양, 동전 모양, 귀신 얼굴 모양 등 독특한 화폐를 사용하였다. 진시황의 통일로 화폐도 통일되었는데, 그때 나온 것이 반량전(半兩錢)이다. 이때부터 안이 네모로 된 둥근 모양의 엽전처럼 생긴 돈이 중국의 주류가 되는데, 바깥의 둥근 모양은 하늘을 상징하고, 안쪽의 네모는 땅을 상징한다. 진나라를 이은 한나라에서는 오수전(五銖錢)이 유행했고, 당나라 때에는 개원통보(開元通寶)가 나왔다. 북송 때가 되면 교자(交子)라는 지폐가 등장하였는데, 세계에서 최초로 쓰인 지폐이다. 수표도 그때 나왔다. 청나라 말에는 서양의 영향으로 서양식 동전이 나왔고, 신 중국에서는 '인민폐'라는 화폐 체계로 새롭게 통일되었다.

● 9_08. 중국의 역대 금속 화폐들. 삽 모양의 포전(鉋膣), 칼 모양의 도전(刀錢), 원형의 동전 등이 보인다.

그러나 지금은 전 세계가 기존의 동전과 지폐를 없애고 전자화폐로 옮겨 가는 개혁을 하고 있다. 몇몇 나라들에서는 이미 화폐의 신규 발행을 중단하기도 했다.

요즘 중국을 가보면 정말 놀랍다. 신용카드도 이미 쓰이지 않는다. 겨우 직불카드 중 '유니온 페이(銀聯)' 정도 쓸 수 있을까? 나머지는 모두 핸드폰 결제이다. 인터넷 구매에서도, 편의점에서도, 택시에서도, 심지어는 길거리 노점에서도 모두 '모바일 결제(移動支付, Mobile Payment)'이다. 그중에서도 가장 많이 쓰이는 것이 '알리 페이(支付寶, Alipey)'이다. 모바일 결제 시스템에서 우리를 훨씬 앞서며 전자 화폐시대에 성큼 다가가

● 9_09. 현대 중국인들의 새로운 지불 수단 '알리 페이(支付寶, Alipey)'.

있다.

●9_10. '우리의 목표:
돈만 보고 앞으로 가기.
돈 많이 벌기.'라고 쓰여
있다. 2012년 한 해를
풍미했던 어록을 그린
웹툰의 하나.
(www.3987.com)

●9_11. 각국 화폐. 달러($), 유로(€), 인민폐(¥), 파운드(£), 엔화(J¥), 한화(₩) 등 세계의 주요 화폐들이 보인다.

標題 **錢**(돈 전): 钱、qián、金8、16、40

字形 錢 說文小篆

錢 錢 돈 전

字解 형성. 金쇠 금이 의미부이고 戔쌓일전이 소리부로, 쇠(金)로 만든 흙을 파헤치거나 떠서 던지는 삽처럼 생긴 기구인 가래(錢·銚·요)를 말한다. 옛날 가래 모양으로 돈을 만들었기에(布錢·포전) [돈]을 뜻하게 되었고, 이후 동전을 뜻하게 되었다. 간화자에서는 戔을 戋으로 줄인 钱으로 쓴다.

어원_71 전(錢)

72_가면을 둘러쓴 사람, 귀신: 鬼(귀신 귀; guǐ)

고대 중국인들은 일찍부터 귀신의 존재를 믿었다. 하지만 형체도 없고 존재조차 불분명한 '귀신'을 한자로 그려내라고 한다면 여간 어려운 일이 아니다.

하지만 고대 중국인들은 사람이 죽어 귀신이 된다고 생각했기 때문인지 살아 있는 사람의 모습에 근거해 '귀신'이라는 형상을 그려냈다.

즉 鬼(귀신귀)는 원래 얼굴에 커다란 가면을 쓴 사람을 그린 글자이다. 곰 가죽에다 눈이 네 개 달린 커다란 쇠 가면을 덮어쓴 방상시(方相氏)의 모습처럼, 귀(鬼)는 역병이나 재앙이 들었을 때 이를 몰아내는 사람의 모습에서 형상을 가져왔다.

72_귀(鬼)

『주례』에 의하면, 당시 악귀를 몰아내는 일을 전담했던 방상시(方相氏)라는 관리가 있었으며, 마을에 악성 전염병이나 재앙이 들면 그는 부하 무리들을 이끌고 해당 지역을 이리저리 돌며 악귀를 내몬다고 했다. 그의 형상이 가관인데, 곰의 가죽을 덮어쓰고 눈이 네 개 달린 쇠 가면을 쓰고, 검은 옷을 걸치고 붉은 바지를 입고서 손에는 창과 방패를 들고 있다. 지금은 없어진 글자이긴 하지만 가 이의 이해에 조금은 도움을 줄 것이다.

갑골문의 '귀(鬼)'

이런 연원으로 귀(鬼)는 두 가지 의미를 동시에 가진다. 첫째는 재앙이나 역병과 관련된 부정적 의미가 하나요, 둘째는 인간이 두려워하고 무서워해야 할 인간보다 위대한 어떤 존재를 칭하는 의미이다. 고대 한자에서 여기에다 제단(示)을 더한 모습은 후자의 의미로 '귀신(鬼神)'이 제사의 대상임을 나타내었고, 攴(칠복)이나 戈(창과)를 더해 내몰아야 하는 대상이라는 의미를 표현하기도 했던 것이다.

그래서 귀(鬼)가 들어간 한자는 모두 '귀신'과 관련된 의미를 가진다. 예컨대, '귀신(鬼)'이 손에 창과 같은 무기를 들고 있으면 畏(두려워할 외)가 된다. 손에 무기까지 들고 있으니 더더욱 공포감과 무서움을 줄 수 있기 때문에 '두렵다'는 뜻이 나왔을 것이다. 또 얼굴에 커다란 가면을 걸치고 손을 위로 들어 춤을 추고 있는 모습을 그린 것이 異(다를 이)이다. 보통의 형상과는 달랐으므로 '특이하다'나 '기이하다'는 뜻이 생겼다.

게다가 그들은 정신이 육체를 떠나 존재할 수 있다고 믿었는데, 이 '정신'이 바로 魂(넋 혼)이며, 이는 이후 '민족혼(民族魂)'과 같이 모든 사물의 혼을 지칭하는 말로 의미가 확대되었다. 그리고 이 혼에 대응되어 만들어진 것이 魄(넋 백)이다. 그래서 형체에 붙어 있는 영혼을 백(魄)이라 하는 반면 기(氣)에 붙어 있는 영혼을 혼(魂)이라 한다.

●9_12. '방상시'.
초나라 때의 칠기(漆器)에 그려진 귀신의 형상. 손에 창을 들었는데, 이 모습이 畏(두려워할 외)자의 원형이다.

●9_13. '녹유귀면와'.
녹색 유약을 발라 구운 귀신 얼굴 기와. 통일신라, 8세기.

그런가 하면 嵬(높을 외)에서처럼 '높다'는 뜻도 가진다. 아울러 귀신도 인간의 조상으로 섬겨야 할 대상, 제사의 대상이었기 때문이다. 이처럼 귀신은 몰아내어야만 하는 존재이기도 했지만, 동시에 인간이 두려워해야 할 위대한 존재이기도 했다.

귀(鬼)자의 글자 창제에서 볼 수 있듯 고대 중국인들은 '귀신'이라는 추상적 개념조차도 살아 있는 사람에 근거해 그려낼 정도로 그들의 사고는 언제나 '인간을 잣대'로 세상을 그려냈다. 그리고 그들에게 '귀신'은 살아 있는 사람과 대립적, 적대적 존재가 아닌 살아 있는 사람들을 보

살피고 복을 내려 주며 계속적으로 연계되어 있는 존재였다.

　　동양사회에서는 귀신이 인간과 대립하여 인간을 죽이는 두렵고 무서운 존재가 아니라, 사람이 되고 싶어 하는 존재로, 해학적인 존재로 그려진다. 소설이나 영화에서 귀신이 지극히 인간적이며 인간과 연결되어 있는 존재인 것을 귀(鬼)의 이러한 어원에서 그 연원을 찾을 수 있다.

標題 鬼(귀신 귀): guǐ、鬼0、10、32

字形 甲骨文　盟書　簡牘文　說文小篆　說文古文　金文

字解 상형. 원래 얼굴에 커다란 가면을 쓴 사람을 그린 글자다. 곰 가죽에다 눈이 네 개 달린 커다란 쇠 가면을 덮어쓴 『주례』에 등장하는 方相氏(방상시)의 모습처럼, 鬼는 역병이나 재앙이 들었을 때 이를 몰아내는 사람의 모습에서 형상을 가져왔다. 그래서 鬼는 두 가지 의미를 동시에 가진다. 첫째는 재앙이나 역병과 관련된 부정적 의미가 하나요, 둘째는 인간이 두려워하고 무서워해야 할 인간보다 위대한 어떤 존재를 칭하는 의미이다. 고대 한자에서 여기에다 제단示·示을 더한 모습은 후자의 의미로 [鬼神(귀신)]이 제사의 대상임을 나타내었고, 戈(창 과)를 더해 내몰아야 하는 대상이라는 전자의 의미를 표현하기도 했다. 그래서 鬼높을 외에서처럼 [높다]는 뜻을 가진다. 아울러 인간의 조상으로 섬겨야 할 대상, 제사의 대상이기도 했다.

鬼 귀신 귀

어원_72 귀(鬼)

73_가공할만한 위력, 번개: 神(귀신 신; shén)

신을 뜻하는 神(귀신신)은 원래 신(申)으로만 구성되었는데, 이후 시(示)를 더해 지금의 자형이 되었다.

申(아홉째 지지 신)은 지금은 간지자로 쓰이지만, 갑골문에서는 '번개'의 모습을 그렸다. 강렬한 섬광을 내뿜으며 번쩍이는 번개의 모습을 그린 신(申)이 이후 간지자로 가차되었는데, 원래 의미는 '하늘에서 비가 내리는 모습을 형상한' 雨(비 우)를 더해 電(번개 전)으로 분화했다. 번개는 비가 올 때 나타나기 때문이다. 다만 현대 중국의 간화자에서는 다시 전(电)으로 되돌아갔다.

하지만 번개는 자연현상으로서의 단순한 번개 뿐 아니라 여러 상징을 가진다. 여러 문명권에서 번개는 햇빛과 마찬가지로 번식과 파괴의 양면을 가지는 상징으로 이해되지만, 중국에서는 자연의 대단한 힘과 무한한 생명력을 상징한다. 그래서 번개(申)를 제사(示시) 대상으로 삼아 그 어느 신보다 중시하던 모습을 그린 것이 신(神)이다. '번개 신'이 이후 다른 모든 '신'들의 대표이자 총칭으로 자리 잡게 된 것도 이러한 배경 때문이다.

번개는 음전기와 양전기가 만나 강렬한 에너지를 발산하고, 음과 양의 결합은 새 생명의 탄생을 의미한다. 그래서 신(申)이 들어간 坤(땅 곤)은 대지(土)가 갖고 있는 생명력(申)의 상징이다. 곤(坤)과 같은 의미를 가지는 地(땅 지)가 토(土)와 여성의 음부를 뜻하는 也(어조사 야)로 구성되어 대지가 갖는 생명력을 형상화한 것과 같은 이치이다.

계절에 맞지 않게 일어나는 예사롭지 않은 번개는 사악한

73_신(神)

갑골문의 '신(申)'.
'번개'를 그렸으며,
신(神)의 원래
글자이다.

사람을 징계하며, 신의 조화가 생길 어떤 변화를 나타내 주는 계시로 생각했던 것 같다. 게다가 가공할만한 엄청난 에너지를 가진 번개는 매우 신성시되었을 것이고, 이 때문에 신령이 깃들어 있다고 여겨 만물에 제사를 지내던 것처럼 천둥 번개를 대상으로도 제사를 드렸을 것이다. 그리하여 번개를 나타내는 신(申)에다 제단이나 제사를 뜻하는 시(示)가 더해져 신(神)이 만들어졌다.

●9_14. 대낮에 몰아친 '번개'. 마치 용이 나타난 듯하다. 미국 중서부 지역에서는 이런 모습을 자주 볼 수 있다. 덴버.

標題

神(귀신 신): shén、示5、10、60

字形

甲骨文 帛書文 汗簡 說文小篆 簡牘文 金文 石刻篆文

字解

형성. 示보일 시가 의미부이고 申아홉째 지지 신이 소리부로, 원래는 번개(申, 電의 원래 글자) 신示을 말했다. 하지만 계절에 맞지 않게 일어나는 예사롭지 않은 번개는 사악한 사람을 징계하며, 신의 조화가 생길 어떤 변화를 나타내 주는 계시로 생각되었고, 강력한 에너지를 내뿜는 번개로써 자연계에 존재하는 각종 [신]을 대표하게 되었다. 이후 鬼神(귀신), 평범하지 않은 것, 神秘(신비)하다, 神聖신성함, 불가사의하다, 신경, 精神(정신), 표정 등의 뜻까지 나왔다.

어원_73 신(神)

●9_15. 재물신과 복(福)을 주제로 한 종이를 잘라 만든 작품. 종이 자르기(剪紙)는 중국의 전통 공예로, 2009년 세계 비물질 문화유산에 등재되었다.

74_인간의 공통된 소망, 장수: 壽(목숨 수; shòu)

장수(長壽) 즉 오래 사는 것은 인간의 공통된 소망이자 욕망이다. 그래서 장수(長壽)라는 이름을 가진 지명도 많다. 중경시의 한복판에 가면 장수구(長壽口)가 있고, 장수촌(長壽村)이라 이름붙인 마을도 수두룩하다. 심지어 식당 이름에도 자주 사용된다.

중국의 역대 제왕들은 장수를 넘어 영원히 죽지 않는 '불사(不死)'를 꿈꾸기도 했다. 특히 절대 권력을 가졌던 제왕들이 그러했는데, 진나라 시황과 한나라 무제가 대표적일 것이다. 불로초를 찾아 나서기도, 선약(仙藥)을 만들어 보기도 했지만, 그들도 불로장생의 꿈을 이루지는 못했다.

그러나 이미 시작된 제4차 산업혁명 사회에서 인공지능의 등장으로 인간의 생명이 영원할 수 있다는, 영원히 살 수 있다는 인류의 꿈이 현실이 될 가능성이 매우 높아졌다. 하지만 죽지 않는 사회, 이것이 또 다른 인간의 재앙이자 지구의 멸망을 가져올지도 모른다.

壽(목숨수)는 금문에서는 老(늙을로)가 의미부이고 㕚(목숨수, 壽의 고자)가 소리부였는데, 자형이 변해 지금처럼 되었다. '노인처럼 오래 살다'가 원래 뜻이다. 간화자에서는 초서체로 줄인 수(寿)로 쓴다.

장수에는 여러 환경이 필요한다. 경제 환경도, 생태 환경도, 인문 환경도, 생활 습관도 필요하며, 적당한 일거리와 조용한 생활이 중요할 것이다. 중국은 일찍부터 장수에 관심이 많아 다음과 같은 노래를 만들어 불렀다.

74_수(壽)

채소를 많이 먹고 고기를 적게 먹어라.

과일을 많이 먹고 설탕을 적게 먹어라.

잠을 많이 자고 번뇌를 줄여라.

목욕을 많이 하고 옷을 적게 입어라.

많이 행동하고 말을 적게 하라.

식초를 많이 먹고 소금을 적게 먹어라.

많이 씹고 적게 먹어라.

많이 웃고 화를 적게 내라.

많이 베풀고 욕심을 줄여라.

많이 걷고 차를 적게 타라.

(少肉多菜, 少糖多果,

少煩多眠, 少衣多浴,

少言多行, 少鹽多醋,

少食多嚼, 少怒多笑,

少欲多施, 少車多步.)

먹을 것이 너무나 풍부해진 지금, 영양이 넘쳐나고, 좋은 것이 너무 많아 유혹을 뿌리칠 수 없는 오늘날, 지나친 풍요가 우리의 생명을 단축하고 있다. 절제하고 담박하며 낙천적이며 즐겁게 살아가는 생활이 장수의 비결일 것이다.

標題

壽(목숨 수): 寿、shòu、士-11、14、32

字形

簡牘文 說文小篆 金文

字解

형성. 금문에서는 老(늙을 로)가 의미부이고 **疇**(목숨 수, 壽의 고자가 소리부였으며, 가끔 □(입 구)나 寸(마디 촌) 등이 더해지기도 했는데, 소전에 들면서 老가 耂(늙을 로)로 줄었고, 예서에 들면서 老가 士(선비 사)로, 耂(늙을 로)로, □로 변하고 寸이 더해져 지금의 자형이 되었다. 老(늙을 로)는 나이가 들어 허리가 굽은 노인의 뜻이, 이로부터 굽다、길다、오래 살아 허리가 굽은 노인의 뜻이, 이로부터 굽다、길다、오래 살게(壽) 길게 놓인 수로를 말했으며, 疇(밭두둑 주)로 분화했다. 간화자에서는 초서체로 줄인 寿로 쓴다. 그러자 원래 뜻은 田을 더한 疇(밭두둑 주)로 분화했다. 간화자에서는 초서체로 줄인 寿로 쓴다.

어원_74 수(壽)

●9_16. '대길대리(大吉大利)'. 중국어에서 닭을 뜻하는 '지(鷄 jī)'는 길하다는 뜻의 '지(吉 jí)'와 발음이 같다. 그래서 '큰 닭(大鷄)'은 '대길(大吉)'을 뜻하며 '돈을 많이 버는 것'을 뜻한다. 중국에서 닭은 여러 상징을 가진다. 예컨대, 닭의 울음소리와 함께 하루가 시작되며 낮과 밤을 구분지어, 이 세상에 빛을 가져다주는 광명의 상징이기도 하다. 이 때문에 중국에서는 닭이 세상을 창조했다는 신화가 전해지기도 하는데, 그 신화에서 하늘의 문을 여는 창세행위를 '천명(天明)'이라 했는데, 사람들은 닭울음소리를 여기에다 비유했다. 그래서 민간에서는 한 해가 시작되는 정월 초하루가 되면 '닭의 그림을 문에다 붙이는' 풍속이 생겼다. 위의 그림에서 '커다란 닭'이 재부(財富)의 상징인 '여의(如意)'를 발로 밟고 있고 등에는 '흔들면 돈이 떨어지는 나무(搖錢樹)'를 짊어졌다. 모든 일이 뜻대로 되고 부자가 되길 비는 '대길대리(大吉大利)'의 상징 그림이다. 『주선진 목판 년화(朱仙鎭木版年畵)』, 179쪽. 23*26센티미터.

75_욕망의 희구, 복: 福(복 복; fú)

지금도 중국 요리점에 가면 붉은 종이에 커다랗게 쓴 복(福)자를 거꾸로 걸어 놓은 장식물을 자주 볼 수 있다. 집이나 사무실의 문에서도 마찬가지이다. 무슨 뜻일까?

'거꾸로'를 중국어에서 '도(倒 dào)'라 하는데, 도(倒)는 '이르다'는 뜻의 '도(到 dào)'와 통한다. 그래서 복(福)자가 거꾸로 걸린 모습은 '복(福)이 들어오다(到)'는 것을 상징한다. 현대인들이 들어오길 바라는 복(福 fú)은 분명 부(富 fù)일 것이다. 부(富)와 복(福)은 같은 데서 근원한 글자이다. 돈에 상당한 거리를 두었던 우리 사회에서도 어느 때부터인가 '부~자 되세요', '대박'이라는 말이 유행하고 있다. 부(富)는 동서양과 고금을 막론하고 모든 사람들이 바라왔던 복(福)이었기 때문이 아닐까?

●9_17. '거꾸로 달린 복(福)'.

福(복복)은 갑골문에서처럼 바로 술독(酉)을 두 손으로 들고 조상의 신주(示) 앞에서 따르고 있는 모습을 그렸다. 이후 두 손을 나타내는 부분은 생략되고 술독(酉)의 모습이 조금 변해 지금처럼 되었다. 조상신에게 술(酉)을 올려 복(福)을 기원하는 제사(示)에서 복(福)이라는 의미가 생긴 것이다. 그리고 술독(酉)이 집안(宀)에 모셔져 있는 모습이 부(富)이다. 술은 제사에 필수적으로 따라야 하는 것이었고, 매우 귀한 물품이었다. 술독까지 갖추었으니 갖출 수 있는 모든 것을 다 갖추었다는 뜻으로부터 부유(富裕)와 같이 '넉넉하다'는 뜻이 나왔다.

이처럼 고대 사회에서 술은 대단히 중요했다. 그리스 신화에서도 주신(酒神)이 등장하듯 술은 농경사회를 포함

75_복(福)

해서 고대사회의 풍요의 상징이었다. 술을 빚기 위해서는 우선
적으로 식량의 문제가 해결되어야 했기 때문이다. 따라서 복(福)
에서처럼 풍요를 기원하는 제사는 언제나 술을 수반하게 되었
고, 집안에 술독을 모셔놓고 있는 모습이 부(富)의 어원을 형성하
게 된 것이다.

모든 사람이 바라는 복(福)에 대한 바람도 다양하다. 전통적
으로 '다섯 가지 복'이라 불리는 오복(五福)은 장수(長壽), 부(富), 강
녕(康寧), 호덕(好德), 선종(善終)을 말한다. 그 중에서도 장수(長壽)가
최고였던지 수복(壽福)이라는 단어가 만들어졌다.

●9_18. 전통 기물에 자주 등장하는 '박쥐' 문양.

중국의 그림에 자주 등장하는 박쥐(蝙蝠, fú)는 박쥐가 갖고 있
는 이중성과 괴상하게 생긴 모습에도 그것의 발음이 복(福 fú)과
같다는 이유에서 중국인들의 사랑을 받아왔다. 그래서 전통 기
물이나 장식물의 문양에 박쥐가 자주 등장한다. 한걸음 더 나아
가 그들은 박쥐만 그리지 않고 꽃사슴(鹿)도 함께 그려 놓는다.
'사슴'을 뜻하는 녹(鹿lù)은 '녹봉'을 뜻하는 녹(祿lù)과 발음이 같다.
그래서 박쥐와 사슴을 함께 그린 그림은 '복록(福祿)'을 뜻한다.

복(富)과 수(壽)에 대한 추구가 누구나 가지는 복(福)의 내용이겠
지만, 순자(荀子)의 말처럼 "근심을 없앨 수 있으면 그것이 바로
복"일 것이요, 그처럼 걱정을 줄이며 담백하게 살 수 있으면 그
만일 것이다. 지나친 욕심에서 모든 불행이 시작되는 법이다.

●9_19. "열심히 일하는 집에 복이 가득하다."라는 중국의
공익 공익광고.(gongyi.cntv.cn)

●9_20. 신선들로 구성된 복(福)자. 강소성 소주의 민간 판화 작품. 속은 비고 테두리만 그리는 방법(雙鉤·쌍구)으로 복(福)자를 그렸다. 안쪽에는 부귀를 상징하는 모란꽃을 밑바탕으로 넣었으며, 복(福)자를 구성하는 각각의 부분에 '호랑이를 탄 재물 신(財神騎虎·재신기호)', '두꺼비 위에 올라 앉아 돈 꾸러미를 들고 놀고 있는 유해(劉海戲蟾·유해희섬)', '아이를 점지해 주는 기린(麒麟送子·기린송자)', '화합의 두 신선(和合二仙·화합이선)', '장원 급제한 사나이(狀元郎·장원랑)', '복을 주는 재물 신(增福財神·증복재신)' 등의 주제로 된 그림이 들어 있다. 『민간목판 년화도형(民間木版年畵圖形)』, 252쪽.

標題

福(복 복): fú、示9、14、52

字形

福 簡牘文　福 說文小篆

甲骨文　金文　古璽文

字解

형성。示(보일 시)가 의미부이고 畐(가득할 복)이 소리부로, 술독(畐)과 제단(示)을 그려 제단 앞에서 신에게 술을 올려 [복]을 비는 모습을 형상화했다。 이로부터 복과 保佑(보우)란는 뜻이, 다시 행복의 뜻이 나왔다。 또 福建省(복건성)을 뜻하기도 한다。

福 福

복 복

어원_75 복(福)

●9_21. '초재진보(招財進寶)'.
'재물과 보물이 들어오기를 기대하며 이 네 글자를 하나로 합친 도안.

76_여성에 대한 편견, 안전과 평안: 安(편안할 안; ān)

안전(安全)과 평안(平安)함은 어떤 시대에도 어떤 사회에서도 누구나 갈구하고 희망하는 공통의 가치일 것이다.

76_안(安)

이 때문인지 중국의 지명이나 행정 구역 이름에도 안(安)이 들어간 곳이 많다. 예컨대 당나라 때의 수도였던 장안(長安)은 지금의 서안(西安)이고, 갑골문이 출토된 곳은 안양(安陽)이며, 흑차로 유명한 호남성의 안화(安化)와 호북성의 육안(六安), 중국 경극의 발원지로 유명한 안휘성의 안경(安慶), 심지어 성 이름인 안휘성(安徽省)에도 안(安)자가 들어 있다. 이 모두가 그들이 사는 그곳이 영원히 안정되고 평안한 곳이 되기를 갈망했던 바람의 흔적일 것이다.

안전과 편안을 뜻하는 한자 安(편안할안)은 '집'을 뜻하는 면(宀)과 여성을 뜻하는 여(女)로 구성되었다. 이를 두고 해석이 많은데, 혹자는 살 집과 함께할 여자를 다 갖추었으니 이것이 편안함의 상징이라고 하기도 한다. 오늘날 결혼의 어려움과 심각한 주택난을 반영한 풀이라 할 수 있지만 고대사회에서도 꼭 그랬는지는 생각해 볼 문제이다. 이는 '여성이 집 안에 있을 때 안전하다'라는 것이 전통적인 풀이이다.

갑골문의 '안(安)'

원시 수렵채집 시절과 정착 농경사회에서 집안일과 바깥일이 남녀의 일로 구분되어 있을 때, 여성이 바깥으로 돌아다니는 것보다는 집안에 머물 때 더 안전했을 것이고, 그것이 평안함을 표현한 것으로 보인다. 그러나 현대 사회에서 여성이 집안에 머무는 것은 안전할지는 몰라도 더 이상 평안한 것은 아닐 것

이다. 여성이라고 집안에만 머물러야 하는 존재가 아님을 자각
하지 못한 시절에는 그러한 자각이 없었기에 그것이 평안함이라
알았겠지만, 그것이 평안함이 아님을 자각한 이상 집안에 머무
는 것이 오히려 더 '불안'일 것이다. 마치 노예가 자신이 노예인
줄 자각하지 못할 때는 그 생활이 더없이 평화롭고 평안하지만,
자신이 노예임을 자각하는 순간부터는 노예로 사는 그 삶이 더
없는 치욕이고 그래서 더 이상 노예로 살 수 없는 것처럼 말이
다. 우리가 사는 21세기는 이미 그런 사회이다.

한자에서 여(女)는 매우 중요한 글자이다. 인류의 역사가 모
두 여성으로부터 시작되었으며, 그러한 흔적을 한자 곳곳에 남
기고 있기 때문이다. 女(여자녀)는 두 팔을 앞으로 모으고 왼쪽으
로 앉아 있는 여인을 형상한 글자이다. 여기에다 두 점을 찍어
유방 부분을 강조하면 母(어미모)가 된다. 이는 젖을 먹여 아이를
키우는 여인의 모습을 강조한 것이다.

갑골문에서의
여(女). 손을
앞으로 다소곳이
모으고 앉은
모습이다.

姓(성성)은 여(女)와 生(날생)이 합쳐져 만들어진 글자로, '여자
가 낳았다'는 뜻이다. 물론 생(生)은 독음도 나타내고 있다. 옛날
원시사회 때는 남자보다 여자가 지배적 위치를 차지하고 있었
다. 이는 경제적으로 여자의 채집 행위가 남자의 사냥보다는 훨
씬 안정적이었기 때문이기도 하고, 다른 한편 당시의 군혼제
(group marriage) 형태 하에서는 어미만 알 뿐 아비가 누구인지를 알
수가 없었기 때문에 아이의 혈통은 모계로 계산할 수밖에 없었
다. 그래서 이 단계의 사회를 '모계사회'라 한다. 그것을 반영한
것이 성(姓)이다.

●9_22. '부호(婦好)'.
상나라 무정 임금의 부인이었다. 1974년 발굴된
무덤에서 청동기만 무려 470점이 출토되어, 그녀
의 지위를 가늠하게 했다.

그러나 이후 점점 남자가 주도적 지위를 차지하게 됨에 따
라 자녀의 혈통은 모계를 따르던 것으로부터 부계를 따르게 되
었다. 따라서 이때부터는 아비가 누구인지를 확인하기 위해서도
여성의 정절이 반드시 요구되었으며, 점점 일부일처제가 확립되

어 갔다. 부계를 따른 '성'을 氏(씨 씨)라 한다. 지금은 이를 합하여 '성씨(姓氏)'라 쓰고 있지만 본래는 이러한 역사를 담고 있는 글자들이다.

好(좋을 호)는 여인이 아이를 안고 있는 모습이다. 다음 세대를 이어갈 자녀를 생산했으니 좋을 일이고, 또 생산할 수 있는, 특히 다산할 수 있는 여인은 훌륭하고 좋은 여인으로 인식되었을 것이다. 이전 이 글자를 '남자와 여자가 함께 있으니 어찌 좋지 않겠는가?'라고 풀이한 것을 본 적이 있다. 子(아들 자)는 아이이지 남자는 아니다. 남자가 되려면 男(사내 남)을 써야 할 것이다. 남(男)은 밭(田)과 쟁기(力)로 구성되어 밭에 나가 쟁기질하는 사람이라는 뜻이다.

갑골문에서의 남(男).
쟁기와 밭을 그려,
밭에 나가 쟁기질 하는
사람임을 그렸다.

標題 安(편안할 안). ān、 亠-3、 6、 70

字形 說文小篆 / 甲骨文 / 金文 / 盟書 / 簡牘文

字解 회의。宀(집 면)과 女(여자 여)로 구성되어、여성(女)이 집(宀)에서 편안하게 머무는 모습으로부터 便安(편안)함과 安全(안전)의 의미를 그렸다。이후 편안하게 느끼다、安定(안정)되다、안정시키다 등의 뜻도 나왔다。

安 편안할 안

어원_76 안(安)

77_대지위로 솟아나는 생명: 生(날 생; shēng)

죽으려 하면 살 것이요,
살려 하면 죽을 것이다.
사즉필생(死則必生),
생즉필사(生則必死).

77_생(生)

이순신 장군의 유명한 말이다. '죽기로 싸우면 이길
것이요, 살려고 도망가면 죽고 말 것이다.' 최선을 다하
면 무엇이든 이룰 수 있는 법, 절대적으로 불리한 조건
과 겨우 남은 12척의 배로 거대한 제국 일본의 함대를
물리칠 수 있었던 것은 죽음조차 초개(草芥)처럼 버릴 수 있는 이
러한 처절한 각오가 있었기 때문일 것이다.

삶과 죽음, 모든 것은 태어나서 죽게 마련이다. 아니 태어나
면서 죽어가기 시작하고, 태어난 다음부터 죽음에 이르는 과정
이라 할 수 있을 것이다. 진시황이 구하고자 했던 불로초로도
영원히 죽지 않는 영생불멸은 이룰 수 있는 것이 아니다. 그래
서 우리의 삶이란 어쩌면 어떻게 살 것인가 보다 어떻게 죽을
것인가에 대한 과정이라 할 수도 있을 것이다.

금문의 '생(生)'. 대지를 뚫고
올라오는 새싹의 모습을
그렸다.

한자에서 生(날생)은 소전체에서 屮(떡잎날철)과 土(흙토)로 구성
되어, 땅(土)에서 돋아나는 싹(屮)으로부터 '생겨나다'는 의미를 그
렸는데, 자형이 조금 변해 지금처럼 되었다. 갑골문에서는 땅(一)
위로 솟아나는 싹(屮)의 모습을 그렸는데, 이후 땅을 나타내는 가
로획 대신 '흙'을 뜻하는 토(土)를 넣어 그 의미가 더욱 구체화하
였다.

그래서 생(生)의 원래 뜻은 초목이 '자라나다'이며, 이로부터 출생(出生)이나 생산(生産) 등의 뜻이 생겼다. 여기서 다시 생물(生物)처럼 '살아 있음'을, 생선(生鮮)처럼 '신선함'을, 천생(天生)처럼 '천부적임'을, 생소(生疎)나 '생경(生梗)'에서처럼 '낯설다'는 뜻을, 다시 '공부하는 사람'을 뜻하는 서생(書生)이나 '자신을 낮추어 부르는 말'인 소생(小生)처럼 '사람'을 뜻하기도 한다.

이러한 뜻을 가지는 생(生)은 소리부로 쓰인 합성자에서도 앞서 말한 의미가 든 경우를 자주 볼 수 있다. 예컨대 甦(소생할 소)는 다시(更) 살아나다(生)는 뜻을, 姓(성 성)은 여자(女)가 낳았다(生)는 의미를, 性(품품 성)은 마음(心)에서 생겨나는(生) 성품을, 牲(희생 생)은 살아 있는(生) 소(牛)와 같은 희생을, 笙(생황 생)은 대나무(竹)로 된 소리를 내는(生) 악기를, 胜(비릴 성)은 육고기(肉)에서 나는(生) 비린내를 뜻한다.

●9_23. '생(生)과 사(死)'. '사생유명(死生有命), 부귀재천(富貴在天)' 즉 "죽고 사는 것은 하늘의 명에 달렸고, 부귀함은 하늘이 정한다."라는 뜻으로 『논어·안연』편에 나오는 말이다.

標題

生(날 생): shēng, 生-0, 5, 80

字形

甲骨文
金文
簡牘文
帛書
說文
小篆

生 坐 坐
날 생

字解

회의. 소전체에서는 屮(떡 잎 날 철)과 土(흙 토)로 구성되어, 대지(土)에서 돋아나는 싹(屮)으로부터 '생겨나다'는 의미를 그렸는데, 자형이 조금 변해 지금처럼 되었다. 갑골문에서는 땅(一) 위로 솟아나는 싹(屮)의 모습을 그렸는데, 이후 땅을 나타내는 가로획 대신 土를 넣어 그 의미가 더욱 구체화하였다. 그래서 生의 원래 뜻은 초목이 '자라나다'이며, 이로부터 出生(출생)이나 生産(생산) 등의 뜻이 생겼다. 여기서 다시 生物(생물)처럼 '살아 있음'을, 生鮮(생선)처럼 '신선함'을, 天生(천생)처럼 '천부적임'을, 生疎(생소)처럼 '낯설다' 는 뜻을, 다시 書生(서생·공부하는 사람)이나 小生(소생·자신을 낮추어 부르는 말)처럼 '사람'을 뜻하기도 하였다.

78_시신 앞의 애도, 죽음: 死(죽을 사; sǐ)

죽음을 뜻하는 한자는 사(死)이다. 무엇을 그렸을까? 死(죽을 사)는 앙상한 뼈(歺=歹, 앙상한 뼈 알) 앞에서 사람(人)이 꿇어앉아 애도를 표하고 있는 모습이다. 그래서 한자에서 알(歹)이 들어가면 모두 '죽음'과 관련된 의미를 지닌다. 예컨대 歿(죽을 몰), 殆(위태할 태), 殃(재앙 앙), 殉(따라죽을 순), 殘(쇠잔할 잔), 殊(목 벨 수) 등이 그러한다.

하지만 고대 중국인들은 영혼불멸을 믿었다. 앞에서도 언급했듯이 '죽음'은 새로운 시작, 즉 환생을 의미했다. 그런 까닭에 조문 가는 것이 꼭 슬픈 마음을 전하는 것만은 아니었던 것 같다. '조문을 하다'는 뜻의 弔(조문할 조)는 원래 사람(人)과 활(弓)로 구성된 글자이다.

78_사(死)

사람의 시신을 처리하는 방법, 즉 장례법에는 여러 가지가 있다. 유교에서는 땅에 묻는 매장(埋葬)을, 불교에서는 화장(火葬)을 주로 한다. 그러나 티베트 지역에서는 시신을 독수리에게 먹이는 조장(鳥葬)이 있고, 우리나라 서남해의 일부 도서 지역에서는 시신을 나무에 매달아 자연 소멸시키는 풍장(風葬)이라는 것도 있다.

갑골문의 '사(死)'

이러한 다양한 장례법을 통칭하는 말이 장(葬)이다. 葬(장사지낼 장)은 갑골문 단계에서는 처럼 그려 그냥 침상 위에 시신을 올려놓은 모습으로 표현했지만, 소전체 이후로는 풀(艸)로 시신(死)의 아래위를 덮어놓은 형상을 그려, 매장이나 화장이 아닌 들장이나 숲장의 습속을 반영했다. 그리고 지금은 쓰이지 않지만 한나라 때의 예서에 보면 장(葬)을 장(塟)으로 표기하여 시신(死)을 흙(土)에다 묻고 다시 풀(艹)을 덮은 매장법을 강조했다. 그런가 하면 조선시대 때 나온 우리의 속자에서는 入(들 입)과 토(土)의 상하구조인 장(坅)으로 써, 흙(土) 속으로 시신을 묻는(入) 매장법을 더욱 강조했다.

조문을 뜻하는 弔(조문할조)는 그 중에 들판이나 숲에다 갖다 버리는 '들장'이나 '숲장'의 장례법이 반영된 글자이다. 시신을 들판이나 산에다 갖다 버리면 야수나 독수리의 먹이가 되기 십상이다. 그래서 가까웠던 사람의 시신이 짐승의 먹이가 되는 것을 차마 보지 못해 활을 들고 가서 이를 며칠씩 지켜 주는 것이 조(弔)에 반영된 원래 조문의 의미였다. 그러므로 조(弔)는 죽은 자가 자연으로 되돌아 갈 수 있도록 배려해 주는 모습이 담긴 글자라 하겠다.

그러한 습속은 이미 아주 오래전에 사라졌지만, 글자는 그대로 쓰고 있다. 다만, 요즈음 널리 사용하고 있는 吊(조문할조)는 조(弔)의 속자였다. 이 글자는 곡을 하는 입(口)과 조등을 매단다는 巾(형겊건)이 합쳐져 만들어진 글자이다. 즉 들장이나 숲장의 습속이 사라지면서, 조문도 활을 들고 들에 나가 시신을 지켜 주는 것이라기보다는 곡을 하면서 죽은 사람을 애도하는 행위로 뿌리 내리기 시작했고, 그리하여 이가 속자임에도 정자인 조(弔)보다 더 널리 사용되게 된 듯하다. 어쩌면 세월이 지나 정자로 자리매김할 지도 모를 일이다.

갑골문의 '조(弔)'. 활과 사람을 그려 옛날의 조문 방식을 반영했다.

標題

死(죽을 사): sǐ, 歹-2、6、60

字形

甲骨文 金文 盟書 簡牘文 說文小篆 說文 古文

字解

회의. 歹(부서진뼈 알)과 匕(변할화, 化의 원래 글자)로 구성되어, 죽다는 뜻인데, 주검(歹)으로 변한다(匕)는 의미를 담았다. 갑골문에서는 앙상한 뼈(歹) 앞에 꿇어앉아 애도하는 사람(人)을 그렸는데, 이후 人이 匕로 변하고 匕는 다시 匕(비수 비)로 변해 지금의 자형이 되었다. [죽다]의 의미로부터 생명을 상실하는 모든 행위를 지칭하였고, 이로부터 목숨을 바치다, 사물의 극단적 일부분을 지칭하였고, 死刑(사형)이나 패망을 뜻하기도 한다.

死 죽을 사

어원_78 사(死)

제5부

언어와 예술

●

●

100개. 한자를. 통해. 중국의. 사상. 역사. 정치. 경제. 문화. 상식을. 배운다.

제10장

문화와 예술

●

●

문.화.와.예.술.

79_영혼 없는 피리 소리, 음악의 출발: 言(말씀 언; yán)

'인간이 들을 수 있는 영역의 음과 소음을 소재로 하여 박자, 선율, 화성, 음색 등을 일정한 법칙과 형식으로 종합해서 사상과 감정을 나타내는 예술'을 음악(音樂)이라고 정의하고 있다.(『두산백과』)

그렇다면 이러한 뜻의 음악(音樂)은 한자에서 어떤 어원을 가지고, 어떤 상징을 담았을까?

音(소리 음)의 어원에 대해 여러 학설이 있으나, 이와 발생적으로 동원적 관계를 갖고 있는 言(말씀 언)과 舌(혀 설) 등을 비롯해 관련 합성자들을 종합적으로 고찰해 볼 때, 음(音)은 대나무로 만든 피리에서 나는 소리를 상징화한 것으로 보인다. 또 樂(풍류 악)은 악기 틀에 진설된 현악기를 그렸다. 그래서 음악(音樂)은 관악기와 현악기의 대표자를 합성해 만든 단어이다. 이렇듯 음악(音樂)은 출발에서부터 철저하게 '악기의 소리'와 관련되어 있다.

79_음(音)

이에 비해 영어의 어원은 좀 다른데, 여신과 그들이 인간에게 주는 기술과 관련되어 있다. 영어 'music'은 고대 그리스어로 'mousike'라고 했는데, 이는 'mousikos'에서 왔으며 이는 뮤즈들(Muses)과 관련되어 '뮤즈들의 기술'이라는 뜻이다. '뮤즈들(Muses)'은 예술을 창조하는 자에게 영감을 주는 아홉 명의 여신들을 말하는데, 각기 역사, 서정시, 서사시, 연애시, 송가(찬가), 희극, 비극, 무용, 천문학 등을 제공한다.

언(言)

이렇게 보면, 서구는 모든 예술 행위의 출발이 음악에서 시작된 것으로 보인다. 이에 반해 중국에서는 오직 악기 소리에

●10_01. '노생(蘆笙)'. 중국의 전통 다관 악기.

한정되어 출발했다. 악기 소리는 인간의 영혼과 관련되지 않은 '소리'일 뿐이다. 그래서 숭고한 가치를 지니지는 못했다.

음(音)과 밀접한 관련을 갖는 언(言)과 설(舌)의 어원을 좀 더 자세히 살펴보자. '혀'를 뜻하는 설(舌)에서 가로획이 더해지면 '말'을 뜻하는 언(言)이 되고, 언(言)에 다시 가로획이 더해지면 '악기 소리'를 뜻하는 음(音)이 된다.

즉 舌(혀설)의 아랫부분은 입(口구)을, 윗부분은 길게 뻗어 두 갈래로 갈라진 어떤 것을 그렸다. 이는 "말을 하고 맛을 구분하는 기관"이라고 풀이한 『설문해자』의 해석을 참고하면 '혀'로 보인다. 그러나 '혀'라면 끝이 둘로 갈라진 모습이 차라리 사람의 혀보다는 뱀의 혀를 닮았다고 해야 할 것이고, 그렇다면 이는 말을 하는 기관과는 거리가 멀다. 게다가 뱀의 혀라면 가능하면 사람과 관계 지어 구체적 형태를 본뜨고 이미지를 그려내던 초기 한자의 보편적 형상 특징에도 위배된다.

갑골문에서 설(舌)에 가로획을 더하면 음(音)이 되고, 음(音)에 다시 가로획을 더하면 언(言)이 된다. 음(音)은 설(舌)에다 거기서

●10_02. 예술을 창조하는 자에게 영감을 주는 '뮤즈들(Muses)'.
위에서 순서대로 서사시의 '칼리오페', 역사의 '클레이오', 연애시의 '에라토', 서정시의 '에우테르페', 비극의 '멜포메네', 찬가의 '폴륌니아', 무용의 '페르프시코레', 희극의 '탈리아', 천문학의 '우라니아' 등이 이들이다.

나오는 '소리'를 상징화하고자 가로획을 더했고, 그래서 음(音)은 사람의 말이 아닌 '악기의 소리'를 지칭한다. 또 음(音)에다 다시 가로획을 더해 언(言)을 만든 것은 악기의 소리와 사람의 '말'을 구분하고자 분화시킨 것으로 보인다. 언(言)의 옛날 용법에는 여전히 '대나무로 만든 악기'라는 뜻이 담겨 있음이 이를 증명해 준다.

따라서 설(舌)은 위쪽이 대나무 줄기(干)를, 아래는 대로 만든 악기의 혀(reed)를 그린 것으로 추정되는데, 소전체에서 설(舌)이 간(干)과 구(口)로 구성된 것은 이를 반증해 준다. 그래서 설(舌)은 피리처럼 생긴 관악기의 소리를 내는 '혀'가 원래 뜻이며, 이후 사람의 혀로 의미가 확대되었고, 다시 음(音)을 만들어 악기 소리와 인간의 말을 구분한 것으로 추정할 수 있다.

언(言)과 음(音)이 '피리의 입'을 그린 설(舌)에서 왔기 때문에, 음(音)에 소리, 음악, 소식 등의 뜻이 나왔다. 음(音)은 사람의 소리나 개인 차원의 의사소통 필요성보다는 공동체의 위기를 알리거나 마을의 중요한 회의를 소집하기 위한 도구였던 것으로 보인다. 이처럼 음(音)은 악기를 이용하여 인간이 멀리 전달할 수 있는 '소리'가 원래 뜻이며, 이후 音樂(음악)은 물론 모든 '소리'를 지칭하게 되었다. 그래서 음(音)으로 구성된 글자들은 음악이나 '소리'와 관련을 갖는다. 나아가 음악은 제사나 연회에서 주로 사용되었기에 연회와 관련된 음악을 지칭한다.

또 언(言)도 악기의 '소리'에서 사람의 '말'로, 다시 말과 관련된 여러 뜻을 갖게 되었다. 지금도 언(言)으로 구성된 글자에는 일반적인 언어행위 외에두 말에 대한 ㄱ대 중국인들의 인식이 잘 반영되어 있다. 언(言)으로 구성된 글자들을 보면, 언(言)의 출발이 인간의 영혼이나 정신이 배제된 '악기의 소리'였기에 '말'은

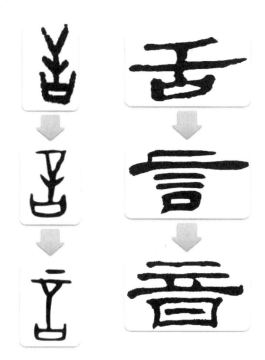

●10_03. '설(舌), 언(言), 음(音)의 발전관계'. 왼쪽은 갑골문, 오른쪽은 예서체이다.

믿을 수 없는 거짓, 속임의 수단이었으며, 말을 잘하는 것은 능력이 아닌 간사함이자 교활함에 불과하였고, 그 때문에 말의 귀착점은 언제나 다툼이었다. 이처럼 언(言)에는 부정적 인식이 두드러진다.

標題	字形		字解
音(소리 음): yīn、音0、9、60	金文 古陶文 盟書 簡牘文 說文小篆	音 音 音 소리 음	

지사. 言(말씀 언)과 가로획(一)으로 구성되어, 피리(言)에서 나오는 소리(一)를 형상화했으며, 이로부터 소리, 음악, 소식 등의 뜻이 나왔다. 원래는 言과 어원이 같았지만, 금문에 들면서 추상부호인 가로획이 더해져 言과 구분되었다. 言은 대로 만든 피리를 그린 것으로 보인다. 音은 사람의 소리나 개인 차원의 의사소통 필요성보다는 공동체의 위기를 알리거나 마을의 중요한 회의를 소집하기 위한 도구였던 것으로 보인다. 이처럼 音은 악기를 이용하여 인간이 멀리 전달할 수 있는 [소리] 가 원래 뜻이며, 이후 音樂(음악)은 물론 모든 [소리] 를 지칭하게 되었다. 그래서 音으로 구성된 글자들은 음악이나 [소리] 와 관련을 갖는다. 나아가 음악은 제사나 연회에서 주로 사용되었기에 여회와 관련된 음악을 지칭한다.

어원_79 음(音)

80_즐거움의 시작, 악기소리: 樂(풍류 악·즐거울 락·좋아할 요; yuè, lè, yào)

'音樂', '娛樂', '樂山樂水'에서 '樂'은 어떻게 읽어야 할까? 또 무슨 뜻일까?

음악(音樂), 오락(娛樂), 요산요수(樂山樂水)로 읽어야 한다. 중국어에서도 '위에(yuè)', '러(lè)', '야오(yào)'로 각각 달리 읽는다. 같은 글자인데, 왜 독음이 '악', '락', '요' 등으로 다 달라지는 것일까?

한자는 한 글자, 즉 같은 글자에 많은 의미가 들어 있기로 유명하다. 원래 의미로부터 파생의미는 물론 빌려 쓴 가차의미까지 들어 있고, 파생의미만 해도 수십 수백 가지가 든 경우도 있다.

80_악(樂)

예컨대 한자의 역대 용례를 모아 놓은 사전인 『고훈회찬(故訓匯纂)』이라는 책에는 '일(一)'의 의미 항목을 무려 312개나 나열하고 있다. 그래서 같은 글자에 든 다른 의미를 독음으로 구별하려는 시도가 있었다. 독음만 다르면 어떤 의미인지를 알 수 있었으니까.

樂(풍류 악)은 원래 악기가 진설된 모양을 그려 '악기(樂器)'가 원래 뜻이다. 악기가 연주하는 음악(音樂)은 누구에게나 즐거움을 준다. 슬플 때나 기쁠 때나, 득의했을 때나 실의했을 때나 음악은 언제나 즐거움을 준다. 그래서 악(樂)은 즐거움을 뜻하게 되었고, 이때에는 '락'이라 읽기로 했던 것이다. 그리고 즐거움을 주

는 음악은 모두가 좋아하는 대상이었다. 그래서 '좋아하다'는 뜻
이 나왔고, 이때에는 다시 '요'라고 읽었다. "인자한 사람은 산을
좋아하고, 지혜로운 사람은 물을 좋아한다."라는 뜻의 '요산요수'
가 이에 해당한다. 이는 『논어·옹야』편에서 온 말이다. 이어지는
말에서 "지혜로운 사람은 움직이고, 인자한 사람은 고요히 머문
다. 지혜로운 사람은 즐겁게 살고, 인자한 사람은 오래 산다."라
고도 했다.

그러나 한 글자에 의미의 차이에 따라 독음이 다양하면 구
별 하기는 쉽겠지만, 그에 따라 정확하게 구분해야 하는 번거로
움이 존재한다. 그래서 엽(葉)은 낙엽(落葉)처럼 '엽'으로 읽고, 성씨
를 나타낼 때에는 '섭'으로 읽었지만, 요즈음 들어서는 구분 없
이 '엽'으로 읽는다. 중국에서도 원래는 낙엽을 뜻할 때에는 '예
(yè)', 성을 뜻할 때에는 '셰(xiè)'로 구분했지만 지금은 '예(yè)'로 읽
는 것이 보통이다. 다만 대만에서는 전통적인 독법을 고수하여
구분해 읽는다.

●10_04. '세계 최초의 악기'.
하남성 가호(賈湖) 신석기 유적에서 발견된 피리 세트. 7
개의 구멍이 갖추어졌으며, 6개가 세트로 발견되었다. 가
호는 기원전 7000년경의 유적지이며, 이들은 세계 최초의
악기로 인정받아 저명 저널 '네이처'의 표지를 장식했다.

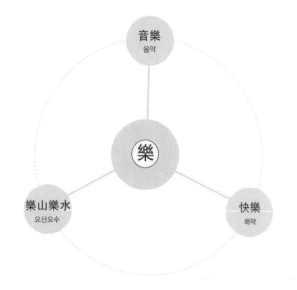

●10_05. '악(樂)의 다양한 독음'.

標題

樂 풍류 악·즐거울 락·좋아할 요; 乐、yuè、木 -11、15

字形

甲骨文

金文

古陶文

盟書

唐寫本說文

說文小篆

樂

풍류 악

字解

형성. 木(나무 목)과 두 개의 幺(잠을 요)가 의미부이고 白(흰 백)이 소리부로, 나무(木)와 실(幺·요)로 만든 악기를 그렸다. 원래는 木과 幺로만 구성되었는데, 이후 소리부인 白이 더해져 지금의 자형이 되었다. [악기]나 음악이 원래 뜻이며, 이후 음악은 즐거움을 주는 것이라는 뜻에서 [즐겁다]의 뜻이, 사람들이 음악을 좋아하다는 뜻에서 [좋아하다]의 뜻이 나왔다. 音樂음악이나 樂器(악기를 뜻할 때에는 [악]으로, 즐겁다는 뜻은 樂天(낙천)에서와 같이 [낙]으로, 좋아하다는 뜻은 樂山樂水요산요수에서처럼 [요]로 구분해 읽는다. 간화자에서는 초서체를 형상화한 乐으로 쓴다.

어원_80 악(樂)

●10_06. '전국(戰國) 시대 편종(編鐘)'. 증후 을묘 편종(曾侯乙墓編鐘)이라 이름 붙여진 이 편종은 1978년 호북성 수현(隨縣)에서 출토되었는데, 약 2천 년 전의 전국시대 유물이며, 총 65점으로 구성되었다. 길이 748센티미터, 너비 335센티미터, 높이 273센티미터. 호북성박물관 소장.

81_아름다움의 출발, 큰 양: 美(아름다울 미; měi)

무엇을 두고 '아름다움'이라고 할까?

"우리말 '아름다움'의 어원을 보면, '아름'과 '다움'으로 구성
되었는데, '아름'은 '알다'의 명사형이고, '~다움'은 형용사를 만드
는 접미사 '~답다'의 활용형으로서 '가치'를 나타낼 때 쓴다. 그
래서 우리말의 '아름다움'은 지적 가치를 말하며, 그래서 '아름다
움'은 '알음' 즉 지(知)가 추상적 형식 논리에 그치지 않고 종합적
생활 감정의 이해 작용에 근거를 둔 것을 뜻하게 된다."(『한국민족
문화대백과』)

서구에서는 칸트(Immanuel Kant, 1724~1804)의 정의에 의하면, "단순
한 직관에 기초하고, 개념적 사유의 매개 없이 직접적으로 즐거
운 것"(『판단력비판』)을 말하는 것으로 알려져 있다. 즉 직관적으로
즐겁게 느껴지는 것, 그것을 '아름답다'라고 할 수 있을 것이다.

그러나 중국은 매우 구체적이다. 한자에서 '아름다움'은 미
(美)라 하는데, 美(아름다울 미)는 사람의 정면을 그린 大(큰대)와 羊(양
양)으로 구성되어 있다. 이는 원시 축제 시 당시의 생활에 여러
모로 많은 도움을 주었던 양가죽을 덮어쓰고 '아름답게 치장하
여' 춤추는 모습이 반영된 글자로 볼 수 있다. 물론 대(大)를 달
리 '크다'는 뜻으로 해석하면 미(美)가 '큰 양'이라는 뜻이 되고,
살찌고 큰 양이 당시 사람들에게 '좋고' '훌륭하게' 느껴졌을 것
이며, 이로부터 '아름답다'는 뜻이 생겨난 것으로 해석할 수도
있다. 사람은 자신에게 이익이 되고 도움을 주는 것을 아름답게
여긴다는 상식적인 이해와도 맞아떨어진다.

81_미(美)

갑골문의
'미(美)'

하지만 대(大)가 '크다'는 추상적 의미 이전에 원래는 사람의 정면 모습을 형상해 '사람'을 말한 글자임을 고려한다면 '양가죽을 덮어쓰고 춤추는 모습'이 더욱 원래 의미에 가깝다고 하겠다. 즉 양이 가축화되기 이전의 원시인들은 야생 양을 붙잡기 위해 양의 속을 파내고 그 껍질을 덮어쓴 채 양으로 위장하여 숨어 있거나 양떼에 살금살금 다가가 잡곤 했을 것이다. 그러므로 그 당시, 가장 생활과 밀접하고 많은 도움을 주는 양을 잡아서 다른 이들에게 제공해 줄 수 있는 사람은 그 사회에서 칭송과 부러움의 대상이었을 것임은 미루어 짐작할 수 있다. 따라서 그들의 축제는 필시 자신의 능력을 인정받고자 양가죽을 덮어쓰고 춤추는 사람을 중심으로 이루어졌을 것이다.

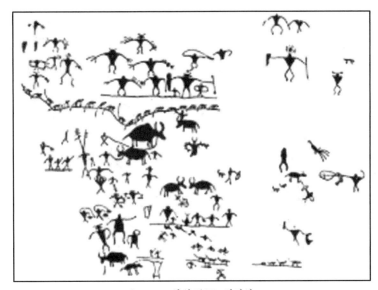

●10_07. '창원(滄源) 암각화'.
운남성 창원(滄源)의 와족(佤族) 자치현에 있는 암각화로, 붉은 철광석과 동물의 피를 섞은 물감으로 그렸 넣었다. 인물, 동물, 가옥, 나무, 태양 등 총 1063개의 그림으로 구성되었다. 지금으로부터 약 3천 년 전에 그린 것으로 추정되며, 현재 운남성 중점문물로 지정되었다.

이렇게 본다면, 양이 그들에게 가져다 줄 수 있는 유용성에 근거해서 양가죽을 쓰고 춤추는 사람의 모습을 고대 중국인들은 '아름다움'으로 인지한 듯하며, 이러한 인식이 반영된 글자가 미(美)라 하겠다. 물론 시간이 지나면서 양가죽의 의미는 퇴색해 갔지만 말이다. 그리고 이러한 흔적은 양의 머리를 박제해서 머리 위에 쓴 고관 부인에 대해 묘사한 고대 중국의 여러 문헌에서도, 양의 모습으로 머리를 장식했던 여러 청동기의 무늬들과 같은 발굴 자료에서도, 무술을 행할 때면 언제나 머리에 양이나 소머리 모양의 가면을 덮어쓰는 풍속 등에서도 여전히 확인 가능하다.

<table>
<tr><td>標題</td><td>美(아름다울 미): měi、羊3、9、60</td></tr>
</table>

<table>
<tr><td>字形</td><td>甲骨文　金文　古陶文　簡牘
文 古璽文　說文小篆</td></tr>
</table>

美
아름다울 미

字解

회의. 羊(양 양)과 大(큰 대)로 구성되어, 양羊의 가죽을 덮어쓴 사람(大)의 모습에서 양羊을 잡을 재주를 가진 「뛰어난」 사람(大)을 그렸고 이로부터 훌륭하다、좋다는 뜻이 나왔는데、큰(大) 양羊이 유용하여、유용한 것이 「아름다움」이라 풀이하기도 한다. 이로부터 아름답다、선하다、훌륭하다、찬미하다、좋게 여기다 등의 뜻이 나왔다. 또 아메리카 대륙(美洲·미주)을 지칭하며、이로부터 미국을 지칭하게 되었다.

어원_81 미(美)

82_나무 심는 기술, 예술의 출발: 藝(심을 예; yì)

예술(藝術)을 뜻하는 예(藝)는 한국과 중국과 일본에서 사용할 때 주의해야 하는 한자이다. 한국에서는 '예(藝)'라고 쓰지만, 일본에서는 '예(芸けい)'라고 쓰고, 현대 중국에서는 '예(艺yì)'로 쓰기 때문이다. 일본에서 쓰는 예(芸)는 한국과 중국에서는 '향초이름'을 뜻하는 운(芸)이나 '원(yún)'으로 읽히는 다른 글자이다.

예술의 출발이 되는 한자 예(藝)는 무엇을 형상한 글자일까?

영어에서 예술을 뜻하는 'art'는 라틴어의 'ars'에서 왔는데, '기교'라는 뜻이다. 즉 사유능력을 가진 주체의 객관 사물에 대한 반응이자 어떤 목적을 갖고 표현하는 행위를 총체적으로 부르는 말이라 하겠다. 유효하고 유익한 결과를 낳는 행위라면 더 좋을 것이다.

82_예(藝)

예술(藝術)이라는 말은 근대에 들어 일본에서 서구의 'art'를 번역하는 과정에서 사용한 말이다. 이 말은 중국에서 일찍이 『후한서』에서부터 등장하지만, 당시의 뜻은 학문이나 기예(技藝)를 뜻해, 지금의 예술과는 거리가 있었다. 학문이나 기예를 뜻하는 예술(藝術)이라는 단어를 일본사람들이 새로운 의미를 부여하면서 새롭게 사용한 용어이다.

한자에서 예(藝)와 술(術)은 각각 다른 용도로 쓰이던 글자이다. 藝(심을 예)는 매우 일찍부터 등장하는 한자로, 갑골문에서는 埶(심을 예)로 사용하였는데, 이후 '초목'을 뜻하는 초(艸)가 추가되고, 다시 독음을 나타내는 云(이를 운, 雲의 원래 글자)이 더해져 지금의 자형이 되었다.

갑골문의 '예(藝)'.

예(埶)는 갑골문과 금문에서 나무를 심는 모습을 대단히 사실적으로 그렸다. 즉 한 사람이 꿇어앉아 두 손으로 어린 묘목(屮·철)을 감싸 쥔 모습이다. 간혹 철(屮)이 木(나무목)으로 바뀌기도 했지만, 의미에는 영향을 주지 않는다. 이후 土(흙토)가 더해졌는데, 이는 땅(土)에 나무를 심는다는 것을 강조하기 위함이었다. 이후 다시 '초목'을 상징하는 艸(풀초)가 더해져 예(蓻)가 되었고, 다시 구름을 상형한 운(云)이 더해져 지금의 예(藝)가 완성되었다. 구름은 비가 내릴 징조이며, 뙤약볕이 내리쬐는 날보다는 구름 낀 흐린 날에 식물을 심어야 함을 강조했다. 이후 '나무를 심다'는 뜻에서 '나무 심는 기술'의 뜻이 나왔고, 다시 기예(技藝), 공예(工藝), 예술(藝術) 등의 뜻도 나왔다.

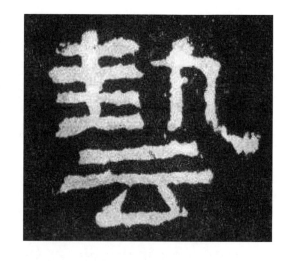

術(꾀술)은 行(갈행)이 의미부이고 朮(차조출)이 소리부인 구조로, 『설문해자』에서는 '나라 안의 도로(行)'를 말한다고 했다. 이로 미루어 볼 때, 길(行)에서 농작물(朮, 秫의 원래 글자)을 사고파는 모습을 그린 것으로 추정되며, 물건을 사고팔 때 쌍방 모두 '꾀'와 '기술'이 필요했기에 '꾀'나 방법, 전술(戰術), 기술(技術) 등의 뜻이 나왔을 것이다. 현대 중국의 간화자에서는 행(行)을 생략한 채 출(朮)에 통합되었다.

정착 농경사회에 일찍 진입했던 중국에서 식물의 재배는 무엇보다 중요했고, 이 때문에 '기술'은 식물 재배 기술이 대표되어 이를 매개로 표현되었다. 이것이 예(藝)이다. 이후 더해진 술(術)은 거리에서 곡물 즉 농작물을 내다 파는 '기술'을 말한다. 상행위와 관련된 기술이다. 이렇게 볼 때, 한자어 예술(藝術)에 담긴 의미는 기술과 기교이다. 그것이 나의 생존을 가능하게 하고 삶을 윤택하게 해 주는 행위로 인식되었을 것이고, 그렇다면 중국에서의 예술은 출발부터 더욱 실용적이고 응용적인 의미를 담고 있다 하겠다.

標題

藝(심을 예): 艺, yì, 艸-15, 19, 42

字形

小篆
甲骨文
金文
簡牘文
說文

藝
심을 예

字解

형성. 云(이를 운)이 의미부이고 埶(심을 예)가 소리부로, 심다는 뜻인데, 구름이 끼거나 흐린 날云, 雲의 원래 글자)에 나무를 심다(埶)는 뜻을 담았다. 하지만, 갑골문과 금문에서는 나무 심는 모습을 대단히 사실적으로 그렸다. 한 사람이 꿇어앉아 두 손으로 어린 묘목(屮·철)을 감싸 쥔 모습이다. 간혹 屮이 木(나무 목)으로 바뀌기도 했지만, 의미에는 영향을 주지 않는다. 이후 土(흙 토)가 더해져 埶(심을 예)가 되었는데, 이는 땅(土)에 나무를 심는다는 것을 강조하기 위함이었다. 이후 다시 草木(초목)을 대표하는 艸(풀 초)가 더해져 埶가 되었고, 다시 구름을 상형한 云이 더해져 지금의 藝가 완성되었다. 나무를 심다는 뜻에서 나무 심는 기술의 뜻이 나왔고, 다시 技藝(기예), 工藝(공예), 藝術(예술) 등의 뜻도 나왔다. 간화자에서는 소리부 埶를 乙(새 을)로 바꾼 艺로 쓴다.

어원_82 예(藝)

100개. 한자를. 통해. 중국의. 사상. 역사. 정치. 경제. 문화. 상식을. 배운다.

제11장
책과 문방사우

●

●

책.과.문.방.사.우.

83_중국의 위대한 필기구, 붓: 筆(붓 필; bǐ)

'붓'은 중국이 만든 세계를 놀라게 한 발명품이다. 하나의 붓으로 획의 굵기나 진하기의 정도는 물론 끊기고 이어지는 등 각양각색의 모양을 자유자재로 만들 수 있다. 한 번 먹인 먹물로 수 십 자를 써 내려갈 수도 있다.

'붓'만큼 오랜 역사를 가진 필기구도 없을 것이다. 붓은 진(秦)나라 때의 몽염(蒙恬)이라는 사람이 만들었다고 전해지지만, 현재 고고 발굴 자료에 의하면 전국시대 때의 초나라 무덤에서 이미 실제 붓이 발견되었다. 그 뿐만 아니라, 상나라 때의 갑골문에서도 손에 붓을 잡은 모습인 聿(붓율), 史(역사사), 尹(다스릴윤) 등이 출현하고 있어 상나라 당시에 이미 붓이 보편화되었을 것으로 보인다. 더구나 몇몇 갑골에서는 칼로 새긴 형태가 아닌, 붓으로 써 놓고 아직 새기지 않은 상태의 갑골편이 발견됨으로써 이를 사실로 증명해 주기도 했다.

83_필(筆)

筆(붓필)의 초기 형태는 聿(붓율)이다. 이는 손으로 붓을 잡고 있는 모습을 형상한 글자이다. 그러나 붓은 주로 대나무로 몸통을 만들어졌기 때문에 이후 竹(대죽)을 첨가하여 오늘날처럼의 글자로 변화되었다. 지금은 그 의미가 확대되어 '붓'이라고 하면 실제 붓이 아니라 하더라도 모든 필기구를 통칭하는 이름으로 쓰이고 있다. 이는 서구에서의 'pen'이 원래는 거위깃털을 비스듬히 잘라 만든 '펜'을 말했지만 지금 'pen'으로 모든 필기구를 통칭하고 있는 것과 같다.

●11_01. '다호리(茶戶里) 출토 붓'.
1988년 경상남도 창원시 동읍(東邑) 다호리에서 출토된 기원전 1세기 때의 실물 '붓'. 총 5자루인데, 흑칠(黑漆) 목심의 붓대는 마루를 깎아 만들었고, 양쪽 끝에 붓털이 달렸다. 이와 함께 죽간이나 목독 등에 잘못 쓴 글자를 고치는 데 쓰던 칼인 '흑칠(黑漆) 서도(書刀)'(길이 29.2센티미터)도 출토되었는데, 이는 당시 한반도에서 한자가 이미 사용되었음을 증명해 주었다.

<표제> 筆 붓 필: 笔、bǐ、竹-6、12、52

<字形>
甲骨文
金文
簡牘文
說文小篆 筆 說文小篆

筆

붓
필

<字解> 형성. 竹대죽이 의미부이고 聿붓률이 소리부로, 대(竹)로 만든 붓대를 가진 필기구인 「붓」을 말한다. 원래는 聿붓률로 써 손으로 붓을 그렸는데, 이후 竹을 더해 筆이 되었고, 간화자에서는 聿을 毛털모로 바꾸어 笔로 쓴다. 이후 筆記具(필기구)의 통칭이 되었고, 다시 문구를 뜻했다. 또 붓으로 글을 쓴다는 뜻에서 기술하다、서사하다、수필、산문 등의 뜻이 나왔고, 한자의 筆劃(필획)을 뜻하기도 했다.

●11_02. '붓'.

중국의 위대한 발명품 중의 하나이다. 크기에 따라 작은 붓(小楷), 중간 붓(中楷), 큰 붓(大楷)으로 나뉘며, 붓털의 성질에 따라 부드러운 붓(軟毫), 강한 붓(硬毫), 중간 붓(兼毫) 등으로 나뉜다. 또 붓털의 길이에 따라 장봉(長鋒)과 단봉(短鋒)으로, 재료에 따라 갓난아기의 머리털로 만드는 태모필(胎毛筆), 짐승의 털로 만드는 모필(毛筆), 풀로 만드는 초필(草筆) 등으로 나뉘는데, 모필에는 이리 털로 만든 낭모필(狼毛筆), 토끼털로 만든 토호필(兔毫筆), 사슴 털로 만든 녹모필(鹿毛筆), 닭털로 만든 계모필(雞毛筆), 오리털로 만든 압모필(鴨毛筆), 양털로 만든 양모필(羊毛筆), 돼지털로 만든 저모필(豬毛筆), 쥐 털로 만든 서모필(鼠毛筆), 호랑이 털로 만든 호모필(虎毛筆), 소의 귀 털로 만든 황우이호필(黃牛耳毫筆) 등이 있다.

84_지워지지 않는 잉크, 먹: 墨(먹 묵; mò)

붓이 아무리 뛰어난다 한들 먹이 없으면 쓰지 못한다. 그래서 고대사회에서 글씨를 쓸 때 반드시 필요한 네 가지가 있는데, 붓과 먹과 종이와 벼루가 그것이며, 이를 문방사우(文房四友)라고 한다.

붓과 먹의 출현은 매우 일러, 갑골문에 이미 손에 붓을 쥔 모습인 聿(붓 율) 등이 등장하고 실제 먹으로 썼지만 칼로 새기지 않은 것이 발견되기도 했다.

84_묵(墨)

이후 먹은 기술적 발전을 계속하여 송진이나 다른 식물의 기름을 연소시켜 생긴 그을음을 아교로 굳혀 만들게 되었다. 지금도 중국화나 서예를 할 때에는 먹을 사용해야 한다. 좋은 먹은 색깔도 좋아야 하지만 종이에 잘 스며들고 또 사라지지 않아야 하는데, 일득각(一得閣) 먹, 상해 조소공(上海曹素功) 먹, 이정규(李廷珪) 먹, 호개문(胡開文) 먹, 적계량재(績溪良才) 먹 등은 최고의 먹으로 손꼽힌다. 일득각(一得閣) 먹이 북경(北京)의 것이고 나머지가 안휘성의 것임을 고려하면 안휘성이 먹의 산지로 유명함을 알 수 있는데, 안휘성은 종이와 붓으로도 유명하다.

墨(먹 묵)은 土(흙 토)가 의미부이고 黑(검을 흑)이 소리부로, 흙(土)에서 나는 검은 색(黑)을 내는 '먹(墨炭묵탄)'을 말했다. 이후 그을음과 송진을 섞어 만든 지금의 붓글씨용 '먹'을 지칭하였으며, 이로 글씨를 쓰거나 그림을 그리기 때문에 서예나 회화를 비유적으로 지칭하기도 했다. 또 묵형(墨刑)이나 '검은색'을 뜻하였고, 깨끗하지 못함이나 '비리'의 비유로도 쓰였다. 그렇다면 흑(黑)은 단순히 소리부가 아니라 의미의 결정에도 직접 관여하고 있다.

'갑골문의 흑(黑)'.
얼굴에 묵형을
당한 사람을
그렸다.

흑(黑)은 사실 끔직한 역사가 투영된 글자이다. 黑(검을흑)은 금문에 의하면 이마에 문신(文身)을 한 사람을 그려 놓았는데, 죄인에게 가해지는 형벌의 하나인 묵형(墨刑)이다. 이로부터 '검다'는 의미가 생겼지만, 주로 그 출발처럼 부정적인 뜻이 대부분이어서, 범죄 집단(黑社會 hēishèhuì), 블랙마켓(黑市 hēishì), 헤커(黑客 hēikè), 불법 운행 차량(黑車 hēichē), 호적에 등록되지 않은 사람(黑人 hēirén) 등과 같이 어둡다, 혼탁하다, 불법, 사악, 불법 등의 의미를 가진다.

흑(黑)에서 파생된 글자 중, 黨(무리 당)은 흑(黑)이 의미부이고 尚(숭상할상)이 소리부인데, 이를 『설문해자』에서는 '신선하지 못하다', 즉 '썩었다'는 뜻으로 해석하고 있다. 정당을 뜻하는 당(黨)을 '부정적인 것을 숭상하는 집단'으로 인식하여, 정당이라는 것이 정의가 아닌 자신들의 이익만을 위해 무리 짓고 편 가르는 집

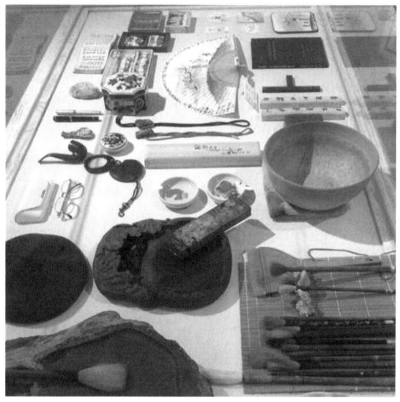

●11_03. '문방사우'.
붓, 먹, 벼루, 종이 등 붓글씨와 그림에 필요한 각종 도구들이 진열되어 있다. 진도 남도전통미술관 소장.

단으로 여겨온 것 같다. 서구에서는 정당을 'party'라고 하여 이를 '축제의 장'으로 인식한 것과는 대조를 이룬다. 그 때문인지, 공산당 일당 체제인 신 중국에서는 이들이 불편했던지 당(党)으로 줄였는데, '사람(儿=人·인)을 숭상하는(尚) 당'이라는 뜻으로 해석될 수도 있다. 기막힌 변신이 아닐 수 없다.

또 黔(검을검)은 흑(黑)이 의미부이고 今(이제금)이 소리부로 '검다'는 뜻이다. 따라서 검수(黔首)는 '검은 머리'가 식섭적인 의미지만 주로 백성이라는 뜻으로 쓰였다. 검수(黔首)가 백성을 뜻한 것은 단순히 머리의 색깔이 검어서가 아니라, 묵형을 받았던 최 하층민을 지칭한데서 의미가 확대된 것으로도 보인다.

당(黨)의 예서체와 간화자.

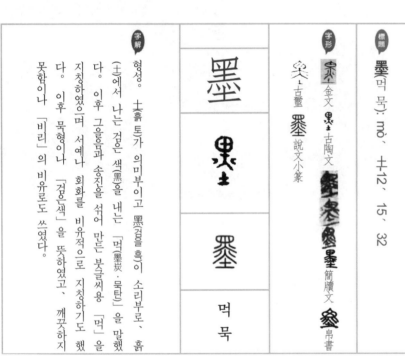

標題

墨(먹 묵); mò、十12、15、32

字形

金文 古陶文 古璽 說文小篆 簡牘文 帛書

字解

형성. 土(흙 토)가 의미부이고 黑(검을 흑)이 소리부로, 흙(土)에서 나는 검은 색(黑)을 내는 「먹(墨炭·묵탄)」을 말했다. 이후 그을음과 송진을 섞어 만든 붓글씨용 「먹」을 지칭하였으며 서예나 회화를 비유적으로 지칭하기도 했다. 이후 묵형이나 「검은색」을 뜻하였고, 깨끗하지 못함이나 「비리」의 비유로도 쓰였다.

墨

墨 墨

먹 묵

어원_84 묵(墨)

85_서예와 글쓰기: 書(글 서; shū)

서예(書藝)는 중국의 위대한 발명품인 '붓'으로 상형성과 표의성이 강한 한자를 쓰는 창의적인 예술 활동을 말한다. 중국에서는 줄곧 예술 행위로 보아왔지만 지금은 서예(書藝)보다는 서법(書法shūfǎ)라고 쓴다. 그러나 한국에서는 여전히 서예(書藝)라고 부르며 그에 담긴 예술성을 부각하고 있다. 그런데 일본에서는 서도(書道しょどう)라고 불러 차이를 보인다. 서예를 인격도야의 주요한 수단으로 여기며, 도(道)의 수련에 가까운 엄격한 행위로 본 것 같다. 용어로만 본다면, 우리가 가장 낭만적이고, 중국은 엄격한 규칙을 요구하며, 일본은 단순한 규칙이 아니라 도(道)에 가까운 것으로 더욱 진지한 행위로 인식하고 있음을 알 수 있다.

85_서(書)

書(글 서)는 붓으로 그릇에 담겨진 먹을 찍고 있는 모습을 형상했으며, 이와 유사한 구조를 가진 畵(그림 화)는 붓을 들고서 그림이나 도형을 그리고 있는 모습이다. 또 肅(엄숙할 숙)은 붓으로 자수를 놓을 밑그림을 그리고 있는 모습이다. 숙(肅)은 원래의 '수놓다'는 뜻으로부터 수놓을 때는 주의력을 집중시켜서 해야 한다는 뜻으로부터 '엄숙하다'는 뜻이 생겼고, 그렇게 되자 원래 뜻을 나타낼 때에는 糸(가는 실 멱)을 보태어 繡(수놓을 수)로 표현했다.

그런가 하면 尹(벼슬다스릴 윤) 역시 변형된 모습이긴 하지만 손으로 붓을 잡고 있는 모습이다. 고대 사회에서 붓을 잡고 국가의 문서를 기록할 수 있었던, 즉 문자를 섬유하고 있었던 계층이라면 당연 벼슬아치나 남을 다스리는 계층이었을 것이다. 그런 연유로 해서 이 글자에 '벼슬'이나 '다스리다'는 뜻이 있게 되었다.

이와 꼭 같은 원리로 만들어진 글자가 史(사관 사), 吏(벼슬아치리, 使의 본래 글자), 事(일 사)이다. 이 세 글자의 경우 갑골문 단계에서는 아직 분화하지 않은 채 '손에 장식이 달린 붓을 잡고 있는 모습'을 그려 역사나 문서의 기록에 참여하는 행위를 나타냈다. 그래서 당시에는 그러한 행위, 행위자, 행위의 직무라는 의미를 함께 갖고 있었다. 그러던 것이 이후 각각 분화되면서 해당 글자를 만들게 되었는데, '행위'를 중심 의미로 삼은 것이 사(史), '행위자'를 중심으로 삼은 것이 리(吏), 행위의 '직무'를 중심으로 삼은 것이 사(事)이다. 리(吏)는 이후 역사나 문서 기록을 담당하는 사람뿐만 아니라 일반적인 관리도 함께 지칭하게 되자 다시 人(사람 인)을 더해 使(부릴 사)로 분화했다.

가장 중국적인 예술 행위라 평가받는 서예의 역사는 매우 길다. 갑골문은 물론 청동기 명문인 금문(金文)은 대단히 뛰어난 서예 작품이라 할 것이다. 그러나 개인의 이름이 밝혀진 작품은 진시황 때 승상으로 문자통일 등 그의 강력한 중앙집권 정책을 도왔던 이사(李斯)가 최초일 것이다. 그 이후 진나라 말기에는 정막(程邈)이 예서의 정리에 도움을 주었다고 하며, 한나라 때에는 채옹(蔡邕)이 유명하다. 붓글씨를 본격적인 예술 행위로 승격시킨 사람은 아무래도 진(晉)나라 때의 왕희지(王羲之)를 들어야 할 것이다. 그래서 그를 '서예의 성인'이라는 뜻의 '서성(書聖)'으로 부른다.

그 후 이름 모를 위진 때의 북비(北碑)에 나타나는 무수한 서예가들을 거쳐

갑골문의
'숙(肅)'과
'사(史)'

●11_04. '캘리그라피'.
신영복(1941~2016) 선생의 손 글씨 '처음처럼'.

당나라에 이르면 구양순(歐陽詢), 안진경(顔眞卿), 류공권(柳公權) 등이, 또 송나라에 이르면 소식(蘇軾), 황정견(黃庭堅), 미불(米芾), 채양(蔡襄) 등이 있고, 원나라 때에는 조맹부(趙孟頫)가 이름을 날렸다. 그 후로 일일이 이름을 나열할 수 없는 수많은 서예가들을 거쳐 독특한 스타일의 서체를 만들어 내어 지금도 중국 서예는 중국 예술의 정수로 여겨지며, 세계인의 찬사를 받고 있다. 그리고 디지털 시대에 진입한 지금은 또 한자를 모티브로 한 디자인으로서, 캘리그라피로서 거듭된 발전을 하고 있다.

●11_05. 영어의 'horse'를 이용하여 한자로 디자인한 마(馬).

字解
회의. 손에 붓을 쥔聿·률) 모습과 그릇으·구을 그려, 그릇에 담긴 먹을 찍어 [글]을 쓰는 모습을 그렸는데, 口가 曰(가로 왈)로 바뀌어 지금의 자형이 되었다. 이로부터 書寫(서사)하다, 기록하다·글, 書體(서체), 文書(문서), 書籍(서적) 등의 뜻이 나왔다. 간화자에서는 초서체를 변형한 书로 쓴다.

字形
書 說文小篆
書 金文
書 古陶文
書 簡牘文
書 古璽文

標題
書(글 서): 书、 shū、 曰7、 10、 60

어원_85 서(書)

86_지식의 전승 매체, 책: 冊(책 책; cè)

책은 인류의 지식과 문화를 축적시켜 전승하게 하였고, 이를 통해 인류는 찬란한 역사를 만들고 비약적인 발전을 할 수 있었다. 그래서 책은 인류 발전의 원동력이자 생명이라 할 수 있다. 책을 생명의 문서라고 부르는 이유가 여기에 있다. 우리는 서책(書冊)이라는 말을 자주 쓰지만 특정 필사 재료에다 붓으로 쓴 글씨를 책의 형태로 묶어야 '책(冊)'이 되지만, 묶지 않으면 책이 되지 못하고 '서(書)'로 남는다.

중국이 인류사에 공헌한 또 한 가지 위대한 발명품은 '종이'이다. 종이는 105년 한나라 때 채륜(蔡倫)이 발명했다고 전해지지만 서한 때 이미 삼으로 만들어진 원시적 단계의 종이가 발굴되었다. 아마도 종이의 발명은 그보다 훨씬 이전에 이루어졌고, 그에 의해 기술적 발전을 이루었을 것이다.

종이가 나오기 이전, 고대 중국에는 어떤 필사 재료들이 있었을까? 현전하는 것 중 가장 시대가 앞서는 것으로는 돌이나 도기(陶器)가 있으며, 갑골(甲骨)이라 불리는 저 유명한 거북 껍데기나 동물 뼈도 있으며, 금문(金文)의 필사 자료였던 청동기도 있고, 간독(簡牘)문자로 일컬어지는 대나무와 나무(木牘), 그리고 비단 등도 있었다. 그러나 그 중에서도 가장 보편적으로 쓰였던 것은 아무래도 대나무를 들어야 할 것이다.

86_책(冊)

영어에서 책을 뜻하는 'book'은 게르만어에서 기원하였는데, 독일어의 'buch'나 네덜란드어의 'bock', 스웨덴어의 'bok', 고대 영어의 'boc'가 변한 것이며, 이는 '너도밤나무'를 뜻하는 'beech'와 같은 어원을 가진다. 북유럽 지역에 지천으로 자라는 너도밤나무의 껍질에다 글을 쓴 것이 '책'의 어원이 된 것으로 보인다.

죽간(竹簡)은 대나무를 쪽으로 쪼개 불에 구워 물기를 없앤 다음 말리고 거기에다 붓으로 글씨를 썼던 것을 말한다. 冊(책책)은 바로 이렇게 쓴 대쪽을 끈으로 엮어 놓은 형태이다. 책을 엮을 때는 새끼줄이 보통이었으나 중요한 책은 가죽 끈으로 묶기도 했다. 그래서 가죽 끈이 세 번이나 끊어질 정도로 『역경』을 열심히 보았다는 공자의 '위편삼절(韋編三絶)'이라는 성어는 바로 여기서 연유하였다.

典(법전)은 이러한 책을 두 손으로 받쳐 들고 있거나 탁자 위에다 올려놓은 모습이다. 받쳐 든 책은 중요한 책일 것이니 '경전'이라는 의미가 생겨났다. 지금도 사법고시 패스를 기약하며 신주 받들듯 모시는 책을 '법전(法典)'이라 하지 않던가? 죽간에다 글씨를 쓸 때, 혹 잘못 쓰게 되면 어떻게 했을까? 당시에는 오늘날처럼 지우개도 수정 액도 없었을 것이니, 어쩔 수 없이 칼로 깎아 내는 수밖에 없었다. 이를 반영한 글자가 删(깎을·삭제할산)이다. 책을 칼(刀)로 깎아 내어 '수정하다'는 뜻이다.

그리고 嗣(대 이를 사)는 소리를 나타내는 司(맡을·벼슬 사)와 의미를 나타내는 口(입 구)와 책(冊)으로 구성된 글자인데, 후손이 선조의 대를 잇거나 상속을 받을 때에는 훈시와 함께 문서를 내린다는 의미가 담긴 글자이다.

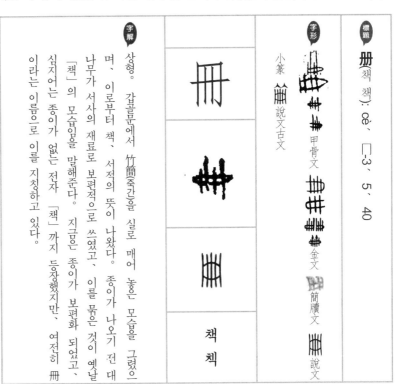

어원_86 책(冊)

標題
冊(책 책): cè, 冂-3, 5, 40

字形
小篆 說文古文
甲骨文
金文
簡牘文
說文

책
칙

字解
상형. 갑골문에서 竹簡(죽간)을 실로 매어 놓은 모습을 그렸으며, 이로부터 책·서적의 뜻이 나왔다. 종이가 나오기 전대 나무가 서사의 재료로 보편적으로 쓰였고, 이를 묶은 것이 옛날 [책]의 모습임을 말해준다. 지금은 종이가 보편화 되었고, 심지어는 종이가 없는 전자 [책]까지 등장했지만, 여전히 冊 이라는 이름으로 이를 지칭하고 있다.

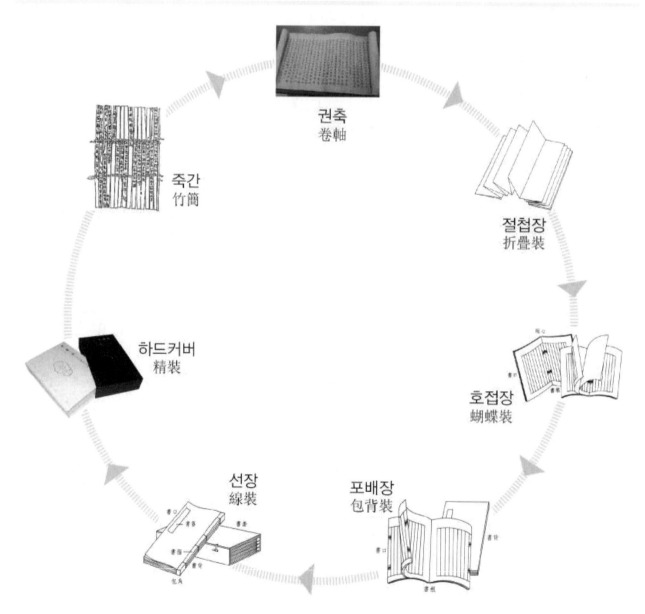

●11_06. '책의 역사'.

제작 방식에 따라 이상의 과정을 거쳤다. 책(冊)은 종이가 보편화되기 전 죽간에다 글을 쓰고 이를 묶어 놓은 모습을 그렸다. 종이가 보편화된 이후 책의 제작 형식이 진보하여 지금은 하드커버와 소프트커버가 유행하게 되었고, 또 컴퓨터의 발달로 전자책이라는 새로운 형식도 출현하였다.

제6부 사상과 가치

●

제12장. 사상과 세계관
제13장. 종교와 조상숭배
제14장. 중국적 가치

●

100개. 한자를. 통해. 중국의. 사상. 역사. 정치. 경제. 문화. 상식을. 배운다.

제12장

사상과 세계관

●

●

사.상.과.세.계.관

87_하늘의 근원은 사람, 천인관계: 天(하늘 천; tiān)

'하늘'을 뜻하는 天(하늘천)은 갑골문에서 '하늘'이 아니라 '머리를 크게 그린 사람'의 모습이다. 다시 말해 사람의 정면 모습을 그린 대(大)에 머리 부분을 크게 키워 놓은 모습이다. 그 때문에 갑골문 당시에 천(天)은 하늘이 아니라 '사람의 정수리'를 뜻했다. 갑골문에 자주 등장하는 '천질(天疾)?'은 "정수리가 아플까?"라고 점을 친 내용이다. 이후 천(天)은 사람에게서 가장 윗부분이자 하늘과 맞닿는 부위라는 뜻에서 '하늘'까지 뜻하게 되었다.

87_천(天)

서구에서 '하늘'은 인간과 대립하는, 인간의 능력을 넘어선 절대적 존재로, 초월성이나 무한성으로 인식된다. 그러나 중국에서는 하늘과 사람이 별개가 아닌, 언제나 이어져 있는 관계로 인식한다. 하늘을 감동시키는 것도 인간이고, 인간에게 계시를 내리는 것도 하늘이다. 이를 두고 '천인감응(天人感應)'이라고 하는데, 동양적 사유의 특성으로 간주된다. 동학(東學) 사상에서 강조했던 '인내천(人乃天)' 즉 '사람이 곧 하늘'이라는 사상도 이와 연계되어 있다.

갑골문의 '천(天)'

그렇게 보면, 하늘이 인간과 연결될 수 있었던 것은 '천(天)'자가 처음부터 사람의 정면 모습을 그린 '대(大)'자에서 확장되어, '하늘'을 객관적 존재가 아니라 '사람'을 통해서 그렸고, 사람과의 관계 속에서 인식했기 때문에 가능했다 생각된다.

이는 서구의 인식 체계와는 매우 다른 특징적인 모습이다. 객관적 사물을 사람이라는 잣대를 통해서 보고 인간의 관점에서 파악하려는 경향과 관련되어 있다. 따라서 중국에서 하늘(天)의 근본은 사람(人)이다.

天(하늘 천): tiān、大-1、4、70

字形

一天 古幣文　天天天天 甲骨文　天天天 金文

天 古璽文　天 說文小篆　秀天方天 簡牘文

字解

상형。 원래 사람(大·대)의 머리를 크게 그렸는데、 머리가 가로획(一)으로 변해 지금의 자형이 되었다。 머리끝에 맞닿은 것이 「하늘」임을 나타냈고、 이로부터 위에 있는 것、 꼭대기、 최고 등의 뜻이 나왔으며、 이후 하늘、 자연적인 것、 기후、 하느님 등의 뜻도 나왔다。 「하늘」을 존재하는 자연물 그대로 그리지 않고 사람의 신체에 머리를 크게 그려놓고 거기와 맞닿은 곳이 「하늘」임을 그려낸 중국인들의 사유 방식이 의미 있어 보인다。

天 天 天 하늘 천

어원_87 천(天)

88_모든 세상의 중심이자 주체, 사람: 人(사람 인; rén)

人(사람 인)은 서 있는 사람을 측면에서 그린 것이다. 서 있는 사람을 정면에서 그리면 大(큰대)가 된다. 측면에서 보는 것보다 정면에서 보는 것이 크게 보이기 때문에 대(大)는 '크다'는 뜻으로 쓰이게 되었다. 이 대(大)의 머리 부분에 가로획을 더하면 夫(지아비부)가 되는데, 사람이 머리에 비녀를 꽂은 모습이다. 오래 전 고대 중국에서는 남자도 여성처럼 어른이 되면 머리에다 비녀를 꽂았다. 이후에는 관(冠)으로 바뀌긴 했지만 말이다. 그래서 부(夫)는 '성인 남성', 그리고 결혼한 사람이라는 의미에서 '지아비'를 뜻한다.

88_인(人)

대(大)에 양 겨드랑이 부분을 점으로 표시해 놓으면 亦(또역)이 된다. 그래서 역(亦)은 '겨드랑이'가 원래 뜻이었으나 이후 '또한'이라는 부사어로 가차되게 되었고, 그러자 역(亦)에다 발음부호 석(夕)을 더한 夜(밤야)로 '겨드랑이'를 나타냈다. 그런데 야(夜)가 다시 '밤'을 뜻하는 석(夕) 때문에 '밤'이라는 뜻으로 더 자주 쓰이게 되자, '겨드랑이'는 액체를 뜻하는 수(水)를 더해 液(진액)으로 분화하여 지금에 이르렀다. 역(亦)과 야(夜)와 액(液) 사이에서는 꽤 복잡한 변화 과정이 있었던 셈이다.

그리고 대(大) 양옆에서 두 사람을 끼고 있으면 곧 夾(낄협)이 된다. 양쪽 겨드랑이에 사람이 아니라 올이 성긴 베가 그려지면 爽(시원할상)이다. 올이 성긴 베옷을 입었으니 상쾌(爽快)하고 더없이 시원할 것임은 상상이 갈 것이다. 그런가 하면 요절(夭折)에서처럼 '일찍 죽다'는 뜻의 夭(어릴요)는 대(大)에서 머리 부분이 옆으로 비뚤진 모습으로 그려졌다.

인(人)은 사람의 측면의 모습을 그린 인(人)도 많은 글자 군을 형성한다. 두 개의 인(人)을 나란히 하여 같은 방향을 향하고 있으면 从(따를종)이 되는데, 사람이 사람을 '뒤쫓다'는 뜻이다. '뒤쫓음'이 거리에서 주로 이루어지므로, 이후 '가다'는 뜻의 착(辵)이 더해져 종(從)이 되었다. 그러나 신 중국의 간화자에서는 다시 옛 형태로 되돌아가 종(从)으로 쓰고 있다. 그리고 셋이 모이면 중(众=衆), 등을 돌리고 서 있으면 북(北), 산사람과 죽은 사람이 거꾸로 서 있으면 화(化)가 된다.

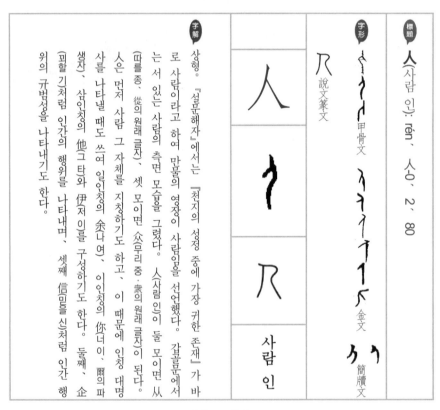

어원_88 인(人)

標題

人(사람 인): rén、人-0、2、80

字形

尺
說文篆文

[甲骨文]
[金文]
[簡牘文]

人
亻
尺
사람
인

字解

상형. 『설문해자』에서는 『천지의 성정 중에 가장 귀한 존재』가 바로 사람이라고 하여 만물의 영장이 사람임을 선언했다. 갑골문에서는 서 있는 사람의 측면 모습을 그렸다. 人(사람 인)이 둘 모이면 从(따를 종、從의 원래 글자)、셋 모이면 众(무리 중·衆의 원래 글자)이 된다.

人은 먼저 사람 그 자체를 지칭하기도 하고, 이 때문에 일인칭의 余(나 여)、이인칭의 你(너 이、爾의 파생자)、삼인칭의 他(그 타와 伊저 이를 구성하기도 한다. 둘째, 소(끌 기처럼 인간의 행위를, 셋째 信(믿을 신)처럼 인간 행위의 규범성을 나타내기도 한다.

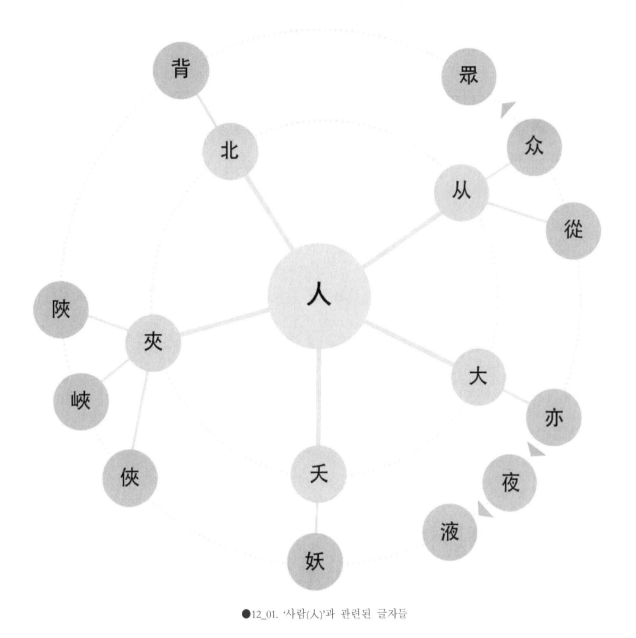

●12_01. '사람(人)'과 관련된 글자들

●12_02. '사람 얼굴이
도안된 청동기'.
술그릇의 일종인 유(卣).
상나라. 튀어 나온 뿔이
매력적인 애니메이션
캐릭터 중 하나인
슈렉(Shrek)의 두 귀를
연상하게 한다.

89~90_만물의 형성과 변화, 음양: 陰(응달 음; yīn)과 陽(볕 양; yáng)

음양오행설은 고대 중국인들의 핵심 철학으로, 이 세상의 모든 존재는 음과 양의 두 가지 속성으로 나뉘며, 나무(木), 불(火), 흙(土), 쇠(金), 물(水)의 다섯 가지의 기본 원소에 의해 구성되고 이들의 대립과 상호 작용에 의해 변화한다는 학설이다.

원래는 음양설과 오행설로 나뉘어졌으나, 기원전 4세기 초쯤인 전국(戰國)시대 때 결합되기 시작하여 우주 자연 현상의 형성과 변화를 설명하는 틀로 사용되었다. 음(陰)은 여성적인 것, 수동성, 추위, 어둠, 습기, 부드러움을 뜻하고, 양은 남성적인 것, 능동성, 더위, 밝음, 건조함, 굳음을 뜻하게 되었다.

89_음(陰)

陰(응달 음)은 阝(=阜, 언덕 부)가 의미부이고 솔(그늘 음)이 소리부로 되었지만, 원래는 음(솔)으로만 되었고, 부(阝)가 추가된 것은 이후의 일이다. 음(솔)은 다시 今(이제 금)이 소리부이고 云(이를 운)이 의미부인데, 운(云)은 지금은 '말하다'는 의미로 쓰이지만, '구름'을 뜻하는 운(雲)의 원래 글자이다. 따라서 음(솔)에 뿌리박힌 생각은 '구름 때문에 해가 보이지 않는다'라는 것이다.

하지만 세월이 지나면서 '흐린 날'이라는 뜻은 우(雨)를 더하여 霒(흐릴 음)으로, '응달'이라는 뜻은 부(阝)를 더하여 음(陰)이 되었다. 부(阝)는 지상가옥의 건축술이 발달하기 이전, 땅을 파 반지하식 흙집을 만들어 살았던 시기에 집안으로 들어가기 위한 계단을 그린 글자로, 이후 '집 위쪽의 땅'을 의미하였던 글자이다. 따라서 음(陰)은 더욱 자연스레 해가 들지 않는 응달이나 음지(陰

地)와 연관 지어졌다.

이와 반대로, 양(陽)은 볕이 잘 드는 양지(陽地)에서부터 출발하였다. 陽(볕양)은 원래 昜(볕양)으로 썼는데, 이는 제단 위로 솟아있는 태양을 그렸으나, 나중에 햇빛을 강조하기 위해 광채를 뜻하는 彡(터럭삼)을 더하여 양(昜)이 되었다. 제단이 등장하는 것으로 보아 태양신을 모시던 흔적으로 보인다. 이후 다시 언덕을 뜻하는 부(阜)가 더해져 지금의 양(陽)이 되었고, '햇빛을 받고 있는 땅'이라는 의미에서 양지(陽地)와 연관 지어졌다.

90_양(陽)

하늘과 땅, 빛과 어둠 등의 이분법적 개념에 익숙한 우리는 양(陽)을 긍정적 개념으로 음(陰)을 부정적 개념으로, 또한 양을 남성이나 하늘과 연결시키고 음을 여성이나 땅과 연결시켜 양을 음의 상위개념으로 생각하는 경향이 있다.

하지만 음(陰)과 양(陽)의 어원으로 보면 음과 양은 이러한 위계질서를 나타내는 개념이 아니라, 손등과 손바닥, 등과 배와 같은 대칭적 개념이었다. 즉 음(陰)은 구름이 해를 가린 모습이며, 양(陽)은 제단 위로 태양이 크게 솟아있는 모습이다. 따라서 양(陽)은 주로 밖으로 훤히 드러난 외양을, 음(陰)은 숨어 있거나 가려져 있는 내면을 나타낸다고 볼 수 있다.

예컨대 덕이란 마음(즉 내면)으로 쌓고 그 덕을 베풀 때에도 밖으로 과시하지 않아야 하기에 음덕(陰德)이라 하지 양덕(陽德)이라 하지는 않는다. 반대로 양존(陽尊)은 '겉으로만 존경하는 척하는 행위'를 뜻한다. 그러므로 양과 음은 대칭적 개념에 불과하지 좋고 나쁨의 가치판단이 더해진 개념은 아니었다. 남과 여의 개념이 양과 음과 연결되고 다시 존(尊)과 비(卑)의 개념이 연관된 것은 그 한참 이후의 일이다.

標題
陽(볕 양): 阳、yáng、阜-9、12、60

字形
甲骨文 金文 簡牘文 陽 說文小篆

陽
볕 양

字解
형성. 阜(언덕 부)가 의미부이고 昜(볕 양)이 소리부로、제단 위로 해빛이 화려하게 비치는 모습[昜]에 언덕을 뜻하는 阜가 더해져 그러한 양지바른 곳을 말하며、이로부터 빛、밝음、태양의 뜻이 나왔으며、산의 남쪽이나 강의 북쪽을 지칭하기도 한다. 이후 드러난 곳이나 돌출 됨을 말했고、또 양성、남성、남성의 성기 등을 지칭했다. 간화자에서는 소리부인 昜을 日(날 일)로 바꾼 阳으로 써、해살[日]이 비치는 언덕(阜)、그것이 陽地(양지)임을 나타냈다.

標題
陰(응달 음): 阴、(霒、露)、yīn、阜-8、11、42

字形
陰 說文小篆 陰 응달 음

字解
형성. 阜(언덕 부)가 의미부이고 숲(음달 음)이 소리부인데、구름에 가려 볕이 들지 않는(솢) 언덕(阜)이라는 뜻에서 '응달'을 말하며、산의 북쪽과 강의 남쪽을 말하기도 한다. 이후 날이 흐리다、음전극、그림자、음험하다、음모 등의 뜻이 나왔다. 간화자에서는 솢을 月(달 월)로 바꾼 阴으로 써、회의구조로 변했다.

우주 만물을 이루는 다섯 가지 원소를 말하는 '오행(五行)'은 나무(木), 불(火), 흙(土), 쇠(金), 물(水)을 말한다. 목(木)은 가지를 뻗은 '나무'를, 화(火)는 활활 타오르는 '불꽃'을, 토(土)는 '흙'을 뭉쳐 세워 놓은 모습을, 금(金)은 청동기를 만드는 '거푸집'을, 수(水)는 흐르는 '물길'을 그린 글자이다.

오행설에서는 나무(木)는 불(火)을 살리고, 불은 흙(土)을 살리고, 흙은 쇠(金)를 살리고, 쇠는 물(水)을 물을 살린다고 하는데, 이를 상생(相生)관계라 한다. 이에 반해 나무(木)는 흙(土)을 죽이고, 흙은 물(水)을 죽이고, 물은 불(火)을 죽이고, 불은 쇠(金)를 죽이고, 쇠는 나무(木)를 죽인다고 하는데, 이를 상극(相剋) 관계라고 한다. 우주 만물은 이처럼 다섯 가지의 기본 원소가 상호 작용하는 관계에서 존재하고 변한다는 것이다.

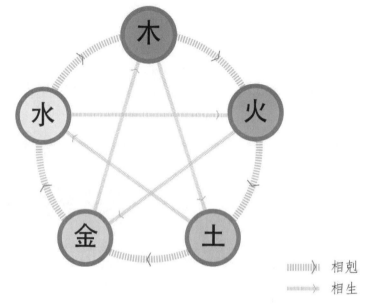

||||||||⟩　相剋
||||||||⟩　相生

●12_03. '오행(五行)간의 상생 상극 관계도'.

청(靑)·적(赤)·백(白)·흑(黑)·황(黃)을 보통 오색(五色)이라 한다. 중국인들은 이 다섯 가지 색깔을 기본색으로 삼고, 이들을 오행(五行)과 연결시켰으니, 청(靑)은 나무(木), 적(赤)은 불(火), 백(白)은 쇠(金), 흑(黑)은 물(水), 황(黃)은 땅(土)의 색깔에 해당한다. 그리고 각 왕조에서는 이를 다시 해당 왕조의 기운과 연계시켜 각각에 해당하는 색깔을 숭상하곤 했다. 일반적으로 황제(黃帝)시대는 흙(土), 하(夏)나라는 나무(木), 상(商)나라는 쇠(金), 주(周)나라는 불(火), 진(秦)나라는 물(水)의 덕(德)을 얻어 나라를 세웠다고 말해진다. 이후 진(秦)나라를 없애고 나라를 세웠던 한(漢)나라는 황색(黃色)을 숭상했는데, 이는 물(水)에 해당하는 진나라를 이길 수 있는 것은 오행 중 흙(土)에 해당하므로, 한나라는 흙의 덕을 받았고 흙에 해당하는 색깔은 황색인 까닭이었다.

100개. 한자를. 통해. 중국의. 사상. 역사. 정치. 경제. 문화. 상식을. 배운다.

제13장
종교와 조상숭배

●

●

종.교.와.조.상.숭.배

91_실생활의 지도자와 제사장, 유학의 출발: 儒(선비 유; rú)

보통 중국의 전통적인 종교사상이라고 하면, 유불선(儒佛仙) 셋을 떠올리게 된다. 유교와 불교와 도교가 그것인데, 불교는 한나라 때 쯤 인도로부터 티베트를 거쳐 중국으로 들어온 후 외래 종교라는 생각이 들지 않을 정도로 철저하게 현지화하였다. 명나라 때인 16세기쯤부터는 천주교가 들어왔지만 불교처럼 토착화하지는 못하였다.

유(儒)는 공자(孔子)가 주창한 유가사상을 지칭하고, 동양 사회에서 지식인을 뜻하지만, 글자의 어원을 보면 儒(선비 유)는 갑골문에서 떨어지는 물과 팔을 벌리고 서 있는 사람을 그려 목욕하는 모습을 형상화했다. 제사를 지내기 전 목욕재계(沐浴齋戒)하는 모습이다. 이후 이러한 제사가 주로 기우제(祈雨祭)였던 때문인지 금문에 들어 물이 우(雨)로 바뀌었고, 이후 사람의 모습이 而(말 이을 이)로 잘못 변해 수(需)가 되었다.

需(구할수)는 초기 단계에서 여러 가지 뜻을 함께 가졌다. 먼저, 목욕재계하여 제사나 예식(禮式)을 집전하는 사람이라는 뜻에서 제사장을 의미했다. 또 그들은 제사를 통해 신에게 어떤 요구를 했을 것이며, 거기에는 신에게 바치는 물품이 필요했다. 그래서 구하다, 기다리다, 필요한 물품 등의 뜻까지 생겼다.

이러한 여러 의미들은 이후 적당한 의미부를 첨가하여 새로운 글자로 독립하게 된다. 예컨대, '제사장'을 의미할 때에는 人(사람인)을 더하여 유(儒)가 되었다. 제사장은 그 집단의 지도자였으며, 지도자는 여러 경험과 학식을 갖춘 사람이어야 했다. 그래서 이후 유(儒)는 학자나 지식인을 통칭하는 개념으로 쓰였으며,

91_유(儒)

●13_01. 유가의 성리학을 통치 철학으로 채택하여 500년간이나 왕조를 유지한 조선시대에서 등장한 유(儒)의 속자. 문인(文人)'이 바로 지식인이자 지도자였던 유(儒)임을 천명했다. 무(武)에 대한 부정적 전통이 이렇게 형성되었을 런지도 모를 일이다.

그러한 사람이나 집단을 유자(儒子), 그러한 학파를 유가(儒家), 그러한 학문을 유학(儒學), 그러한 사상을 종교적으로 숭배하는 것을 유교(儒敎)라 부르게 되었다.

고대의 학자들은 斌(빛날 빈)에서 볼 수 있는 것처럼 문(文)과 무(武)를 겸비했다. 공자도 '문질빈빈(文質彬彬)'을 강조하여 문과 무가 두루 갖추어져야 함을 역설했다. 하지만 이후 세월이 흐르면서 무(武)는 점점 경시되고 문(文)이 중시되는 사회로 변해갔다. 특히 조선 시대에는 그러한 경향이 더욱 강해, 당시 사용했던 속자(俗字)에서 유(儒)를 인(人)과 수(需)의 조합이 아닌 인(人)과 문(文)의 조합으로 사용함으로써 지식인은 곧 '문인(文人)'임을 천명하기도 했다.

한편, 수(需)는 또 수(水)를 다시 보태어 濡(젖을 유)로 분화했는데, 목욕재계하는 물에 주목하여 새로 만든 글자이다. 굳이 노자(老子)의 말을 빌리지 않더라도 '물'은 부드러움과 유연(柔軟)함의 상징이다. 이 때문에 '마음'을 뜻하는 심(心)이 들어간 懦(나약할 나)는 마음(心)이 유약(柔弱)함을 말하고, '아이'를 뜻하는 자(子)가 들어간 孺(젖먹이 유)는 연약(軟弱)하고 부드럽기 그지없는 보들보들한(需) 갓난아기(子)를 뜻하며, '쌀'을 뜻하는 미(米)가 들어간 糯(찰벼 나)는 쫀득쫀득하여(需) 찰진 쌀(米)을 뜻하며, '벌레'를 뜻하는 충(虫)이 들어간 蠕(꿈틀거릴 연)은 지렁이 같이 연한(需) 벌레(虫)가 움직임을 말한다.

다만 제사에 바치는 물품인 제수(祭需) 등을 뜻할 때에는 원래 글자 그대로 남았는데, 제수(祭需)는 제사(祭)에서 필요(需)로 하는 여러 가지 물품을 말한다.

●13_02. '공자(孔子)'. '최고의 성인, 최고의 스승'으로 불린다.

●13_03. '공묘(孔廟)'.

공자 가택 옆에 만든 공자를 모시는 사당. 공자 가택인 공부(公府)와 공씨 집안 무덤인 공림(孔林)을 합쳐서 '삼공(三孔)'이라 부른다. 한나라 때 유가사상이 통치철학으로 채택된 이후 공자는 중국 역사에서 가장 존중받는 인물이 되었고, 황제에 버금가는 대우를 받았다. 역대 제왕들이 다투어 이곳을 찾았고, 황제의 궁인 자금성을 본떠 만들었다.

標題
儒(선비 유): (仸)、 rú、 人-14、 16、 40

字形
儒 說文小篆

儒

儒
선비 유

字解

형성. 人(사람 인)이 의미부이고 需(구할 수가 소리부로、 어떤 필요나 수요(需)를 해결해 줄 수 있는 사람(人)이라는 뜻을 담았다. 갑골문에서 떨어지는 물과 팔을 벌리고 서 있는 사람(人)을 그려 목욕하는 제사장의 모습을 형상화했는데、 제사를 지내기 전 沐浴齋戒(목욕재계)하는 모습이다. 이후 이러한 제사가 주로 祈雨祭(기우제)였던 때문인지 금문에 들어 물이 雨로 바뀌었고、 이후 사람의 모습이 而(말이을 이)로 잘못 변해 需가 되었다. 이후 제사장이라는 의미를 강조하기 위해 人(사람 인)을 더해 儒가 되면서 지금의 형성구조로 바뀌었다. 제사장은 그 집단의 지도자였으며、 지도자는 여러 경험과 학식을 갖춘 사람이어야 했다. 그래서 이후 儒는 한자나 지식인을 통칭하는 개념으로 쓰였으며、 그러한 사람들의 집단을 儒、 그러한 학파를 儒家(유가)、 그러한 학문을 儒學(유학)이라 부르게 되었다. 한국 속자에서는 이러한 인문성을 강조해 人과 文(글월 문)으로 구성된 仸로 쓰기도 한다.

어원_91 유(儒)

92_인간의 경지를 넘어선 존재, 붓다: 佛(부처 불; fó)

불교는 중국의 토속 종교처럼 보이지만, 사실은 인도에서 티베트를 거쳐 들어온 외래 종교이다. 철저히 중국화한 불교는 다시 한국에 들어와 신라와 고려의 국교가 되었다.

사실 인도는 서아시아에 위치해 있지만 동양보다는 유럽에 가깝다. 언어도 '인도유럽어족(Indo-European languages)'에 속하여 유럽의 여러 언어들과 혈연관계를 갖고 있으며, 굴절어에 속하여 성(性), 수(數), 격(格), 인칭, 시제, 상(相), 태(態), 법(法), 양상 등의 문법 범주에 따른 어형의 변화로 문법적 관계를 나타내는 언어이다. 이에 반해 중국어는 대표적인 고립어인데, 굴절어와는 달리 어형 변화를 하지 않고, 문법적 관계가 주로 어순에 의해 표시되는 언어이다.

92_불(佛)

완전히 다른 체계의 언어, 서구에 가까운 문화가 중국에 들어와 중국화 한다는 것은 매우 어려운 일이다. 특히 표음문자로 된 방대한 불경을 표의문자로 된 한자로 번역한다는 것은 거의 불가능했을 것이다. 그러나 종교에 대한 신념과 그에서 나오는 힘은 상상할 수 없을 만큼 강했다. 인도에서 건너온 진(晉)나라 때의 구마라십(鳩摩羅什, 344~413)이나 당나라 때의 현장(玄奘, 602~664) 법사의 철저한 번역으로 불경은 마치 처음부터 중국의 것인 냥 거의 완벽하게 중국인들의 언어생활 속으로 파고들었다. 또 불교의 주된 정신도 중국화하여 구마라십에 의해 소승(小乘)에서 대승(大乘)으로, 수도 방법도 달마(達摩) 대사에 의해 교종(敎宗)보다는 선종(禪宗)으로 탈바꿈하였다.

●13_04. 조선시대 사용됐던 불(佛)의 이체자. '요상한(夭) 사람(人)'이라는 뜻을 담았다.

이러한 철저한 중국화의 일면을 보여 주는 것이 불교의 창

시자 고타마 시타르다(Gautama Siddhārtha 瞿曇 悉達多)의 중국어 번역이다. 싯다르타를 '실달다(悉達多)'로 번역하기도 하고, 또 원어 이름인 '샤카모니(Śākyamuni)'에 근거해 석가모니(釋迦牟尼)로 번역했지만, 음역인데다 글자 수도 많아 의미 중심이고 단음절 중심의 중국어와는 잘 맞지 않았다. 그래서 나온 것이 '궁극적인 진리를 깨달은 사람'이나 '우주의 본성이나 참모습을 깨달은 사람'을 뜻하는 '붓다(buddha)'를 불(佛)로 번역한 것이다. 지금은 '불'로 읽히지만, 당시에는 '붇' 정도로 읽혔을 것이다.

게다가 佛(부처불)은 人(사람인)이 의미부이고 弗(아닐불)이 소리부인 구조로, '사람(人)이되 사람이 아닌(弗) 신의 경지에 오른 존재'라는 뜻을 담았다. 음역을 하면서 의역도 겸하게 함으로써 본디부터 중국어였던 것처럼 위장에 성공하였던 것이다. 그렇게 되자 불(佛)은 매우 쉽게 중국인들에게 수용되었다. 지금도 최고의 외래어 번역은 음역과 의역을 겸하는 것인데, 코카콜라(Coca Cola)를 '커코우 커러(可口可樂 kěkǒukělè)'로 번역한 것이나, '펩시콜라(Pepsi Cola)'를 '바이스 커러(百事可樂 bǎishìkělè)'로 번역한 것이 대표작으로 꼽힌다. 발음도 비슷할뿐더러 전자는 '맛도 있고 마시면 즐겁다'는 뜻이요, 후자는 '마시면 온갖 일이 다 즐겁다'라는 뜻을 담아 쉽게 받아들여졌다.

'붓다'의 번역어인 불(佛)이 너무 숭고한 개념을 담았던지, 불교를 배척하고 유교를 숭상했던 조선시대에는 이를 고쳐 '불(仸)'로 쓰기도 했는데, 이는 '요상한(夭) 사람(人)'이라는 뜻을 담아 불교에 대한 부정적 인식을 반영했다.

● 13_05. 베트남 한자에 보이는 불(佛)의 이체자. 글자 그대로 '서쪽 나라에서 온 사람'이라는 의미를 담았다.

標題	字形	字解
佛(부처 불): (仏、仸、彿、fú、人-5、7、42	佛 說文小篆 佛 부처 불	형성. 人(사람 인)이 의미부이고 弗(아닐 불)이 소리부로, 원래는 진짜가 아닌(弗) 비슷한 사람(人)을 말했으며, 이로부터 「마치」, 「방불케 하다」 등의 뜻이 나왔으며, 彿(비슷할 불)이나 髴(비슷할 불)과 같이 썼다. 그러나 불교 유입 이후 붓다(Buddha)의 음역자로 쓰였는데, 이는 사람(人)이되 사람이 아닌(弗) 신의 경지에 오른 존재라는 뜻을 담았다. 유교를 숭상했던 조선시대에는 仸로 쓰기도 했는데, 「요상한(夭·요) 사람(人)」이라는 뜻을 담아 불교에 대한 부정적 인식을 반영했다.

●13_06. '백마사(白馬寺)'. 중국 최초의 절. 하남성 낙양시에 있으며, 한나라 명제(明帝)의 요청으로 인도에서 불경을 갖고 온 것(67년)을 기념하여 서기 68년 세워진 절이다. 인도에서 불경을 백마에 싣고 왔다 해서 '백마사'라 이름 지어졌다. 1961년 중국 국가중점문물로 지정되었다.

●13_07. '소림사(少林寺)'. 하남성 등봉(登封)시 숭산(嵩山)에 있다. 숭산의 소실산(少室山)에 있다고 해서 소림사라 이름 붙여졌다. 북위(北魏) 태화(太和) 19년(495)에 세워졌으며, 달마 대사가 인도에서 건너와 여기서 수행하여 선종(禪宗)을 창제한 곳으로 유명하며 '천하제일 명찰(名刹)'이자 선종의 발원지로 불린다. 또 소림 무술로 널리 알려졌는데, "천하의 쿵푸는 소림사에서 나왔고, 소림사 쿵푸는 천하 최고다(天下功夫出少林, 少林功夫甲天下)."라는 말이 유행한다. 2010년 소림사 탑림(塔林) 등이 세계문화유산으로 지정되었다.

●13_08. '용문석굴(龍門石窟)'.

　　하남성 낙양시에 있는 중국의 대표적인 석굴로 위(魏)나라 효문제 때 수도를 낙양으로 옮긴 후(493년)부터 송(宋)나라 때까지 약 400년에 걸쳐 조성되었다. 이수(伊水)를 따라 남북으로 1킬로미터 길이의 암벽에 굴을 파 불상을 새겼다. 지금 남아 있는 감실만 2345개, 불상은 10만여 점에 이른다. 특히 봉선사(奉先寺)라 이름 붙여진 석굴(그림의 중간 부분)은 용문 석굴에서 가장 큰 석굴로, 크기가 가로 세로 각 40여 미터에 이르는데, 석굴은 당나라 때인 672년에 시작하여 675년에 완성되었다. 풍만한 얼굴에 아래로 처진 두 귀와 온화하고 인자한 모습의 여성스런 모습을 하였으며, 높이 17.14미터, 머리 높이 4미터, 귀 길이 1.9미터에 이르는 걸작이다.

　　용문석굴은 예술성과 역사적 가치를 인정받아 2000년 세계문화유산으로 지정되었다.

93_무위자연을 숭상한 도교, 신선이 되다: 仙(신선 선; xiān)

도가 사상은 유가와 불교와 함께 중국을 지탱해 온 삼대 사상이다. 신 중국에 들어서는 마르크스주의 사상이 통치철학으로 채택되었지만, 이들의 영향은 여전하다.

보통 인간이 걸어야 할 길(道)을 찾고, 그 길(道)은 자연의 섭리에서 찾을 수 있다고 믿었기에, 도가(道家)라는 이름을 붙였다. 춘추시기 노자(老子)의 사상에서부터 그 근원을 찾는데, 핵심사상은 도(道)를 찾는데 있다.

93_선(仙)

그러나 그들이 찾았던 도(道)가 무엇인지 정의하기는 쉽지 않다. 도가의 경전으로 치는 『노자』의 제1장 시작부터 "도(道)를 도(道)라고 규정할 수 있으면 그것은 진정한 도(道)가 아니다."라고 말했기 때문이다. 언어로 설명이 불가능하여 체득할 수 밖에 없다.

그러나 억지로 설명을 하자면, '무위자연(無爲自然)'이 핵심일 것이고, '물'로 상징되는 무욕과 포용과 양보와 부드러움의 미학 등으로 비유될 수 있을 것이다. '무위'와 '자연'은 사실 같은 말이다. 무위(無爲)의 위(爲)는 '거짓'을 뜻하는 위(僞)와 같아서, 아무 것도 하지 않는다는 것이 아니라 억지로 하지 않는다는 뜻이고, 억지로 하지 않는다는 말을 다르게 표현한 것이 '스스로 그러하게 두다'는 뜻의 자연(自然)이기 때문이다.

도(道)의 실체를 우리가 볼 수 있고 쉽게 이해할 수 있는 구체적 사물로 비유하자면 '물'이라고 할 수 있다.

●13_09. '공자와 노자의 만남'. 산동성 무씨사당 화상석.

●13_10. 김홍도의 신선도. 조선후기 대표 화가 김홍도가 그린 신선도. 국립중앙박물관 소장.

'물'은 항상 높은 곳으로 올라가고자 하는 인간의 욕망과 달리 언제나 낮은 곳으로 흐른다. 세상 만물 그 어느 것도 물이 없으면 살지 못한다. 물은 만물을 자라게 한다. 그러나 절대 자신이 그러했다고 공을 자랑하지도 대가를 요구하지도 않는다. 마치 공기처럼 말이다. 게다가 물은 가장 부드러운 존재의 하나이다. 그러나 물은 그 단단한 돌도 쇠도 뚫는다. 부드럽기 때문에 고정된 형태도 가지지 않고, 들어가지 못하는 곳도 없다. 이것이 물의 속성이다. 도(道)와 거의 닮았다고 할 수 있다.

그래서 도가에서 지향하는 존재는 신선이다. 신선을 뜻하는 仙(신선 선)은 人(사람 인)이 의미부이고 山(뫼 산)이 소리부로, 산(山)에 사는 사람(人)이 바로 '신선'임을 말해 주고 있다. 이로부터 선(仙)에는 신선이 되다, 신선처럼 가볍다, 신선이 사는 세계를 뜻하였고, 초월이나 죽음의 비유로도 쓰였다. 『설문해자』에서는 仚(사람 산 위에 있을 현)으로 쓰기도 했고, 달리 산(山)을 䙴(오를 선)으로 바꾼 선(僊)으로 쓰기도 한다.

●13_11. 김홍도(金弘道, 1745~1816년 이후)의 선록도(仙鹿圖). 조선시대, 1779년. 비단에 채색. 131.5×57.6센티미터. 국립중앙박물관 소장 (www.museum.go.kr).

산(山)은 산봉우리가 여럿 겹쳐진 모습을 그린 상형자이다. 그러나 『설문해자』에서 산(山)자를 宣(베풀 선)자와 같은 뜻이라고 하면서 모든 것을 베푸는 존재라고 했다. 산은 모든 기운을 베풀어 만물이 생장하게 하는 존재라고 했다. 그렇다면 선(仙)은 단순히 산속으로 들어가 자연과 벗하고 자연의 섭리를 체득하고 금욕생활을 하며 신선이 되기를 기다리는 그런 존재가 아니라, 산처럼 모든 것을 베풀면서 만물을 자라게 하는 그런 존재를 말한 것일 것이다. 마치 노자가 말한 '물'처럼 그런 존재 말이다.

字解	字形	標題
형성. 人(사람 인)이 의미부이고 山(뫼 산)이 소리부로, 신선을 말하는데, 산(山)에 사는 사람(人)이 신선임을 말해 준다. 이로부터 신선이 되다, 신선처럼 가볍다, 신선 이 사는 세계를 뜻하였고, 초월이나 죽음의 비유로도 쓰였다. 『설문해자』에서는 仚(사람 산 위에 있을 현)으로 쓰기도 했고, 달리 山을 䙴(옮길 선)으로 바꾼 僊으로 쓰기도 한다.	仙 ⿰ 仚 ⿰ 說文小篆 說文小篆	仙(신선 선): (仚、僊)、xiān、人-3、5、52
	仙 僊 仚 신선 선	

어원_93 선(仙)

94_중국의 오랜 전통, 조상 숭배: 祖(조상 조; zǔ)

조상신에 대한 숭배는 중국 문화의 큰 특징이다. 다른 문화권에서처럼 절대신이나 초월신보다는 자신의 조상을 모셨다. 특히 상나라 때의 갑골문에 의하면 제사의 가장 중요한 대상은 태양신이나 자연신이 아니라 바로 조상신이었다.

조상을 뜻하는 祖(조상조)는 示(보일시)가 의미부이고 且(할아비 조·또차)가 소리부인데, 차(且)는 남근을 형상한 것으로 자손을 이어지게 해주는 상징물이다. 그래서 조(祖)는 남근 숭배이고 남성 중심으로 이어지는 부계혈통에 대한 경배를 담은 글자이다.

94_조(祖)

처음에는 남근을 상징하는 차(且)로만 표기하였으나, 차(且)가 '또'나 '장차'라는 추상적 의미로 가차되어 쓰이게 되자, 이후 제사를 통한 숭배 의식이 강화되면서 '제단'을 그린 시(示)가 더해져 오늘날의 글자로 만들어졌다. 제사의 대상이 되는 할아비(且)라는 뜻으로부터 조(祖)에는 조상(祖上), 선조(先祖), 시조(始祖), 조국(祖國), 비조(鼻祖) 등의 뜻이 나왔다.

조(祖)와 비슷한 구조로 된 咀(씹을제)는 의미부인 口(입구)와 소리부인 차(且)로 구성되었다. 그래서 저주(咀呪)하다는 뜻의 저(咀)는 중국에서 가장 유효한 신이었던 조상신(且)에게 구체적 내용을 언급하면서(口) 상대에게 재앙이 내리길 기원하는 모습을 그린 글자이다. 그렇다면 차(且)는 의미부의 기능도 함께 한다. 저(咀)는 달리 구(口)를 의미가 비슷한 言(말씀언)으로 바꾼 詛(저주할제)로 쓰기도 한다. 이는 타인에게 직접적인 위해가 불가능할 때, 사람들이 보다 우회적이지만 위협적인 방식인 저주(咀呪)의 성격을 잘 보여주고 있다.

갑골문의 '조(祖)'. 남근 숭배사상이 반영되었다.

　　또 차(且)로 구성된 다른 글자들에도 '조상신'이라는 의미가 깊숙하게 스며있는 경우가 종종 보인다. 예컨대 助(도울조)는 조상(且)의 힘(力력)을 빌어 '도움을 받다'는 의미요, 沮(막을제)나 阻(험할조)는 조상(且)의 힘과 강(水)이나 황토 언덕(阜)에 힘입어 적의 공격을 '막다'는 뜻이다.

어원_94 조(祖)

標題 祖(조상 조): zǔ、示-5、10、70

字形 甲骨文 簡牘文 說文小篆 金文 陶文

字解 형성. 示(보일 시)가 의미부이고 且(할아비 조·또 차)가 소리부인데, 且는 남근을 형상한 것으로 자손을 이어지게 해주는 상징물이다. 처음에는 且로만 표기하였으나, 且가 [또]나 [장차]라는 추상적 의미로 가차되어 쓰이게 되자, 이후 제사를 통한 숭배 의식이 강화되면서 示가 더해져 오늘날의 글자로 만들어졌다. 제사의 대상이 되는 할아비(且라는 뜻으로)로부터 祖上(조상)、先祖(선조)、始祖(시조)、祖國(조국)、鼻祖(비조) 등의 뜻이 나왔다.

　　조상 조

●13_12. '객가족(客家族, Hakka)들의 조상 숭배'.
개인 집에는 조상을 모시는 사당이 마련되어 있으며, 매일 향을 올리고 조상의 은덕을 새긴다.
객가족은 이름 그대로 외지에 머물려 손님으로 사는 민족들이라는 뜻이다. 주로 서진(西晉) 때의 영가(永嘉)의 난, 동진(東晉) 때의 오호(五胡)의 난, 당나라 말 때의 황소(黃巢)의 난을 피하여 당시의 수도였던 낙양과 서안 지역에서 남쪽으로 옮겨와 지금의 광동성, 복건성, 강서성, 대만 등지에 정착한 사람들이다. 그들 고유의 방언과 문화 풍습을 아직도 상당히 보존하고 있다.

95_조상 숭배의 구체적 실천, 제사: 祭(제사 제; jì)

고대 중국에서 제사는 전쟁과 함께 국가의 가장 중요한 일이었다. 상나라 때의 갑골문에 의하면 제사의 가장 중요한 대상은 태양신이나 자연신이 아니라 바로 조상신이었다. 그래서 당시에는 일 년 내내 조상을 모시는 제사가 그치지 않아 심지어 '한 해'를 헤아리는 단어로 祀(제사지낼사)가 쓰일 정도였다. 제사로부터 다음 제사가 돌아오기까지의 주기가 '한 해'였던 것이다.

95_제(祭)

제사는 사실 인간이 신과 교통하고 대화하기 위한 행위로, 신에게 복을 빌거나 신의 힘에 의지하여 재앙을 극복하고자 하는 의도가 담겨 있었다. 물론 여기서 말하는 신에는 자연신이나 천지 신, 조상신이 모두 포함된다. 이러한 신에게 드리는 제사에는 극도로 경건한 마음을 가져야 함은 물론 가장 훌륭한 제수(祭需)를 올려야만 했다. 그 대상과 목적에 따라 갓 수확한 곡식을, 혹은 소나 양 등과 같은 갖가지 희생(犧牲)을, 심지어는 사람을 바치기도 했다.

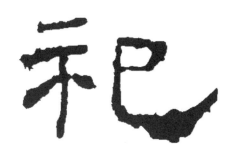

사(祀)

제사를 총칭하는 祭(제사 제)는 月(肉고기 육)과 又(또 우)와 示(보일 시)로 구성되어, 고기(肉)를 손(又)에 들고 제단(示)에 올리는 모습을 그렸다. 어떤 경우에는 피가 흐르는 모습까지도 생동적으로 그려지고 있어, 막 잡은 생고기를 희생물로 사용했음을 보여 주기도 한다.

시(示)는 제단을 그린 글자이다. 그래서 한자에서 시(示)가 들어가면 모두 제사나 신과 관련된 의미를 가진다. 예컨대 제단을 집 안(宀)에다 설치하면 宗(겨레 종)이 되며, 종묘나 사당이라는 의미를 가진다. 제단 앞에서 꿇어앉아 주문을 외우며 기도하는 모

습이 祝(빌축)이다. 그래서 입(口)을 나타내는 부분이 크게 그려져
있다. 축(祝)은 축문을 외우다, 신에게 기원하다, 혹은 이런 제례
를 행하는 사람, 즉 남자 무당(박수)의 의미를 가지게 되었다. 시
(示)에다 땅의 의미를 지닌 토(土)를 더하면 땅을 지키는 신이라는
의미의 社(땅귀신사)가 된다. 그래도 중국에서 제사의 대상 중 가
장 중요한 것은 祖(할아비조)에서 살펴본 것처럼 조상신이었다.

다음으로 중요한 제사들을 보면, 지금의 추수 감사제에 비견
될 수 있는 증(烝)이라는 제사가 있다. 烝(찔증)은 겨울이 되면 갓
수확한 곡식을 올려 조상에게 감사를 드리던 제사이다. 증(烝)은
원래 그림처럼 벼(禾)나 쌀(米)이 담겨진 두(豆)라는 용기를 두 손
으로 받들고 있는 모습을 형상했다. 금문의 다른
형태에서는 이것이 제사 드리는 행위라는 의미를
명확하게 하고자 시(示)를 더한 것도 있다.

또 새나 돼지를 조상에게 올리는 彝(법술그릇이)
라는 제사가 있다. 이는 다리가 뒤로 묶이고 목이
잘린 희생(犧牲)을 두 손으로 받들고 있는 모습을
형상했다. 목이 잘린 희생물이 彑(돼지머리계), 다리를
뒤로 묶었던 줄이 糸(가는실멱), 두 손이 廾(손맞잡을
공)으로 표현되었고, 이후 쌀(米)이 덧보태어졌다. 그
리하여 이(彝)는 이후 제기를 총칭하는 이름으로 쓰
이게 되었는데, 청동으로 만든 제기를 청동(青銅) 이
기(彝器)라 부르는 것도 이 때문이다.

축(祝)

어원_95 제(祭)

●13_13. 대만의
공자사당에서 거행되는
공자에 대한 제사(祭祀).

●13_14. 청나라 때의
제사 의식의 제헌 모습.
하늘 신을 모시는
북경의 천단(天壇)에서
진행하고 있다.

100개. 한자를. 통해. 중국의. 사상. 역사. 정치. 경제. 문화. 상식을. 배운다.

제14장
중국적 가치

●

●

중.국.적.가.치.

96_배움의 숭상, 중국의 탁월한 전통: 學(배울 학; xué)

‘한자문화권’이라는 말이 있다. 과거나 지금, 한자를 사용해 왔던 한국과 중국과 일본과 베트남 등을 함께 일컫는 말이다. 한자를 매개로 함께 그룹화 할 수 있는 문화적 공동체이다. 이들 국가는 사상 문화적인 측면에서 유가사상의 영향이 컸기 때문에 ‘유교문화권’이라 부르기도 하는데, 20세기 중엽 이후 비약적인 경제발전을 이루며 세계의 주목을 다시 받고 있다.

96_학(學)

이들 나라들이 서구와 비교해 근대화의 출발이 매우 늦었음에도 비약적인 발전을 할 수 있었던 비결은 무엇일까? 많은 사람들이 교육열 때문이라고 한다. 무엇보다 교육의 가치를 높이 두고, 국가나 개인 모두 이에 대한 투자를 아끼지 않는 것이다. 특히 별다른 자원이 없는 한국과 대만, 홍콩, 싱가포르 등이 더 그러하다. 배움과 교육에 대한 중시는 유가 사상의 큰 영향을 받았다.

學(배울학)은 집 안(宀)에서 아이에게 매듭짓는 법을 가르치는 모습이고, 매듭짓는 법은 달리 결승(結繩)이라고 하는데 이는 문자가 생겨나기 전 기억의 보조 수단으로 삼던 주요 방법 중의 하나였다. 인간 사회의 의사소통을 위해 지금은 말 이외에 제일 먼저 문자를 가르치지만 문자가 없던 시절에는 매듭짓는 법을 가르쳤던 것이다. 어떤 경우에는 학(學)을 달리 斅(가르칠학효)이라고도 쓰는데, 이는 원 글자인 학(學)에 매를 들고 있는 모습이 추가된 형태이다.

그리고 학(學)과 항상 짝을 이루는 敎(가르칠교) 역시 매를 들고 아이에게 매듭짓는 법을 가르치는 모습이다. 제대로 된 교육을 위해서는 예로부터 매가 필요했다는 것을 보여주고 있는 글자이다. 교학(教學)에서 매가 논란거리가 되고 있는 요즈음, 문제는 매의 사용이 아니라 매의 오용에 있음을 다시 한 번 되짚어 보게 해주는 글자이다.

學而時習之，不亦說乎?
学而时习之，不亦说乎?
xué ér shí xí zhī , bú yì yuè hū ?

> 배워 보고서야 부족함을 알고, 가르쳐 보고서야 어려움을 알게 된다. 부족함을 알고서야 스스로를 반성할 수 있으며, 어려움을 알고서야 스스로 강해질 수 있다. 그래서 가르침과 배움은 다 같이 자신을 자라나게 한다. (『예기·학기(學記)』)

그 유명한 '교학상장(教學相長)'이라는 고사(故事)이다. 교(教)와 학(學)은 글자 창제의 원칙을 볼 때도 분명 같은 원리에 근거해 만들어진 글자들이나. 즉 '배움'과 '가르침'을 같은 것으로 인식한 것이다. 그들은 이미 후세의 배움과 가르침의 유명한 격언인 '교학상장'의 진체를 일찍부터 간파했던 것은 아닐까? 가르치면서까지 배움의 자세를 취했듯 끊임없는 배움의 추구, 이것이 바로 동아시아가 중시했던 전통이자 가치였다. 그것을 통해 그들은 다른 문화권이 이루지 못했던 비약적인 발전을 이루었다. 이 문화권을 '한자문화권'이라 부른다.

●14_01. '벽옹(辟雍)'.
태학(太學)과 국자감(國子監)과 함께 고대 중국의 대학에 해당한다. 주나라가 상나라를 멸망시키고 당시의 수도인 풍호(豊鎬) 근교에 세워, 귀족자제들을 교육했다. 도시 근교에 세우고 주위로 물길을 파고 담을 쌓아 격리시켰기 때문에 '벽옹'이라 부른다. 서구의 수도원이나, 그를 모태로 출발한 전통적인 대학들과 닮았다.

학(學)으로 구성된 단어들

*學		學*	
苦學	史學	學界	學費
科學	西學	學科	學士
教學	數學	學校	學生
國學	實學	學究	學說
農學	入學	學期	學習
同學	停學	學堂	學友
留學	就學	學徒	學院
理學	治學	學童	學位
名學	退學	學歷	學人
文學	紅學	學名	學者
博學	化學	學問	學長
放學	後學	學閥	學派
法學	休學	學報	學風
複學		學府	學會
		學部	

●14_02. '학(學)'으로 구성된 어휘들.
배움을 중시한 전통 때문에 학(學)의 조어력은 특히 뛰어나다.

標題 學(배울 학): 学、(斈)、xué、子13、16、80

字形 甲骨文 金文 簡牘文 說文小篆 說文籀文

學　斈　배울 학

字解 회의. 집 앞(宀)에서 두 손(臼)으로 새끼 매듭(爻) 지우는 법을 아이(子)가 배우는 모습을 그렸다. 문자가 만들어지기 전 기억의 보조 수단이었던 새끼 매듭(結繩) 짓는 법을 배우는 모습이다. 배우다가 원래 뜻이며, 모방하다, 본받다, 배우는 사람, 학교, 학과, 학문, 학설, 학파 등의 뜻이 나왔다. 속자에서는 윗부분을 文(글월 문)으로 줄인 斈으로 쓰기도 하는데, 아이(子)가 글자(文)를 배운다는 뜻을 담았다. 간화자에서는 윗부분을 간단하게 줄여 学으로 쓴다.

97_함께 사는 길, 조화와 상생: 和(화할 화; hé)

세상을 살아가면서 화합(和合)만큼 중요한 것도 없을 것이다. 더구나 국가, 계층, 성별, 지역, 빈부 등 모든 곳에서 양자 간의 격차가 첨예화해 가는 오늘날 같은 사회에서는 화합이 더욱 중요해졌다. 그것은 화합이 바로 상생(相生)의 길이며, 상생(相生)은 바로 상대(相)를 살리는(生) 것이요, 상대가 살아 있을 때 자신도 살 수 있기 때문이다. 동양사회에서 그토록 '화(和)의 정신'을 강조했던 이유가 여기에 있다.

和(화할화)는 의미부인 口(입구)와 소리부인 禾(벼화)로 이루어졌는데, 금문에서는 지금과 달리 구(口) 대신 龠(피리약)이 들었고 구조도 좌우로 바뀌었다. 즉 화(龢)로 되었던 것인데, 이는 화(和)의 옛 글자로, 지금도 이름자 등에서 가끔 사용하고 있다.

97_화(和)와 화(龢)

약(龠)은 대나무 관을 여럿 연결하여 만든 피리로, 윗부분의 삼각형 모양은 피리를 부는 사람의 입(口)을, 아랫부분은 피리의 혀(舌·reed)와 대를 그렸다. 그래서 화(和)는 피리소리처럼 음악의 '조화로움(調和)'이 원래 뜻이다. 관현악의 합주에서 보듯 악기는 자신의 고유한 소리를 가지되 다른 악기들과 하모니를 이룰 때 더욱 아름다운 소리를 가지며, 편안함과 즐거움과 평화(平和)를 가져다준다.

화(和)와 짝을 이루는 合(합할합)은 단지의 아가리(口)를 뚜껑으로 덮어놓은 모습이며, 단지의 뚜껑은 아가리와 꼭 맞아야만 속에 담긴 내용물의 증발이나 변질을 막을 수 있다는 뜻에서 '부합(符合)하다', '합치다' 등의 뜻이 생겼다. 그러므로 화합(和合)은 피리 등의 음악소리처럼 모든 것이 조화를 이루고 딱 맞는다는 뜻이다.

화합(和合)과 자주 등장하는 상생(相生)의 相(서로 상)은 木(나무 목)과 目(눈 목)으로 구성되어, 눈(目)으로 나무(木)를 자세히 살피는 모습을 그렸다. 그래서 상(相)은 자세히 살피다가 원래 뜻인데, 이러한 뜻은 지금도 관상(觀相)이나 수상(手相)이나 족상(足相) 등에 그러한 의미가 남아 있다. 이로부터 자세히 살피다는 뜻 이외에 상대(相對)에서처럼 살피는 대상물이나 대상물의 모습을 지칭하게 되었다. 그래서 상생(相生)은 '상대를 자세히 살펴 살게 하다'라는 뜻을 담았다.

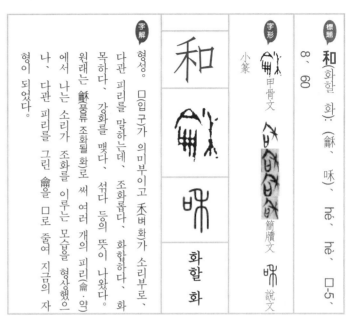

字解			字形	標題
	和		小篆 [甲骨文] [簡牘文] 說文	和(화할 화): (龢、咊)、 hé、 hé、 口-5、8、60
	화할 화			

字解: 형성。 口(입 구)가 의미부이고 禾(벼 화)가 소리부로, 다관 피리를 말하는데, 조화롭다、 화합하다、 화목하다、 강화를 맺다、 섞다 등의 뜻이 나왔다。 원래는 龢(풍류 조화될 화)로 써 여러 개의 피리(龠·약)에서 나는 소리가 조화를 이루는 모습을 형상했으나、 다관 피리를 그린 龢을 口로 줄여 지금의 자형이 되었다。

어원_97 화(和)

●14_03. '조화로운 사회(和諧社會)를 만들자'. 2006년 제16차 중앙위원회 전체회의에서 채택한 새로운 중국의 건설을 위해 만든 기치이다 중국인민망(人民網) 공익광고.

98_선을 권하는 사회, 권선징악의 전통: 善(착할 선; shàn)

도덕(道德)은 사회적 의식의 한 형태로, 인간이 마땅히 따라야 할 규범의 총체를 말한다.

도덕을 뜻하는 영어 'Moral'은 라틴어에서 근원했고, 윤리를 뜻하는 'Ethic'은 그리스어에서 유래했는데, 모두 풍속, 관례, 관습 등의 의미를 가지는 것으로 알려졌다.

중국인들은 무엇을 사람이 지켜야 할 규범이라 생각했을까? 그들은 도덕이 궁극적으로 가야할 자리가 바로 선(善)이라 생각했다. 善(착할 선)은 갑골문에서 양(羊)의 눈(目)을 그렸다. 이후 목(目) 대신 誩(말다툼할 경)이 더해졌고, 다시 자형이 줄어 지금처럼 변했다. '양의 눈'으로 묘사된 선(善)은 무슨 뜻일까?

양(羊)은 고대 중국에서 매우 중요한 동물이다. 서양에서 양은 무지몽매하여 맹목적인 추종을 상징하지만, 중국에서는 단순히 양을 떠나서 선악(善惡)과 시비(是非)를 가릴 수 있는 정의의 동물이기도 했다. 그래서 선(善)에 들어간 양(羊)은 정의로움과 정직함을 상징한다. 또 다른 구성 요소인 경(誩)은 언(言)이 둘 모여 서로 말다툼함을 말한다.

그래서 선(善)은 이러한 말다툼을 양의 정의로움으로 그 시시비비를 판단함을 말한다. 법치주의를 사는 지금은 법에 의해 모든 것을 판단하지만, 이러한 법이 제도화하기 전에는 절대 군주에 의해서, 또 신의 이름에 의해서 판단되기도 했다. 어떤 상징적인 동물을 신의 사자로 설정하여 그 동물에 의해 선악과 시비와 죄의 유무 등을 판단하게 하였는데, 중국에서는 양이 그런

98_선(善)

갑골문의 '선(善)'. 양(羊)의
눈(目)이라는 뜻이다.

역할을 대신했다.

그래서 고대 사회에서 뾰족하고 긴 뿔을 가진 양은 부정(不正)한 이를 받아 죽이는 동물로 묘사되고 있다. 그래서 정의를 상징하는 동물인 해치(獬豸)를 '뿔이 하나인 양(一角之羊)'으로 묘사했고, 해치는 정의와 법(法)의 수호신으로 존재해 왔다.

이러한 상징 때문에 양은 이 예술의 지향점인 美(아름다울 미), 중국인들이 목숨보다 중하게 여겼던 義(옳을 의)에도 들어 있다. 여하튼 선(善)은 양(羊)의 신비한 능력으로 말다툼(誩)의 시시비비를 판정해 준다는 신판(神判)의 의미를 담았다. 이로부터 길상과 훌륭함의 의미를 그렸고, 이후 착하다, 선행(善行), 좋은 일, 선하다, 훌륭하다, 좋아하다 등의 의미가 나왔고, 중국인들의 도덕규범과 유가 철학의 핵심 개념의 하나로 자리 잡았다.

勸善懲惡
劝善惩恶
quàn shàn chéng è

字解 회의. 원래는 譱으로 써 誩(말다툼할 경)과 羊(양 양)으로 구성되었다. 양(羊)의 신비한 능력으로 말다툼(誩·경)의 시시비비를 판정해 준다는 神判(신판)의 의미로부터 길상과 훌륭함의 의미를 그렸는데, 자형이 변해 지금처럼 되었다. 이후 착하다, 善行(선행), 좋은 일, 선하다, 훌륭하다, 좋아하다 등의 의미가 나왔고, 유가 철학의 핵심 개념의 하나로 자리 잡았다.

簡牘文 　說文小篆　說文篆文

字形

金文

標題 善(착할 선): (譱)、shàn、口-9、12、50

善

착할 선

어원_98 선(善)

99_진리의 근원, 점복: 眞(참 진; zhēn)

오늘날의 점술가는 미신의 대명사이고, 근대를 위태롭게 하는 전시대의 유물이라 할 수 있다. 하지만 고대의 점술가는 미래의 예언가이자 공동체의 불운을 미리 막아주는 우두머리의 역할을 수행했다.

貞(곧을 정)과 眞(참 진)은 이러한 옛 점술가의 지위를 아주 잘 보여주는 글자이다. 진(眞)은 선(善)과 미(美)와 함께 인류가 추구하는 세 가지 지향점 중의 하나이지만 이의 자형에 대해서는 아직 잘 알려져 있지 않다.

99_진(眞)

『설문해자』에서 "진(眞)은 신선이 모습을 변화시켜 승천하는 것을 말한다. 화(匕)와 목(目)과 은(乚, 隱의 원래 글자)과 팔(八)로 구성되었는데, 팔(八)은 신선의 탈 것을 말한다."라고 하여 '신선이 되어 탈 것을 타고 하늘로 올라가는 진인(眞人)'을 그린 것이라 했지만, 금문이나 지금의 자형과 어떤 연계도 지을 수 없다. 그리고 진(眞)이 금문에 들어 등장하는 것으로 보아 이의 개념은 전국시대 말부터 유행한 신선사상과 관련 있는 것으로 보인다.

갑골문의 '정(貞)'. 진(眞)이 전신으로 추정된다.

그래서 진인(眞人)의 근원을 상나라 때의 점복관인 정인(貞人)에서부터 찾아야 할 것 같다. 정(貞)은 갑골문에서 의미부인 卜(점복)과 소리부인 鼎(솥 정)으로 구성되었는데, 이후 정(鼎)이 패(貝)로 잘못 변해 지금의 자형이 되었다. 복(卜)은 거북점을 칠 때 불로 지져 열에 의해 갈라지는 거북딱지의 형상이고, 그 갈라진 각도나 모양으로 점괘를 판단한데서 '점'이라는 뜻이 나왔다. 그래서 정(貞)은 갑골문 시대 때에는 신에게 '물어보다'는 뜻으로 사용되었고 그것이 원래 뜻이다. 이후 불에 지져진 거북딱지가 직선을 그리며 갈라진데서 '곧다'는 뜻이 나왔고, 지금은 '곧다'는 의미가 주로 쓰이다.

정인(貞人)은 상나라 당시 최고의 점인 거북점을 주관하고 점괘를 판단하던 점복관을 말한다. 때로는 상나라 왕이 직접 정인(貞人)의 역할을 수행한 것으로 보아 그 지위가 대단히 높았음을 알 수 있다. 신과 교통하고 신의 말을 인간세계에 전달해 주던 상나라의 정인(貞人)처럼, 주나라에 들면서 천지간의 도(道)를 체득한 선인(仙人)을 부를 다른 명칭이 필요하게 되었다. 그것은 신탁의 시대로부터 인문의 시대로 역사가 진전했다는 상징이기도 했다. 그래서 정(貞)으로부터 분화된 글자가 진(眞)이고, 이후 진인(眞人)은 이러한 사람의 최고 호칭이 되었다. 그래서 진(眞)은 신의 소리를 듣기 위해 점복을 행할 때의 몸과 마음가짐처럼 '진실(眞實)됨'과 '참됨', 그리고 진리(眞理)라는 뜻으로까지 확장되었다.

그렇게 본다면 중국에서도 진리의 출발이 늦이 않았고, 숨겨진 신의 의지를 들추어내는 것을 '진리'라 해석했던 서구의 전통과도 닮아 있다.

標題	字形	字解
眞(참 진): 眞、zhēn、目-5、10、42	說文古文 眞 金文 眞 古陶文 眞 簡牘文 眞 說文小篆	說文古文 眞 참 진

형성. ㄴ(化화)의 생략된 모습)가 의미부이고 鼎(솥 정)의 생략된 모습이 소리부인 것으로 추정된다. 『설문해자』에서는 『眞은 신선이 모습을 변화시켜 승천하는 것을 말한다. ㄴ(化화)과 目(눈 목)과 ㄴ과 八(여덟 팔)로 구성되었는데, 八은 신선의 탈 것을 말한다.』라고 했다. 眞의 근원은 상나라 때의 貞人(정인·점복관)에서부터 찾을 수 있는데, 貞은 갑골문에서 의미부인 卜(점 복)과 소리부인 鼎으로 구성되었지만 이후 鼎이 貝(조개 패)로 잘못 변했다. 그래서 貞은 원래 신에게 '물어보다'는 뜻으로 사용되었으며, 이후 불에 지져진 거북 딱지가 직선을 그리며 갈라진 데서 [곧다]는 뜻이 나왔고, 지금은 [곧다]는 의미가 주로 쓰인다. 그래서 貞人은 상나라 당시 최고의 점인 거북점을 주관하고 점괘를 판단하던 점복관을 말한다. 신과 교통하고 신의 말을 인간세계에 전달해 주던 상나라의 貞人처럼, 주나라에 들면서 천지간의 道를 체득한 仙人(선인)을 부를 다른 명칭이 필요해졌다. 그래서 貞으로부터 분화된 글자가 眞이고, 이후 眞人(진인)은 이러한 사람의 최고·호칭이 되었다. 그리하여 眞은 신의 소리를 듣고자 점복을 행할 때의 몸과 마음가짐처럼 [眞實(진실)됨]과 [참됨], 그리고 眞理(진리)라는 뜻으로까지 확장되었던 것으로 보인다. 간화자에서는 真으로 쓴다.

어원_99 진(眞)

100_이름과 실제 사이에서, 대의명분: 名(이름 명; míng)

이름은 한 개체를 지칭하는 표현이다. 개체에는 개별적인 것도 집합적인 것도 다 포함될 수 있을 것이다. 어떤 특정 개체를 지칭하는 것이기에 이름은 그 개체의 정체성을 가능한 담보하려 할 것이다. 예컨대 지금 개업한 가게나 문을 연 회사가 있다고 한다면 그 가게나 회사의 정체성과 특성 및 바람을 가능한 반영하여 이름을 지을 것이다.

그러나 "이름을 이름 지을 수 있으면 그것은 진정한 이름이 아니다."라고 선언했던 『노자』의 말처럼 이름이 곧 실체를 모두 대변할 수 없고, 그래서 동일할 수도 없다.

100_명(名)

한자에서 이름을 뜻하는 名(이름 명)은 夕(저녁 석)과 口(입 구)로 구성되었는데, 저녁에 어두워 사람이 보이지 않으면 부르던 것이란 뜻에서 '이름'이라는 의미가 생겼다. 이후 한 사람이 태어나면 그 사람에 대한 바람이나 출생과 관련된 배경 등을 반영하여 이름을 지었다. 그러나 그 이름이 한 개인의 정체성을 담보해 줄 수 없었다. 미리 지어진 이름이었으니까. 지금도 많은 사람들이 개명(改名)을 원하는 것도 이러한 이유이다.

그래서 고대 사회에서도 한 개인이 성장하면 자(字)나 호(號)라는 것을 짓는다. 자(字)는 보통 성인식을 할 때 어른께서 지어 주는 새로운 이름이고, 호(號)는 보통 자신이 자신의 정체성을 나타낼 수 있도록 지은 이름이다. 『예기·단궁』편에서도 '유명관자(幼名冠字)'라 했는데, 아이가 태어나 3개월이 되기 전이면 아이의 이름을 짓고, 나이 20살이 되어 성인식(冠禮)을 올리고 나면 자(字)를 짓는다고 한 고대 중국의 관습을 요약한 말이다. 그래서 자

금문의 '자(字)'

와 호는 출생과 함께, 혹은 그 이전에 이미 지어진 이름보다는 훨씬 더 와 닿는 인간적인 '이름'이었을 것이다.

字(글자 자)는 宀(집 면)과 子(아들 자)로 구성되었는데, 집안에서 아이를 낳는다는 뜻으로 '아이를 낳다'나 '아이를 낳아 기르다'가 본래 뜻이다. 여기서 자(子)는 두 발과 머리칼이 난 아이의 모습을 그렸다. 그러나 부계사회가 확립되면서 아버지의 성씨를 이어나가는 것은 아들이요, 딸은 다른 남자의 성씨를 이어주는 수단 정도로 인식되면서 진정한 자식은 '아들'이 되었고, 그래서 자(子)는 남자아이만을 한정해서 의미하게 되었다. 그래서 자(子)는 이후 아이를 낳아 자손을 불려 나가듯 한다는 의미에서 '파생되다'는 뜻도 가지게 되었다. 그래서 자(字)라고 하면 명(名)이 원래 있던 '이름'인 반면 자(字)는 이에서 파생되어 붙여진 이름을 말한다.

그러나 자(字)를 명(名)과 전혀 관계없이 짓지는 않는다. 원래 있던 이름(名)과의 관련 속에서 자를 짓는 것이 원칙이었다. 예컨대 홍오(洪梧)라는 사람의 자가 동생(桐生)인 것처럼 이름에 든 梧(벽오동나무 오)를 桐(오동나무 동)으로 써 의미가 같은 다른 글자로 자(字)를 삼은 것도 있고, 요춘(姚椿)이라는 사람 자가 춘목(春木)인 것처럼 춘(椿)을 목(木)과 춘(春)으로 해체하여 자로 삼은 경우도 있다. "이름을 들으면 자를 알 수 있고, 자를 들으면 이름을 알 수 있다."라는 옛말은 바로 이를 두고 한 것일 것이다.

그러나 이름은 듣기에도 좋아야 하고, 다른 사람들과의 충돌도 없어야 한다. 특히 봉건사회를 살았던 고대 사회에서는 임금의 이름과 상충되지 않는지 신경을 써야 했다. 예컨대, 청나라 동치(同治) 연간 때의 일이다. 왕국균(王國鈞)이라는 사람이 과거 시험에서 훌륭한 성적으로 합격하였으나 이의 결과를 보고 받던 자리에서 당시의 태후가 그를 망국군(亡國君)으로 잘못 알아듣는

立身揚名
立身扬名
lì shēn yáng míng

扬名四海
yáng míng sì hǎi

바람에 그를 제일 나쁜 성적으로 내리도록 명령했고, 그 결과 그는 한림원에도 들어갈 수 있었던 성적임에도 이름 때문에 지현(知顯)이라는 최말단의 관직에 임명된 일이 있었다. 이외에도 중국에는 피휘(避諱)라는 관습도 있었는데, 임금의 이름자와 같은 글자의 사용을 제한한 것을 말한다.

이렇듯 이름이란 자고로 한 사람의 운명과도 관련될 정도로 중요한 역할을 해 왔다. 그래서 이름을 지을 때는 자못 주의를 기울여 내용이 있고 부르기 편하며 아름다운 이름을 짓고자 했던 것이다.

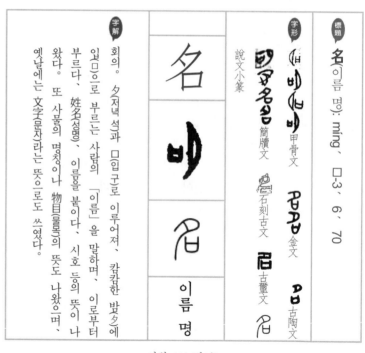

標題 名(이름 명): míng、口-3、6、70

字形 甲骨文 金文 古陶文 簡牘文 石刻古文 古璽文 說文小篆

名 이름 명

字解 회의. 夕(저녁 석)과 口(입 구)로 이루어져, 캄캄한 밤夕)에 입口)으로 부르는 사람의 「이름」을 말하며, 이로부터 부르다、姓名(성명)、이름을 붙이다、시호 등의 뜻이 나왔다. 또 사물의 명칭이나 物目(물목)의 뜻도 나왔으며, 옛날에는 文字(문자)라는 뜻으로도 쓰였다.

참고문헌

출현 한자 찾아보기

참고문헌

加藤常賢, 『字源辭典』, 東京: 學校圖書, 1987.

加藤常賢, 『漢字源』, 東京: 學習研究社, 1988.

江繼甚(편), 『漢畵像石選(漢風樓藏)』, 上海: 上海書店出版社, 2000.

高明, 『古文字類編』, 臺北: 大通書局, 1986.

古文字詁林編纂委員會, 『古文字詁林』(12冊), 上海: 上海教育出版社, 1999-2004.

高樹藩, 『(中正)形音義綜合大字典』, 臺北: 中正書局, 1971.

谷衍奎, 『漢字源流字典』, 華夏出版社, 2003.

郭沫若(主編), 『甲骨文合集』, 北京: 中華書局, 1982.

金赫濟·金星元, 『明文漢韓大字典』, 서울: 明文堂, 1991.

方國瑜(編撰)·和志武(參訂), 『納西象形文字譜』, 昆明: 雲南人民出版社, 1995(第2版).

白川靜, 심경호(역), 『한자 이야기 백 가지』, 서울: 황소자리, 2003.

白川靜, 고인덕(역), 『한자의 세계: 중국문화의 원점』, 서울: 솔, 2008.

白川靜, 『說文新義』(15책), 神戶: 五典書院, 昭和44(1969).

白川靜, 『字統』, 東京: 平凡社, 1984.

山田勝美·進藤英幸, 『漢字字源辭典』, 角川書店, 1995.

徐中舒(主編), 『甲骨文字典』, 成都: 四川辭書出版社, 1989.

孫雲鶴, 『常用漢字詳解字典』, 福州: 福建人民出版社, 1986.

于省吾, 『甲骨文字詁林』, 北京: 中華書局, 1996.

李玲璞·臧克和·劉志基, 『古漢字與中國文化源』, 貴陽: 貴州人民出版社, 1997.

이병관, 『(교육부 신지정 1800한자) 형음의자전』, 대전: 대경출판사, 2003.

李學勤(주편), 『字源』(3冊), 天津: 天津古籍出版社, 2012.

李孝定, 『甲骨文字集釋』, 臺北: 中央研究院歷史語言研究所, 1982(제4판).

臧克和, 『說文解字的文化說解』, 武漢: 湖北人民出版社, 1995.

臧克和, 『漢字單位觀念史考述』, 上海: 學林出版社, 1998.

장삼식, 『大漢韓辭典』, 서울: 진현서관, 1981.

丁福保(編), 『說文解字詁林(正補合編)』(13책), 臺北: 鼎文書局, 1983.

宗福邦(等)(編), 『古訓匯纂』, 北京: 商務印書館, 2003.

周法高, 『金文詁林』(附索引), 京都: 中文出版社, 1981.

中國畫像石全集編輯委員會, 『中國畫像石全集』, 鄭州: 河南美術出版社, 2000.

中華書局 編輯部, 『中華字海』, 北京: 中華書局, 1994.

陳初生, 『金文常用字典』, 西安: 陝西人民出版社, 1987.

진 쿠퍼(저), 이윤기(옮김), 『그림으로 보는 세계문화 상징 사전』, 서울: 까치, 1994.

湯可敬, 『說文解字今釋』, 長沙: 嶽麓書社, 1997.

何金松, 『漢字文化解讀』, 武漢: 湖北人民出版社, 2004.

何金松, 『漢字形義考源』, 武漢: 武漢大學出版社, 1996.

夏錫駿(等), 『常用漢字形音義字典』, 南京: 江蘇文藝出版社, 1992.

河永三, 『연상한자』, 서울: 예담차이나, 2004.

河永三, 『한자야 미안해』(부수·어휘편), 서울: 랜덤하우스, 2007.

河永三, 『한자와 에크리튀르』, 서울: 아카넷, 2011.

河永三, 『한자어원사전』, 부산: 도서출판3, 2014.

漢語大辭典編輯委員會, 『漢語大辭典』(3冊, 縮印本), 上海: 漢語大辭典出版社, 1997.

許愼·段玉裁(注), 『說文解字注』, 臺北: 漢京文化事業公司, 1983.

許進雄, 홍희(역), 『중국고대사회』, 서울: 동문선, 2003.

許進雄, 『古文諧聲字根』, 臺北: 臺灣商務印書館, 1995.

漢語大字典普及本編輯委員會, 『漢語大字典』, 武漢: 湖北辭書出版社, 2003.

Online Etymology Dictionary http://www.etymonline.com

구글 https://www.google.co.kr

국립민속박물관 http://www.nfm.go.kr

국립중앙박물관 http://www.museum.go.kr

네이버 http://www.naver.com

百度 http://www.baidu.com

漢典 http://www.zdic.net

하영삼(河永三)

경남 의령 출생으로, 경성대학교 중국학과 교수, 한국한자연구소 소장, 인문한국플러스 (HK+)사업단 단장, 세계한자학회(WACCS) 상임이사로 있다. 부산대학교 중문과를 졸업하고, 대만 정치대학에서 석·박사 학위를 취득했으며, 한자에 반영된 문화 특징을 연구하고 있다.

저서에 『한자어원사전』, 『100개 한자로 읽는 중국문화』, 『한자와 에크리튀르』, 『한자야 미안해』(부수편, 어휘편), 『연상 한자』, 『한자의 세계: 기원에서 미래까지』, 『제오유의 정리와 연구(第五游整理與研究)』, 『한국한문자전의 세계』 등이 있고, 역서에 『중국 청동기 시대』(장광직), 『허신과 설문해자』(요효수), 『갑골학 일백 년』(왕우신 등), 『한어문자학사』(황덕관), 『한자왕국』(세실리아 링퀴비스트, 공역), 『언어와 문화』(나상배), 『언어지리유형학』(하시모토 만타로), 『고문자학 첫걸음』(이학근), 『수사고신록(洙泗考信錄)』(최술, 공역), 『석명(釋名)』(유희, 선역), 『관당집림(觀堂集林)』(왕국유, 선역)등이 있으며, "한국역대자전총서"(16책) 등을 공동 주편했다.